한국 영화에 재현된

가족
그리고
사회

〈미몽〉에서 〈고령화 가족〉까지

한국 영화에 재현된

가 족
그리고
사 회

〈미몽〉에서 〈고령화 가족〉까지

성균관대학교
출 판 부

목 차

일러두기

1. 영화는 〈 〉, 책은 『 』, 논문은 「 」, 학술지와 잡지는 《 》, 신문은 〈 〉, 시는 " "로 묶어
   구분했습니다.
2. 본문에 삽입된 영화들의 스틸 커트는 한국영상자료원의 협조를 받았습니다.

책을 열면서

한국 영화사를 공부하면서 만났던 숱한 이야깃거리 가운데 이 책에서 가족이라는 문제를 다루게 된 까닭은 내가 유난히 가족 문제에 관심이 많기 때문(일 것)이다. 유교적 전통이 강한 경북 안동에서 장남으로 태어난 나는 부모님의 사랑을 많이 받았다. 장녀인 누나와 막내인 남동생도 있고, 그 가운데에 여동생도 있었지만, 부모님이 나에게 집중적으로 사랑을 쏟으시는 것을 보면서 어린 마음에 기쁘기도 했고, 한편으로는 걱정도 됐었다. 유교적 가정의 장남은 그 짐이 무겁다는 것을 어려서부터 부모님의 말씀을 들으면서 알게 되었기 때문이다. 내가 받은 많은 사랑을 어른이 되어 모두 갚아야 한다는 것은 분명 무거운 짐이 된다. 당연하게도 누나, 남동생, 여동생은 불만이 많았다. 누나보다 동생인 아들을 우선시하는 태도, 동생보다 형을 먼저 생각하는 사고가 마음에 들지 않았을 것이다. 아이가 한 명이거나 기껏해야 둘인 지금은 상상도 하지 못할 차별이 그 당시에는 일상적으로 존재한 셈이었다.

여전히 우리 사회에서 가족이 문제가 되는 것은 대부분 유교적 잔재와 부딪칠 때이다. 가부장 중심의 문화, 장남 중심의 문화는 자연스럽게 서열을 중시하는 사고를 내재화하면서 수직적인 구조를 만들어냈다. 이런 상황에서 수직적 구조의 하부에 속하게 된 이들은 불만을 가지지 않을 수 없다. 자신의 잘못이 아니라 타고난 조건 때문에 하부에 속하게 되니 얼마나 억울하겠는가! 우리 사회의 모든 부분에서 서열이 중시되는 것도 유교 문화의 적폐 가운데 하나가 아닐까 싶다.

명절은 또 어떤가? 오랜만에 얼굴을 보며 즐거운 시간을 보내야 할 명절에 가족들이 오히려 얼굴을 붉히는 것은 유교적 잔재가 남아 있는 명절을 보내기 때문이다. 남성과 여성을 단지 성적 차이로 철저하게 역할 분담하고, 심지어 그 역할에 맞게 행동하도록 강제하는 것은 오래된 유교적 관습이다. 이런 관습을 거부하는 이들이 등장하면서 명절은 즐거운 시간이 아니라 괴로운 시간이 되고 있다. 재산 분배쯤으로 이야기가 넘어가면 가족은 다툼의 장소가 되어버린다. 이때는 형제간의 서열, 남녀 간의 차별이 노골화되기 때문이다. 아주 단순하게 생각해 평등하게 분배하면 되는데, 왜 그것을 못하는지 정말 의문이다.

유교 이데올로기는 단지 가족의 문제에만 국한되지 않는다. 유교는 충효를 강조하면서 부모에게 효도 하는 것이 국가에 충성하는 것과 같다고 가르쳤다. 이런 가르침이 바탕이 되면서 국가에 충성하는 것이 최고의 가치가 되게 만들었다. 군사부일체君師父一體라는 말은 무엇을 의미하는가? 그것은 가족과 학교와 사회를 위계질서의 현장으로 만들고 절대 복종하게 만들겠다는 것이다. 이런 사고가 토대가 되어 1930년대 중후반의 한반도나, 1970년대의 남한은 전체주의 사회로 돌변했다. 개인의 다양성을 철저하게 무시하는 획일적인 사회가 된 토양도 유교 이데올로기가 제공했다. 단순하게 생각해서 가부장이 가정을 지배하듯이, 대통령이 국가를 지배하고, 회장이 회사를 지배하는 사회가 우리 사회였다. 이렇게 유교의 폐해는 우리 사회 깊숙한 곳까지 침투해 있다.

유교가 만든 가부장의 문제는 지금은 약화되었다고 하지만 여전히 힘을 지니고 있다. 왜 사랑하는 가족들이 수평적 가족 관계를 만들지 못하는지 나는 오랫동안 고민했다. 그리고 2000년대를 넘어 다양한 형태의 가족을 다룬 영화를 보면서 내가 해야 할 일을 깨달았다. 때문에 책의 중심은 유교적 폐해를 넘고 가부장의 죽음을 지나서 대안 가족을 모색하는 것에 두었다.

유교적 가족 관계를 넘어설 수 있을 때 비로소 평등한 가족 관계가 만들어질 수 있다고 전제하면, 결론적으로 가부장은 반드시 죽어야 한다. 가부장의 죽음을 뒤로 한 채 등장한 다양한 대안 가족들을 살펴보면서 과연 무엇이 우리 현실과 가깝고 보다 합리적이며 더 필요한 것인지 고민했다. 때로는 지나치게 과격해 보이는 가족 형태가 등장하기도 하지만, 결국에는 우리의 한 모습이며, 곧 다가올 미래라고 생각한다. 이 책에는 여성 공동체 또는 대모 가족, 일처다부제, 비혈연 가족, 동성애 가족 등을 나열했다. 한국 영화가 그려낸 이런 가족 형태들을 읽어나가면서 독자 여러분도 미래 가족의 모습을 상상해보면 좋을 것이다. 핵가족은 옛말이되고 일인 가족마저 등장하고 있는 마당이니, 책에서 소개하고 있는 가족들은 결코 먼 미래의 이야기가 아닐 것이다.

가족 문제를 다루면서도 거론하지 못한 영화들이 참 많다. 가령 이두용 감독의 〈장남〉(1984)은 대가족 제도가 붕괴되고 핵가족 제도가 자리 잡은 뒤 장남이 부모님을 모시고 형제들과 함께 살려는 노력이 얼마나 헛된 것인지 매우 진지하게 다루고 있다. 그러나 1980년대라는 시기의 영화를 그리면서도 이 영화를 서술하지 못했다. 이 작은 책 안에 지난 80년의 한국 영화사를 다루다 보니 어려움이 적지 않았다. 게다가 2000년대 이후의 영화에서는 대안 가족의 흐름에 집중하다 보니 많은 영화를 다루지 못했다. 처음 책을 쓸 때 목표했던 것이 있었던 만큼 어쩔 수 없는 일이지만, 아쉬움이 남는 것마저 숨길 순 없다.

이런 아쉬움은 감독론의 입장이나 장르적 입장에서 보더라도 마찬가지다. 가족이라는 문제에 유독 관심이 많은 감독이 있고, 가족을 유난히 상세하게 다루는 장르가 있지만, 시기적으로 폭넓게 다루다 보니 한계가 따를 수밖에 없었다. 그럼에도 김승호와 신영균 같은 배우들을 짧게나마 다룬 것은 성과라고 생각한다. '가족 담론'이라는 것이 얼마나 거대한 담론인지 책을 쓰면서 내내 깨닫게 되었다.

저술을 하면서 가장 어려웠던 것은 내가 남성이라는 성性을 타고 났다는 점이었다. 내 성장 환경이 경상북도 안동이라는 매우 보수적인 지역이었다는 사실도 무시 못 할 지점이었다. 나름대로 노력했지만, 글을 쓰면서 남성적이며 보수적인 시각이 원천적으로 배제될 수 없었음을 고백한다. 많은 영화들이 가부장의 문제를 지적할 때, 통상 그것은 주로 여성의 입장에서 가부장제를 비판하는 것을 의미한다. 또한 그 한계를 넘어 새로운 가족을 모색할 때도 여성의 입장에서 출발하는 측면이 강하다. 이런 점들이 남성인 내가 이 책을 서술하면서 곳곳에서 직면한 어려움의 원인이었다. 가부장제에 대한 여성의 도전을 남성인 내가 판단하기에는 한계가 있었다는 말이다. 여성 연구자들의 글을 숙독하고 참조하고 인용했음에도, 혹 문제가 있는 것은 아닌지 걱정이 앞선다. 남녀의 성별 차이 때문에 같은 영화를 두고도 해석이 확연히 달라지는 현재의 사회 시스템이 바뀔 수 있기를 고대해본다.

여전히 나는 공부가 어렵다. 공부의 망망대해에서 아직도 길을 찾지 못해 이곳도 기웃거리고 저곳도 쳐다보며 방랑하면서, 이번에 다시 그 흔적을 세상에 남기게 되었다. 나에게 중요한 것은 끝없이 방랑한다는 것이다. 아마 나는 끝까지 정착하지 못하고 방랑만 할 것 같다. 그러나 그것이 내 운명이라면 기꺼이 받아들일 준비가 되어 있다. 어떤 분은 나이 오십이 되어서야 제대로 된 역작을 저술할 수 있다고 했지만, 나는 갈수록 지식의 부족과 두뇌의 한계를 절감하고 절망하곤 한다. 앞으로 얼마나 더 방랑할지, 몇 권의 책을 더 저술할 수 있을지 모르지만 힘이 닿는 데까지는 방랑하려고 한다. 그것이 학교에서 학생들을 가르치고 연구실에서 책을 보고 글을 쓰는 이의 역할이라고 생각하기 때문이다. 솔직하게 고백하면, 점점 나이를 먹어가면서 방랑하는 것 외에는 할 수 있는 것이 없다. 그러므로 나는 앞으로도 여전히 방랑할 것이다.

일엽편주로 험하고 거친 공부의 망망대해를 헤맬 동안 많은 이들의 도움을 받았다. 그들은 내게 노가 되고 돛이 되고 나침반이 되어주었다. 먼저 이 작업을 할 수 있도록 거친 기획서를 읽고 기꺼이 선정해준 한국연구재단에 감사드린다. 영화 스틸 커트들을 사용할 수 있게 해준 한국영상자료원에도 감사드린다. 보잘것없는 글을 볼만한 책으로 성심껏 만들어준 성균관대학교 출판부의 현상철 팀장께도 감사드린다. 무엇보다 선행 연구를 수행한 많은 분들이야말로 내가 진정으로 감사해야 할 이들이다. 그들이 있었기에 이 작업이 가능했다. 마지막으로 영화 속의 가족을 다룬 이 책을 통해 나의 가족을 돌아보게 되었다. 부모님, 형제자매들, 그리고 아내와 두 아들. 이들은 나의 존재 근원이자 존재 이유다.

2018년 1월
불암산이 보이는 월계동 연구실에서
강성률(姜聲律)

한국 영화사로 본

가족 담론과

영화적 재현

1. 왜 가족인가?

> 대중의 삶을 들여다보고 그 안에서의 새로움을 찾아내고 다시 대중들
> 에게 돌려주어 자신의 삶을 반추하게 하고 더 나은 삶을 위해 활동할
> 수 있도록 이끄는 일.[1]

필자는 이 말을 신뢰한다. 그리고 이 명제 때문에 영화를 연구하고 있다
(고 생각한다). 영화를 연구하는 것은 단지 영화 텍스트를 연구하는 것에 그
치지 않는다. 영화 속에 그려진 대중의 삶을 들여다보고 그 안에서 새로
움을 찾아 비판한 뒤 대중들이 자신들의 삶을 반추하게 하고, 결국에는
더 나은 삶을 살게 하기 위해서 영화를 공부한다. 이 책을 저술한 것도 같
은 목적 때문이다.

이런 시각에서 보면 영화는 단순한 오락물에 그치지 않는다. 영화를
통해 우리가 추구하는 '그 무엇'을 파악할 수 있기 때문이다. 영화를 공부
한다는 것은 영화 자체의 미학적인 면을 연구하는 것도 되지만, 이를 넘
어 대중들의 생각을 파악한다는 것이 더 큰 본분이다. 영화의 가장 큰 특
징은 대중들이 함께 관람한다는 것이다. 전혀 알지 못하는 이들과 함께

극장에 앉아서 웃고 울며 영화를 관람한다. 영화의 대중성도 바로 여기서 나온다. 영화의 산업성이라는 것도 여기서 출발해야 한다. 최대한 많은 이들과 공감할 수 있는 영화를 제작해 차기작을 만들 수 있는 자본을 벌어야 하는 게 영화의 운명이다. 이것은 다시 영화 제작자나 감독의 운명이 된다. 그래서 이들은 대중들이 좋아할 만한 것을 영화 속에 담으려 노력한다. 시대의 공감대를 스크린에 담고, 시대가 어떻게 흘러갈지 미묘한 흐름도 영화 속에 담는다. 지나치게 앞서거나 뒤처지면 대중들의 매몰찬 무관심에 직면하기도 한다. 이렇게 보면 분명 "영화는 사회적 무의식의 표현이며, 그 무의식의 에너지가 흘러가는 방향을 감지하는 안테나다."[2]

이 책에서는 이러한 명제들을 바탕으로 한국 영화사에서 가족과 여성과 세대가 어떻게 반영되어 있는지 분석하려 한다. 주목한 것은 가족과 여성과 세대가 어떻게 영화와 결합해 그 시대의 욕망을 반영하는가의 문제이다. 필자가 가족에 주목한 이유는 간단하다. 한국 사회의 가장 중요한 문제 가운데 하나인 가부장제의 출발이 가족에서 비롯되었기 때문이다. 인류가 존재하는 한 가족과 그를 구성하는 결혼 제도에 대한 관심은 끊이지 않을 것이다.

"가족에 대한 고전적인 정의에 의하면, 가족은 자녀 양육, 소비 활동, 성 생활, 공동 거주 등이 이루어지는 단위"[3]이지만, 이런 정의만으로 가족을 규정하기에 현대 사회는 이미 충분히 넓어졌다. 지난 100년의 역사를 보면, 가부장제가 강했던 사회에서 (급속한 근대화가 진행되며) 핵가족으로 형태가 변화하더니, 급기야 가부장의 죽음과 대안 가족의 모색에 몰입하는 시기로 진입했다. 그리고 어느 매체보다 빠르게 영화는 이런 상황을 담아냈다.

특히 2000년대를 전후해 등장한 영화에서는 이런 흐름이 매우 활발하다. 가부장제에 대한 비판은 기존의 가족 제도에 대한 비판, 새로운 대안 가족의 재현으로 나타난다. 〈바람난 가족〉(임상수, 2003)이 유교적 가부장제의 죽음을 그린 영화라면, 〈싱글즈〉(권칠인, 2003), 〈결혼은, 미친 짓이다〉(유하, 2002), 〈가족의 탄생〉(김태용, 2006), 〈아내가 결혼했다〉(정윤수, 2008), 〈쇼킹 패밀리〉(경순, 2008) 등의 영화는 기존 가족 제도의 문제점을 넘어서려고 한 영화이거나 새로운 대안을 제시하고 있는 영화라고 할 수 있다. 가족 제도가 변화한다는 것은 사회의 기반이 변화한다는 것을 의미하기에, 사회 변화에 대한 욕망이 그만큼 강하다는 것을 의미하기도 한다. 대중 영화에서 그런 욕망이 드러난다는 것은 대중들의 그런 욕망이 영화에 반영된 것이(라고 할 수 있)다.

2000년대 이후 가족을 다룬 영화들을 자세히 살펴보면, 가부장제를 넘어서려는 주체가 주로 여성이라는 것을 알 수 있다. 오랜 세월 남성의 역할을 강조한 유교에 토대를 둔 가부장제가 여성에 대한 억압을 필연적으로 불러올 수밖에 없었기 때문에, 지금에 와서는 여성들의 '반란'이 등장하지 않을 수 없는 것이다. 이제까지 그려진 대부분의 대중 영화 속 여성은 "남성적 가치의 투사로 나타난다. 한 사람의 작가의 산물이건 시스템의 산물이건, 여성은 남성의 판타지 도구, 집단 남성 무의식의 '아니마', 그리고 남성의 두려움에 대한 희생양"[4]이었다. 가부장제가 강했던 일제 강점기의 조선 영화, 해방 이후의 한국 영화사 역시 예외가 아니다. 그러나 시간이 지날수록 영화 속 여성의 재현도 서서히 변해갔다. 이 책에서는 지난 한국 영화사를 돌아보며 가족의 변화를 통해 사회의 변화를 읽어보려 한다.

2. 가족의 변화와 영화의 반영

앞서 필자는 가족이 변하면 그 사회도 변한다고 했다. 역으로 사회가 변하면 가족도 변한다. 너무도 당연한 말이다. 그래서 가족의 변화에 대한 연구가 필요한 것이기도 하다. 가족이란 무엇인가? 그것은 인간이 세상에 나오는 순간부터 죽을 때까지 함께하는 공동체이다. 때문에 가족이야말로 가장 평온하고 포근한 공간이면서 인간적인 유대감을 느낄 수 있는 공간이 되어야 한다. 그러나 이제까지 한국의 가족은 가부장 중심의 억압이 횡행하는 공간이었다. 사회도 가족처럼 가부장적 수직 구조로 재편되어 있었다. 이런 가족의 문제를 해결하기 위해서는 여성의 문제에 집중하지 않을 수 없다. 가부장제의 가장 큰 피해자가 여성이기 때문이다. 아이러니컬하게도 영화의 가장 큰 고객이 여성이기 때문에 영화는 이 문제를 결코 외면할 수 없었다.

가령 1930년대 중반, 당시 모던의 바람이 불었던 조선에서, 유교적 가부장제에 저항한 여성들의 반란이 어떤 식으로 영화 속에 그려졌는지, 그것이 어떻게 왜곡되었는지 살펴본 후, 중일전쟁이 발발한 1937년 이후의 영화에서는 전쟁 동원을 위한 이데올로기로서 가족이 어떻게 영화 속에 위치 지워지는지, 1942년 징병제 이후에는 이데올로기로서 가족이 이전과는 또 어떻게 다르게 그려지는지 살펴보는 것은 매우 흥미롭다. 사회 변화를 영화 속 가족이 그대로 반영하기 때문이다.

어떻게 보면 지난 세기 동안 한국 영화는, 특히 가족 문제를 다룬 영화는 한국 사회를 반영했다고 할 수 있다. 그 어떤 대중문화 장르보다 영화는 대중들을 외면할 수 없기에, 사회와 깊은 관계를 맺는다. 특히 정치적 상황과 경제적 상황이 밀접하게 연관을 맺고 있는 한국에서는 이런 경향이 더욱 강하다. 하지만 이렇게 영화 속 가족과 여성의 문제가 중요함에도, 기존 연구는 아직까지 답보 상태거나 부분적인 시기에만 몰두해 전체적인 조감을 완성하지 못했었다. 필자의 목표는 바로 그 결핍을 채우는 데 있었다. 이 책 역시 지난 80년의 영화사와 가족의 변화를 한 시야에서 파악해보는 시도였다.

작업을 하면서 고민을 했던 것 가운데 하나는 영화가 사회를 반영한다는 명제였다. 과연 영화는 사회를 반영하는가? 대중문화를 연구하는 한 학자의 주장을 본다.

> 문화 산업이 만들어낸 내용과는 거꾸로 가고, 동의하지 않는 주체가 등장하면, 문화 산업은 깊은 고민에 빠지게 된다. 세상이 바뀌었음을 포착하고 스스로 변신할 준비를 할 수밖에 없다. 인기를 끌기 위해서는 어쩔 수 없다. 여성, 여성의 삶에 대한 사회적 인식이 바뀌어 가는데도 드라마가, 방송사가 그를 못 본 체할 수만은 없는 노릇이다. 인기를 먹고 사는 방송사로서는 세상의 변화에 누구보다도 민감해야 한다. 남성, 여성에 대한 상식은 영구불변으로 존재하고 통용되는 것이 아니다. 모든 시청자를 만족시킬 수 없을 뿐만 아니라 그에 대한 불만이나 반감을 지닌 집단이 늘어나게 되면 드라마 내용은 바뀔 수밖에 없다. 결국 텔레비전 드라마 내용은 사회 내 다양한 집단이 어떤 경험을 지니고 있으며 어떤 의식을 지니고 있는지, 어떤 반응을 보이는지에 따라 변화하기도 하는 셈이다.[5]

위의 인용문에서 드라마를 영화로 바꾸어도 아무런 문제가 없다. 세상이 변해가면 영화도 변화해야만 살아남을 수 있다. 영화는 이렇게 사회를 반영할 수밖에 없다. 그러나 곰곰이 생각해보면 영화는 사회를 반영하지만 그 정도가 달랐다. 어떤 때에는 사회 현실을 영화에 반영하기도 하고,

어떤 때에는 현실에는 없지만 대중들이 욕망하는 것을 영화 속에 재현하기도 하고, 또 어떤 때에는 정부의 정책을 영화에 반영하기도 했다.

물론 크게 보면 이 모든 것은 영화가 사회를 담아내는 방식이기 때문에 모두 사회를 반영한다고 할 수 있지만, 그럼에도 직접적으로 반영하는 것, 욕망을 반영하는 것, 정책을 반영하는 것을 구분해 분석할 필요가 있다. 이 세 가지 구분이 결코 쉬운 일은 아니지만, 그럼에도 불구하고 필자는 이 책에서 할 수 있는 한 최대로 분석하려고 노력했다. 특히 선전 영화의 재현과 실제 현실의 차이를 설명하면서 때로는 어떻게 영화가 선전 정책의 그릇이 되는지 설명하려고 했다. 선전 정책을 담은 영화 역시 우리의 역사이고, 그 시절의 현실이고, 욕망이기 때문에, 넓은 차원에서 현실의 반영이 아니라고 보기 어렵다. 결국 영화는 사회를 반영하면서 그 사회가 어디로 흘러갈지 보여주는 안테나인 것이다.

3. 무엇에 대해 쓰는가?

이 책이 목표한 것은 다음과 같다.

첫째, 영화와 사회의 관계에 대해 구체적으로 파악하는 것이다. 이 책의 가장 큰 목표가 바로 이것이다. 영화를 흔히 '대중문화의 총아'라고 하는데, 그것은 영화가 사회와 밀접한 관계에 놓여 있기 때문이다. 가령 왜 1960년대 초반 한국 영화에는 세대교체 바람이 강하게 불었던 것일까? 왜 1970년대 중후반에 호스티스 영화가 갑자기 등장한 것일까? 왜 1980년대에 〈애마부인〉(정인엽, 1982) 시리즈가 등장했을까? 왜 아이엠에프(IMF) 구제 금융이 도입된 1998년에 가부장을 버리는 여성의 이야기 〈정사〉(이

재용, 1998)가 개봉된 것일까? 이 책은 필름이라는 형태로 영화가 존재하는 1936년 이후부터 지금까지 개봉된 한국 영화를 통해 지난 80년의 한국 사회와 영화의 관계를 가족이라는 프레임으로 분석해나간다.

둘째, 이 저술을 통해 당대의 담론과 영화 재현과의 관련성을 파악하려 한다. 영화는 당시 대중들이 원하는 상을 스크린에 옮겨놓는데, 당시 대중들이 원하는 것은 지식인들과 언론인들이 만들어내는 담론과 깊은 연관을 지닌다. 가령 신여성 담론이 일고 여성에 대한 시선이 많이 열려 있던 1920년 중후반에 비해 점점 보수화되던 1930년대 중후반에는 신여성의 일탈을 비판하면서 양처현모 담론이 등장한다. 당시 사회 담론은 일간지와 월간지를 통해 대중에게 깊은 영향을 끼쳤다. 1937년 중일전쟁 이후 본격적인 전쟁 동원의 시기에는 전쟁 동원 담론과 그것을 스크린에 재현한 영화의 관계가 더욱 밀접해진다. 이런 시기에 신여성의 일탈을 비판하는 〈미몽-죽음의 자장가〉(양주남, 1936, 이하 〈미몽〉)가 제작된 것은 결코 우연이 아니다. 흥미롭게도 이 담론과 영화 재현은 1950년대 중후반이 되면 그대로 재생되듯이 이어진다. 〈자유부인〉(한형모, 1956)은 〈미몽〉의 다른 버전이다. 이렇게 보면, 1930년대 신여성 담론과 1950년대 자유주의, 개인주의 담론은 일맥상통하는 면이 있었다. 이 책에서는 이런 부분들에 주목해 어떻게 사회 담론과 영화적 재현이 길항하는지 분석해나간다.

셋째, 가족이 얼마나 치열한 헤게모니의 장이었는지 파악하고, 무엇보다 기존의 가족 제도가 해체되고 난 후의 대안 가족에 대한 방향성을 모색하려 한다. 지금 우리 사회의 가족 제도가 어떤 형태로 변화할지 예측하는 것은 쉽지 않다. 워낙 사회가 빠르게 변화하기 때문이다. 그러나 영화를 보면 우리 사회의 가족 제도가 어떤 형태로 흘러갈지 예측해볼 수 있다. 가부장제의 단점을 넘어선 현재의 영화에는 다양한 대안 가족이 등장한다. 여성 공동체, 대모 가족, 일처다부제, 동성애 가족, 비혈연 가족 등과 같은 대안 가족이 왜 등장하게 되었는지, 이들의 장단점이 무엇인지 분석함으로써 미래 사회의 가족 형태를 전망해볼 수 있을 것이다.

넷째, 기존 연구의 미비점들을 채워나간다. 이제까지 영화 속 가족을 연구한 연구자들은 꽤 많았다. 일제 강점기를 연구한 이들도 있고(가령 정민아, 전지니, 백문임 등), 1950년대를 연구한 이들도 있으며(가령 주유신, 김소연, 염찬희, 오영숙, 변재란 등), 1960년대(가령 김윤아, 박명진 등), 최근 영화에 나타난 가족을 연구한 이들(가령 김남석, 이승환, 신종곤, 이국진, 한미라, 진환, 손종희 등)도 있다. 필자 역시 특정 시기, 즉 일제 강점기와 1950년대의 영화 속 가족과 여성, 젠더, 세대교체에 대해 연구한 바 있다. 그러나 한국 영화사 전반에 걸쳐 가족과 여성, 젠더, 세대교체 등에 대해 연구한 이는 없다. 이 작업은 영화사가의 넓은 시각과 영화 비평가의 해석력이 적절히 결합했을 때만 가능한데, 두 분야에서 모두 능력이 일천한 필자가 연구를 하면서 내내 후회했다. 그럼에도 그동안 한국 영화사를 공부하고 현장에서 영화 비평을 하면서 쌓았던 것들을 잘 녹여내려고 고민했다. 부족하지만 이 작업을 통해 조선 영화가 필름으로 존재하기 시작하는 1936년부터 80년이라는 긴 시간 동안 한국 영화가 어떻게 가족과 사회를 반영했는지, 특히 가족이라는 헤게모니를 둘러싸고 가부장과 여성의 치열한 싸움이 어떻게 전개됐는지 파악할 수 있을 것이다.

제1부

일제 강점기
조선 영화에 재현된
가족 그리고 사회

제 1 장

1930년대 중반

조선 영화에 나타난

가족의 변화

어머니 마음

양주동

一

나실 제 괴로움 다 잊으시고
기를 제 밤낮으로 애쓰는 마음
진자리 마른자리 갈아뉘우며
손발이 다 닳도록 고생하시네.
하늘 아래 그 무엇이 넓다 하오리.
어머님의 희생은 가이업서라.

二

어려선 안고업고 얼러주시고
자라선 문 기대여 기다리는 맘
앓을사 그릇될사 자식 생각에
고우시든 이마 우에 주름이 가득
따 우에 그 무엇이 높다 하오리.
어머님의 정성은 지극하여라.

三

사람의 마음속엔 온가짓 소원
어머님의 마음속엔 오즉 한가지
앗김없이 일생을 자녀 위하야
살과 뼈를 깎아서 바치는 마음
인간의 그 무엇이 거룩하오리.
어머님의 사랑은 그지업서라.[1]

지금도 '어버이 날'이 되면 널리 불리는 노래 "어버이 은혜"의 원작 시
이다. 우리는 이 노래를 부르면서 바다와 같이 넓고 깊은 어버이의 은혜
를 생각하고, 그 은혜에 진심으로 감사하는 마음을 되새긴다. 이 시는 양
주동이 썼고, 1941년 월간지 《삼천리》에 발표되었다. 그런데 발표 시기와
잡지명을 알게 되면, 단지 이 시가 어머니의 지극한 사랑만을 그린 것이
아니라는 생각을 할 수도 있다. 물론 양주동은 자신을 키워준 어머니의
헌신적인 사랑을 간절히 그리며 이 시를 지었을 것이지만, 이 시가 특정
시기, 특정 잡지에 발표된 순간, 시대적 담론 속으로 들어가 다른 의미를
만들어낸다는 말이다. 즉, 이 시의 텍스트도 중요하지만 컨텍스트도 그
에 못지않게 중요하다.

1941년은 조선을 일본의 지방으로 삼아 병참 기지로 만들려는 신체제
가 가속화되던 시기였다. 게다가 《삼천리》는 그런 담론을 가장 활발하게
이끌던 잡지였다. 자연스럽게 이 시에는 조선의 신체제가 가속화되는 시
기에 일제가 바라는 가정의 형상이 들어 있다. 공교롭게도 이 시가 실린
지면의 바로 앞, 그러니까 시 섹션을 여는 첫 시가 춘원의 "지원병장행가
志願兵壯行歌"이고, 다음이 주요한의 "가자 어서 가"이다. 모윤숙의 "좋을
시고 우리 집"과 김동환의 "즐거운 우리 가정" 등도 있다. 이 시기 대중

가요에도 어머니에 대한 절절한 그리움을 표현한 노래가 많은데, 대중 음악계는 젊은이들이 전쟁터로 내몰리는 상황에서 헤어진 가족의 안부를 걱정하고 그리워하는 상황의 반영이라고 이를 해석하거나 평가하고 있다.[2]

이렇게 보면 당시 상황을 희미하게나마 파악할 수 있다. 1920년대에 왕성하던 신여성 담론은 1930년대 중후반으로 가면, "어떻게 하면 더 잘 시어머니를 모실 수 있을까 하는 며느리의 역할을 강조하는 담론이나, 혹은 어떻게 하면 아이를 더 많이 낳고 더욱 건강하게 기를 수 있을까 하는 모성 역할에 대한 강조가 두드러지며, 이도 아니면 모성 보호보다는 노동력 동원의 정책이 두드러지게 나타"[3]나는데, 이 시는 그런 모성의 역할을 강조하고 있는 것이다. 만약 이 시가 조금만 더 늦게 발표되었다면, 아마 전혀 다른 내용이 되었을지도 모른다. '군국의 어머니'나 '총후 부인'과 만나야 했을지도 모른다는 말이다.

이렇게 예술 작품은 그 작품을 만들어낸 시대를 반영한다. 작가가 시대의 구조적 반영물인 이상 그것을 피할 수는 없다. 그래서 의식적이든 무의식적이든 그 시대를 반영하게 된다. 물론 의식적으로 그 시대와 영합한 영화를 만들어서 시대상을 반영할 수도 있고, 무의식적으로 반영할 수도 있다. 이 장에서는 일제 강점기 영화를 통해 당시 사회상을 분석하려 한다. 당시 사회의 복잡한 면을 모두 분석하는 것이 아니라 단지 가족 담론이라는 잣대로, 가족 담론이 당시 영화에 어떻게 그려져 있는지, 그 변화 양상이 어떠한지, 그 변화는 무엇을 의미하는지 유추하려 한다.

1. 죽은 아버지, 무능한 아버지,
   또는 사악한 아버지

1930년대 중후반 영화를 보면 이상한 것을 하나 발견하게 된다. 영화 속에 아버지가 등장하지 않는 것이다. 등장한다고 해도 그 시대의 아버지상인 엄한 가부장이나 인자한 부성의 모습이 아니라 사악하고 나약한 아버지들만 존재한다. 그러니까 그 시대의 모습을 일반적으로 재현한 아버지거나 새로운 시대를 이끌어 갈 수 있는 아버지가 아니라 타락하고 나약한 이미지의 아버지만 등장한다는 말이다. 왜 그런 모습으로 재현된 것일까? 그 전에 먼저, 이 시기에 등장한 아버지 세대의 모습이 어떠한지 구체적으로 살펴보는 것이 순서일 것 같다.

안철영 감독의 〈어화〉(안철영, 1938)를 보면 아버지 세대의 무능과 사악함이 적나라하게 드러난다. 연이은 흉년으로 곤경에 빠진 어부 춘삼(윤북양)은 빚을 어찌해볼 도리가 없다. 그에게는 딸 인순(박노경)이 있는데, 수전노 장 주사는 빚을 갚지 못하면 인순을 자신의 첩으로 달라고 한다. 아버지는 무능해 빚을 갚을 수 없고, 수전노 장주사는 음흉해서 딸보다 어린 여인을 첩으로 삼으려 한다. 이때 빚을 갚기 위해 돈을 벌려고 바다로 나간 아버지는 폭풍을 만나 돌아오지 못한다. 이제 남겨진 것은 정신이 온전치 못한 남동생과 어머니뿐이다. 결국 인순이 돈을 벌기 위해 서울로 가야 한다. 그러나 서울에 온 인순이 할 수 있는 것은 없다. 하루빨리 돈을 벌어야 하지만, 가난한 어촌에서 살다온 인순에게 돈을 벌 수 있는 자리는 쉽게 생기지 않는다. 결국 아버지 세대의 무능은 딸에게로 이어진다.

현존하는 가장 오래된 필름인 〈청춘의 십자로〉(안종화, 1934)에도 무능한 아버지 세대가 등장한다. 시골에서 7년 동안이나 데릴사위로 일한 영복(이원용)에게는 아버지가 존재하지 않는다. 늙은 어머니와 여동생만 있다. 7년 동안 데릴사위로 일했지만 사악한 예비 장인은 그를 사위로 받아주지 않고 일만 시킨 뒤 결국 쫓아냈다. 상경해 경성 역에서 수하물 운반일을 하다가 우연히 만난 애인 계순(신일선)에게도 병든 아버지와 어린 동생만 있다. 이들 연인의 아버지는 존재하지 않거나 병들어 아무것도 할수가 없는 상태이다. 더욱 안타까운 것은 실직한 계순이 병든 아버지와가족을 부양하기 위해 돈 많은 노인에게 가야한다는 것이다. 이렇게 보면 두 영화의 아버지는, 신기하게도 비슷한 역할을 하고 있다.

1937년에 개봉된 〈심청전〉(안석영, 1937)의 무능한 아버지 이야기를 여기에 보태면 당시 시대에 대한 명확한 그림이 그려진다. 심청(김소영)이 벌어오는 것으로 하루하루 연명하는 심봉사는 주제도 잊은 채 공양미 삼백석을 시주하기로 스님에게 약속하면서 결국 심청이 팔려가야 한다.[4] 〈어화〉, 〈청춘의 십자로〉보다 더 무능한, 즉 자신을 부양하는 딸을 진짜 파는 아버지의 등장. 고전을 극화한 것이지만 이 시기의 무능한 아버지를 이보다 잘 보여주는 영화도 없다.

〈미몽〉은 젊은 부부의 이야기이기에 이 단락에서 거론하는 영화와는좀 다르다. 그러니까 구세대의 아버지를 그린 영화가 아니라는 말이다.그럼에도 〈미몽〉에서 무능한 아버지라는 특징은 다른 영화와 마찬가지로 이어진다. 이 영화에는 무능한 남편(이금룡)이자 젊은 아버지가 등장한다. 바람 난 아내(문예봉)를 전혀 통제하지 못하는 남편이자, 아내가 집을 나간 뒤 딸을 홀로 돌보는 나약한 아버지이다. 아내가 사고를 낸 이후에야 총을 들고 찾아가지만 아내는 이미 약을 먹고 죽은, 즉 어떤 응징도 할수 없는 상태이다. 결국 그가 할 수 있는 것은 아무것도 없다. 정말로 그는 영화에서 아내에게 어떤 응징도 하지 못한다.

〈군용열차〉(서광제, 1938)에도 아버지는 등장하지 않는다. 점용(왕평)은 동생 영심(문예봉)과 함께 살고 있다. 이 영화에서 이상한 것은 군용열차를 운전하는 기관사가 오빠임에도 영심은 돈에 팔려 기생 생활을 하고 있다는 것이다. 큰 오빠는 만주로 돈을 벌러 가서 소식이 없고, 영심의 애인 원진(독은기)은 영심을 기적妓籍에서 빼낼 돈을 마련하기 위해 분주히 다니지만, 점용은 영심을 구할 방법을 달리 모색하지 않는다. 점용의 가족이 어떻게 구성되었는지 영화는 상세히 말하지 않지만 아버지와 어머니는 존재하지 않고 영심은 구박 받으며 기생 생활을 하고 있다. 원진도 아버지가 존재하는지 알 수 없다.

〈심청전〉을 연출했던 안석영의 작품 〈지원병〉(안석영, 1941)은 1941년 작임에도 여전히 무능한 아버지 세대를 그리고 있다. 춘호(최운봉)는 아버지가 죽은 뒤 마름을 하고 있다. 가난한 어머니와 여동생과 함께 살아가는 춘호에게는 연인 분옥(문예봉)이 있다. 그러나 분옥의 아버지는 무능하다. 그래서 춘호의 마름 자리를 뺏으려는 김 첨지는 분옥을 자기 집에 달라고 윽박지른다. 춘호의 아버지와 친분이 있었던 땅 주인도 죽고 이제 그의 아들이 땅을 관리하면서 춘호는 점점 위기에 처한다.

이렇게 1930년대 중후반의 영화를 보면 아버지는 죽었거나 병들었거나, 아니면 물질에만 밝거나 염치가 없이 사악하다. 다시 말해, 대부분의 아버지는 죽었거나 무능하고, 적대자의 아버지 세대는 사악하다. 이것은 무엇을 의미하는 것일까? 이영재는 〈지원병〉을 해석하면서 분옥의 아버지와 김첨지를 무능력과 탐욕의 상징으로 해석했다. 즉, "각각 '무능력'과 '탐욕'의 화신으로 그려지고 있는 두 아버지는 그와는 다른 의미에서 조선의 부정적 면모를 외화하는 형상으로 나타나고 있다."[5]라는 것이다. 맞는 말이지만, 조금 더 확대할 필요가 있다. 1930년대의 새로운 흐름을 아버지 세대는 따라가지 못하고 있었다. 그 흐름이 무엇인지는 뒤에서 밝히겠지만, 아버지 세대는 무능하거나 자신의 이익에만 밝은 사악한 존재로 그려졌다. 아니면 아예 존재하지 않는, 죽은 상태였다.

이러한 아버지의 부재는 1930년대 소설에서도 마찬가지로 그려졌다. 1930년대 근대소설, 가령 염상섭의 『삼대』와 채만식의 『태평천하』에서 "아버지 세대는 무능하거나 위선적인 인물로 희화화"[6]된다. 1930년대 대중음악에서도 아버지가 아예 존재하지 않고 대부분 어머니를 그리는 노래가 많은 상황을 박애경은 "식민지라는 현실이 곧 아버지의 부재로 알레고리화"[7]된 것이라고 분석하기도 한다. 이렇게 보면 1930년대 대중문화의 아버지 부재현상은 폭넓은 현상이었다.

2. 세대교체

당연한 생각. 아버지가 아버지의 역할을 하지 못하면 누군가는 그 역할을 해야 한다. 일반적인 가정이라면 어머니가 수행할 가능성이 높지만, 1930년대 중후반의 영화를 보면 그 역할은 대부분 남성 청년이 담당한다. 그들은 아버지 세대처럼 무능하지도 않고 사악하지도 않다. 그들은 정의롭고 헌신적이고 올바르며, 무엇보다 행동으로 실천할 줄 안다. 당시 영화에서 그들을 어떻게 그리고 있는지 살펴보자.

〈어화〉에서 위기에 처한 인순을 구해주는 것은 누구인가? 철수는 아버지 장주사의 돈을 거짓말로 받은 뒤 인순의 어머니에게 주며 빚을 융통하라고 하면서 인순을 데리고 서울로 간다. 그러나 철수의 목표는 그의 아버지만큼이나 사악하다. 인순과 달콤한 몇 밤을 보내는 것. 결국 인순은 철수에게 당한 뒤 그 집을 나와 기생이 되는데, 기생의 자리에서 철수와 재회한 인순은 괴로워하다가 자살을 시도한다. 이때 인순을 구하는 것은 다름 아닌 천석(박학)이다. 인순의 집으로 인순이 음독했다는 전보가 왔을 때, 글을 모르는 그의 어머니는 천석에게 보여주고 천석은 서울로 올라가 인순을 데려 간다. 그는 시골에 살지만 성실하고 마음이 진실한 사람이다. 인순을 예전부터 마음에 담아두고 있는 청년이었다. 이렇게 인순은 천석과 맺어질 것이다.

새로운 청년이 아버지의 역할을 하는 것은 〈청춘의 십자로〉도 마찬가지다. 영복은 애인 계순과 여동생 영희가 개철 일당에게 당할 때 달려가 정의의 이름으로 복수를 하고 그녀들을 구한다. 영복의 아버지는 죽었고, 계순의 아버지는 병들어 돈 많은 늙은이에게 계순을 팔려 한다. 결국 이들을 구하는 것은 영복이라는 성실하고 착한 청년이다. 이렇게 보면 〈청춘의 십자로〉는 〈어화〉와 같은 이야기를 하고 있는 것이다.

〈군용열차〉에서는 새로운 세대가 친일이라는 담론과 결합한다. 점용은 엘리트이고 근대의 상징인 군용열차를 운전하는 사람이며 언제나 세련된 운전복을 입고 있다. 그는 일본 여성 순희와 연애한다. 이에 비해 그의 친구 원진은 한복을 자주 입고 역시 한복을 입은 영심과 사랑하는 사이이다. 두 인물의 대립을 통해 자연스럽게 점용이 새로운 세대의 주역이라는 것을 보여준다. 즉 "점용이 공적(국가적)/근대적 인물형이라면, 원진은 사적/전근대적 인물형으로 대조적으로 표현된"[8] 것이다. 원진이 중국 스파이와 결탁해 정보를 판 돈으로 영심을 구하려다 뉘우치고 자살한 반면, 점용은 그런 음모로부터 기차를 구하는 청년이 된다. 마지막에서 만주에서 돈을 번 큰 오빠가 오면서 영심은 기적에서 벗어날 수 있다.

〈지원병〉의 춘호는 중학교 중퇴의, 당시로서는 엘리트이다. 아버지가 존재하지 않는 상황에서 그가 할 수 있는 것은 죽은 아버지가 남긴 마름역이지만, 그는 그것으로 만족하지 못한다. 분옥을 노리는 김 첨지, 마름을 뺏으려는 그 김 첨지와 그는 대결하지 않는다. 그가 새로운 세대의 주역이 되는 것은 지원병이 되는 길이다. 마을 사람들의 배웅을 받으며 그는 지원병훈련소로 떠나고, 친구 창식은 운전을 배우러 북 중국으로 떠난다. 이렇게 〈지원병〉에서는 젊은 세대가 지원병이 됨으로써 문제가 해결되는 스토리 구조를 취하면서 선전정책에 강하게 동조한 영화라는 것을 스스로 드러낸다.

〈반도의 봄〉(이병일, 1941)은 새로운 세대를 다르게 이야기한다. 조선 영화계의 지독히도 어려운 현실이 영화의 배경이다. 영화 제작이 중단되는 위기에 처했을 때, 그 위기를 극복해나가는 이는 감독도, 투자자도 아니고, 젊은 제작부원 영일(김일해)이다. 그가 공금을 횡령해 제작비로 내놓음으로써 영화는 완성되지만 그 대가로 교도소에 가게 된다. 이때 조선의 영화사를 통폐합한 거대 영화회사가 생기고, 출소한 영일은 정희(김소영)와 함께 일본으로 영화를 배우러 떠난다. 이제 새로운 세대는 일본의 자본과 기술을 배워야 할 이들이고, 더 나아가 일본의 일부분이 되어야 하는 조선의 젊은이다.[9]

〈집 없는 천사〉(최인규, 1941)는 이전 영화와는 다른 방식으로 새로운 세대의 청년을 재현한다. 영화 속 청년은 새로운 세대이면서 이미 아버지가 되어 있다. 아마 이 시기에 등장한 영화 가운데 이 영화보다 가족에 대해 더 상세히, 적극적으로, 직접적으로 논의하고 있는 영화는 없을 것이다. 다른 영화의 젊은이들처럼 의리가 있고 실천력도 강한 방 목사(김일해)는 자신의 아이만 키우는 것이 아니라 거리의 고아들을 모아 고아원에서 함께 생활한다. 고아들의 나쁜 버릇도 고치고 새롭게 살아갈 희망도 만들어준다. 새로운 세대가 부패한 사회를 고치는 주역이라는 것을, 그리고 가장이 다시 등장한 시대가 열렸음을 〈집 없는 천사〉를 통해 알려주었다. 이런 시각에서 보면 〈집 없는 천사〉는 매우 특이한 영화인데, 이 부분에 대해서는 뒤에서 다시 설명할 것이다.[10]

3. 여성의 재현

이쯤에서 당연한 질문이 발생할 것이다. 남성들은 새로운 세대가 되어 새로운 시대를 이끌어가려 할 때 영화 속 여성들의 모습은 어떻게 재현되었을까? 남성들과 함께 새로운 세상의 주역으로 등장할까, 아니면 가부장제의 모습처럼 수동적인 존재에 머물러 있을까?

당시 영화를 보면 후자의 모습이 많다. 〈청춘의 십자로〉의 계순은 한복을 단정하게 입고 있는 조선의 여인으로, 자신의 불행에 적극적으로 맞서거나 싸우지 못한다. 〈어화〉의 인순도 단정하게 한복을 입는 조선의 여인으로 자신의 불행을 숙명으로 받아들이며 음독을 감행하는 가련한 여성이다. 이런 여성의 이미지는 〈군용열차〉의 영심으로 고스란히 이어진다. 여전히 한복을 입은 정숙한 여성으로 등장하는 영심은 점용이나 원진이 자신을 구해주길 바라지, 자신이 스스로 불행에서 벗어나기 위해 노력하지는 않는다. 〈지원병〉의 분옥도 마찬가지다. 춘호를 바라보기만 하지, 아무것도 하지 못한다. 네 영화의 여성은 한복을 입은 단아한 여성으로 자신에게 닥친 불행을 어쩌지 못하고 감내하며 새로운 세대의 남성이 해결해주길 기다리는 숙명의 여인상이다.[11]

이런 여인상이 제시된 것은 〈미몽〉과도 관련이 있다. 위의 네 여성과는 확연히 구분되는 〈미몽〉의 아내는 소비와 향락에 젖어 있는 인물이다. 그녀는 데파트에서 물건을 소비하고 낯선 남자와 연애를 즐기며, 심지어 아이와 남편을 버리고 외간 남자와 살림 하는 여성이다. 이 영화가 만들어진 1936년은 1920년대에 강하게 불었던 신여성 바람이 주춤하던 시기였다. 원래 신여성은 배운 여성을 의미하는데 "그들은 신학문을 교육받아 자신들의 권리 신장과 지위 향상을 목표로 봉건의식을 개혁하고 여성 해방을 실천하고자 했다."[12] 따라서 "남성 우월 사상을 비판하고 여성의 자유로운 사회 교제를 주장하며 가부장적인 성도덕 체계를 정면으로 거부하는 여성 해방의 일면을 보여주었다."[13]

그러나 1930년대로 가면서 신여성은 건방짐과 타락과 방탕의 이미지와 연결되고 만다. 이는 근대화에 대한 부정적인 이미지와도 관련되는 것이라 할 수 있다. 대개는 허영과 욕망, 무책임이라는 결점을 신여성이 가지고 있는 것으로 파악했다. 그렇기에 사실상 신여성에 대한 담론은 단순히 성적 차이에 대한 담론의 수준을 벗어난다. 그것은 사회·경제적인 문제, 정치적인 문제, 문화적인 문제 등을 모두 포괄하는, 그것들이 엉켜 있는 문제라고 할 수 있다.[14] 그 사회적 반영으로서 〈미몽〉과 같은 영화가 등장한 것인데, 영화의 주연을 '삼천만의 연인' 문예봉이 맡음으로써 더욱 충격을 주었다.[15]

결국 신여성에 대한 반작용으로서 1930년대 조선 영화에서 여성은 〈미몽〉처럼 타락한 여성으로 그려지기도 하고, 〈어화〉, 〈청춘의 십자로〉, 〈군용열차〉, 〈지원병〉 같은 수동적인 조선의 이미지를 지닌 엑조티즘적 로컬 여성으로 그려지기도 했다. 그런데 수동적인 조선의 이미지는 일본의 식민주의 정책과 깊은 연관이 있다. "일본이 조선을 지방화하고, 농촌을 이상화하는 것, 그리고 조선 붐을 형성하고 조선의 이미지를 만들어나가는 것에는 여성이라는 존재가 뿌리 깊게 자리한다. 제국주의는 식민지를 여성화하고 성애화함으로써 식민지는 정체되고 수동적인 문화이며 자연에 가까운 땅으로 규정"[16]하였는데, 언급한 영화들의 여성 재현이 바로 그러했다. 쉽게 말해 오리엔탈리즘의 반영인 것.

그런데 이런 이미지도 전쟁이 급박해지면 다른 이미지로 변모하게 된다. 1930년대 중후반이 되면서 사회는 가부장제로 서서히 접어들고 있었는데, 이런 "확장된 가부장제로서의 국가 개념은 아내와 어머니의 역할로만 여성을 규정했"[17]기 때문이다. 여성의 일탈과 현모양처 담론이라는 상반된 여성 이미지가 영화에서 어떻게 드러나는지 두 영화를 통해 좀 더 깊이 들어가 보자.

〈미몽〉
신여성의 일탈과 사회의 응징

2000년대인 지금 봐도, 양주남이 1936년에 감독한 〈미몽〉은 파격적인 영화라고 하지 않을 수 없다. 영화의 주인공인 애순은 집안에서 살림을 하고 애를 키우는 자신의 처지를 '새장 속의 새'[18]로 표현한다. 영화가 시작되고 얼마 지나지 않아 그녀는 남편에게 노골적으로 저항한다. 집안을 돌보라는 남편의 말에 자신은 그렇게 하지 못하겠다며 나가버린다. 그리고는 백화점에서 만난 사람과 술을 마시고 늦게 들어온다. 남편이 질책하자 딸을 뒤로 한 채 집을 나와 정부와 호텔에서 살아간다. 이런 모습은 전통적인 유교 사회의 여성과는 거리가 멀다. 호통 치는 남편에게 무척이나 당당하고 가정도 쉽게 버린다.

애순은 영화 전편을 통해 허영과 욕망으로 이미지화 된다. 애순의 허영은 영화 초반부에 배치된 백화점 쇼핑 장면에서 익히 드러난다. 극장, 카페와 함께 백화점은 1930년대 도시 공간을 상징하는 주요 요소이고, 근대성의 시각적 즐거움은 소비 상품에 대한 여성의 욕망을 자극하는 핵심 전략으로 나타난다.

1930년대 소비의 장소는 '데파트먼트 스토아'로 대변되었고 백화점은 주로 여성의 요구에 부응하는, 새로운 종류의 공적인 도시 공간을 제공하였다. 여성은 상품의 생산보다는 소비를 책임지고 있었기 때문에 사회 변화의 동력 바깥에 존재하는 것처럼 보였지만, 다른 측면에서 보면 소비자로서의 지위 때문에 근대적이라고 느껴지는 경험의 중요한 일부를 구성하는 패션과 생활양식을 통해 동참하게 된다. 종종 그 찬란한 소비의 공간은 여성의 허영을 조장할 뿐만 아니라 여성을 타락시키는 사악한 공간이 된다. 백화점은 단순한 물건 구매의 장소가 아니라 여성들에게 탐닉·사치·환상을 약속하는, 뚜렷이 여성적인 공적 공간이었고 굳이 구입할 생각이 없어도 이것저것 눈요기를 할 수 있게 해주고 여성이 가정의 속박에서 벗어날 수 있도록 해준다.[19]

그러나 이 영화는, 제목에서 환기할 수 있는 것처럼, 근대의 불안을 강조한다. 그래서 애순만의 미몽(迷夢, 꿈을 꾸거나 무엇에 홀린 듯 정신이 맑지 못하고 얼떨떨한 상태)이고 그녀만의 '죽음의 자장가'인 것이다. 영화는 조선이라는 전통에 대한 위협으로서 모더니티를 이항 대립항으로 위치시켜 놓았다. 때문에 모더니티가 발생시킨 심리적 불안은 조선에서도 마찬가지였다. 무엇보다 식민지라는 역사적 상황이 모더니티의 도래와 관련되어 있다는 점은 그에 대한 반감을 불러일으키기에 충분했다. 모더니티라는 새로운 빛을 자기 내부에서 발흥시키지 못한 채 타자로부터 발견해야 하는 상황에서, 모더니티는 '조선적인 것'이라는 자기 동일성을 위협하는 것으로 인식되면서, 이를 비난과 불안의 시선으로 바라보는 사회적, 문화적 담론을 양산하기도 했다. 〈미몽〉은 모더니티를 어머니로 표상되는 전근대적 미덕을 위협하는 악덕으로 규정한다. 특히 애순과 같은 신여성이 모더니티의 산물이었다는 점을 염두에 둔다면, 가정을 등진 신여성의 타락상을 전면에 내세우는 〈미몽〉의 모더니티에 대한 관점은 자명한 것처럼 보인다. 실제로 〈미몽〉은 '문화적 불연속'의 단적인 증거인 신여성 애순을 통해 도시 소비사회의 출현이 가정을 더 이상 자기 충족적인 공간으로 머물 수 없도록 하는 것처럼 묘사함으로써 전근대적 미덕과 근대적 악덕을 대조시킨다.[20]

모더니티의 악덕에 빠진 애순을 뉘우치게 하는 것은 역설적이지만, 근

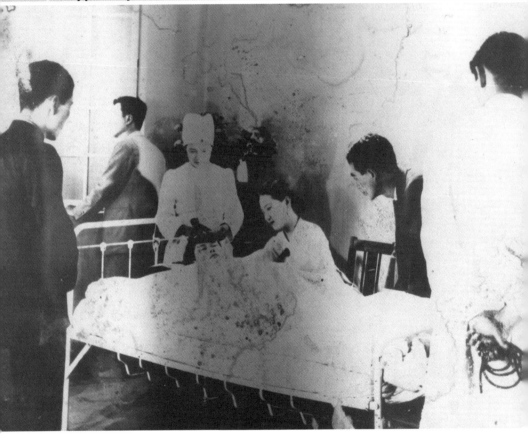

지금 봐도 파격적인 영화 〈미몽〉

대의 문물 가운데 하나인 자동차이다. 정부情夫가 강도인 것을 안 애순은 그를 떠나 무용수에게 가려고 자동차를 타고 기차 시간에 맞추려다가 자신의 딸을 치고 만다. 그녀가 일탈을 강행하게 된 것이 소비라는 근대의 요소였다면 그녀의 일탈을 멈추게 한 것도 속도라는 자동차 때문이다. 이 역설은 영화 속의 모더니티에 대한 거부가 일제 정책의 하나인 가족주의의 강조와 연결되어 더욱 기이한 상황을 만들어낸다. 상식적으로 생각해 보면, 조선인들의 모더니티 거부는 모더니티를 불러온 식민주의의 거부로 이어져서, 당연히 일제에 대한 거부로 연결되어야 하지만, 실상은 유교적 가부장제의 변형인 천황 중심의 가족주의 국가관으로 이를 극복하려 했다. 〈미몽〉은 그 중간에 있는 영화이다.

〈미몽〉에서 정말로 신기한 것은 그녀의 남편이다. 아직도 가부장제의 흔적이 역력히 남아 있는 1930년대에, 아무리 1920년대의 신여성 담론이 강하게 일었다고 하더라도 애순이 남편을 완전히 무시하는 것은 이해하기 힘들다. 남편과 싸운 이후 애순은 백화점에서 물건을 고른다. 그녀는 꽤나 고급으로 보이는 옷도 너무 싸다며 더 비싼 것을 달라고 한다. 그리고는 그곳에서 만난 남자와 맥주를 마신다. 그 남자가 번번한 직업이 없는 강도라는 것을 알자 다시 그를 떠나 극장에서 만난 무용수를 찾아간다. 남편에게 돌아갈 생각은 처음부터 그녀에게는 없다. 1950년대 중반에 등장한 〈자유부인〉에서도 감히 집을 나오지는 못하는데, 이보다 20년이나 앞선 시기에 만들어진 영화에서 부인이 아이와 남편을 버리고 집을 나와 정부와 함께 산다는 것은 충격이라고 하지 않을 수 없다.

그러나 그녀의 일탈은 일탈에 그치고 만다. 남편은 단 한 번도 그녀를 찾아가 집으로 돌아오라고 하지 않는다. 딸이 어머니를 그리워하는 것을 보고 안타까워하던 그이지만 결국 그녀를 찾아가지는 않는다. 그러나 딸이 부인 때문에 죽었다는 것을 안 그는 총을 들고 부인을 죽이러 병원으로 가지만, 이미 부인은 자살한 후이다. 집을 나간 아내를 찾아가지는 않던 그는 딸이 죽자 부인을 죽이러 간다. 그에게 부인은 집을 나가는 순간 이미 연이 끝난 사람이지만, 자식은 아버지로서 지켜주어야 할 대상이다. 그래서 타락한 여성이 집을 나가면 다시 불러들이지 않는다. 타락하고 허영에 빠진 부인은 자신의 잘못을 뉘우쳐도 집에 들어올 수 없다는 것을 영화는 이런 방식을 통해 보여준다. 결국 일탈한 부인은 죽어야 한다. 행복하게 살아서는 절대 안 된다.

이 영화가 하고자 하는 말은 명확하다. 근대 문물과 소비, 욕망, 바람난 아내를 악이라는 같은 묶음으로 분류하고, 그 반대편에 전통과 유교적 질서를 강조하는 정신세계를 위치시킨다. 그래서 바람난 아내를 비판하고 전통적인 도덕을 지닌 남편을 예찬한다. 지나치게 앞서 나갔던 애순은 결국 병원에서 약을 먹고 자살하고 만다.

특이한 것은 멜로드라마의 특징 가운데 하나인 '우연성'이 이 영화에서는 필연적인 결론처럼 작용한다는 것이다.[21] 애순이 자동차를 타고 가다가 사고를 내서 자신의 딸을 치여 죽일 가능성은 희박하다. 그러나 영화는 예정된 결말을 위해 우연성을 가장해서 사고를 내게 만들어야 한다. 그리고 당시의 관객들 역시 이런 사고를 통해 소비와 일탈보다는 전통과 유교적 가치라는 테두리로 급격하게 돌아오게 만든다.

이것은 장르적 속성이기도 하지만 그보다는 당시 관객들의 사고의 반영일 가능성이 더 크다. 도덕적 인과응보로 보이게 만들었던 것. 1920년대의 신여성과 달리 1930년대의 "모던 걸은 신여성의 허영과 타락을 표현하는 상징어였고, 신여성이 가진 잠재적인 욕망을 내포하는 상상의 기호였다. 연애는 퇴폐적인 성적 관계를 암시하는 것으로 의미의 변화를 겪으면서 대대적인 공격의 대상이 되었다."[22] 이런 기반 위에서 과감하게 일탈을 감행하는 부인을 재현할 수 있었고, 일탈보다 더 잔혹한 응징을 행할 수 있었다. 결국 응징을 위해 일탈을 재현한 것이다.

이러한 일탈과 응징의 과정은 신여성에 대한 당시 사람들의 태도와도 상관이 있지만 많은 부분 시대적 담론과도 연결된다. 여성의 이미지는 1920년대부터 변화했다. "연애와 결혼 문제에 있어서 1930년대부터는 20년대에 비하여 보다 신중한 태도가 나타나기 시작하였다. 20년대 담론이 주로 연애와 결혼의 이상주의에 들떠 있었다면 30년대는 보다 현실적인 문제에 초점을 둔 논의가 전개되었다." 신사임당이 강조되고, "20년대의 여성의 해방과 가정으로부터 사회로의 진출을 강조하던 논의가 여성의 가정에서의 역할을 인정하는 것으로 태도가 변화한 것이다."[23] 그리고 1940년대가 되면 후방에서 전쟁이 참여하는 총후 부인과 군국의 어머니가 강조되면서 여성의 강함은 더욱 영화 속에 드러나게 되었다.

이 영화가 만들어진 시기로 국한하면, 1931년의 만주 사변, 1937년의 중일전쟁 이후 일제는 교양 있는 신민臣民을 키워내는 어머니의 역할을 강조하면서 현모양처론을 주장하게 된다. 때문에 당시의 여성잡지는 많은 지면을 할애해 모성론과 현모양처론을 주장하는 논설들을 싣고, 아이 기르는 법, 과학적으로 아이 양육하는 법, 가정 위생, 생활 개선, 남편 시중드는 법 등을 다투어 소개하는가 하면, '행복한 우리집'이라는 제목으로 부부 생활을 모범적으로 하고 있는 상류층 유명 인사의 가정 탐방기 등을 게재하고, 부부 생활과 자녀 교육 등을 소개하기도 했다.[24]

이런 시각에서 보면 영화 속에 등장한 애순은 당연히 도덕적 응징을 받아야 하는 인물이 되지 않을 수 없다. 애순은 남편의 말을 듣지 않는 것은 물론 집을 나가 다른 남자와 바람을 피웠고 그녀의 외도가 결국 딸의 죽음의 직접적 원인이 되었다. 딸을 잘 양육하여야 할 어머니가 어머니의 도리를 전혀 하지 않은 것이니 준전시 체제에서 이런 인물을 용납하기는 어려울 것이다.

근대라는 문물을 욕망이라는 눈으로 바라보는 것 역시 긍정의 시선과 부정의 시선이 함께 작용하지만, 욕망하지만 욕망해서는 안 되는 것이, 당시 신여성을 바라보는 시각이었다는 것을 이 영화는 보여준다. 애순의 일탈은 결국 딸을 죽게 만들고 자신의 자살로 비참하게 마무리되었다. 하지만 1930년대에 이런 일을 영화로 만들었다는 것은 그만큼 근대에 대한 욕망이 강했다는 것을 반증하기도 할 것이다. 비록 실패로 끝났다고 할지라도 애순의 일탈은 '의미 있는 일탈'이었다.

〈지원병〉
현모양처의 아내와 천황제 가족주의의 어머니

애순의 죽음 이후 그처럼 강한 일탈을 감행하는 여성은, 적어도 일제 강점기에는 더 이상 등장하지 않는다. 주연 배우 문예봉도 애순 같은 '악녀(?)'의 역할을 더 이상 맡지 않았다. 이후 문예봉이 맡은 역할과 조선 영화들 속 아내는 대부분 '조선적인' 순종의 미덕을 고이 간직한, 남편의 말에 따르는 캐릭터로 변하게 된다. 〈지원병〉(안석영, 1941)은 그런 모습을 그리고 있는 영화이다. 영화의 시작은 지원병 나가는 이를 환송하는 장면이고, 마지막은 주인공이 지원병을 나가는 장면이다. 그러니까, 이 영화는 다른 이가 지원병을 나가는 것을 본 주인공이 고뇌하다가 자신도 지원병으로 나가기까지의 과정을 그리고 있다. 영화 시작에 등장하는 자막처럼, "황기皇紀 2천6백 년을 맞아 우리들 반도 영화인은 이 한 편을 남총독에게 바친다."라는 의도가 녹아 있는 친일 영화인 것이다.

그러나 이 영화는 단순하게 읽을 텍스트가 아니다. 그 안에는 (한때 카프 회원이었던 안석영의 경력을 증명하는 것처럼) 지주와 마름의 계급 문제, 신여성과 구여성의 (갈등) 문제, 봉건적 가족의 문제, 멜로의 삼각관계 등 다양한 갈등이 녹아 있다. 아버지의 뒤를 이어 마름을 하는 춘호는 나름대로는 깨어 있는 지식인이다. 그는 시골에 있는 자신의 처지에 만족하지 못한다. 그만 바라보고 있는 약혼녀 분옥에게도 그리 잘해주지 못한다. 마름을 빼앗긴 뒤에 김 첨지가 분옥을 강제로 며느리로 삼으려 해도 춘호는 어떤 행동도 하지 않는다. 결국 조선인도 지원병이 될 수 있다는 발표가 있자 그는 기쁘게 지원병이 된다. 약혼녀와 홀로 남겨진 어머니에 대해 그는 전혀 배려하거나 고려하지 않는다. 물론 춘호의 행동에 감동하여 지주가 춘호의 집을 보살펴주기로 하는 것으로 영화는 결말을 맺지만.

이 부분에서 거론해야 할 것은 이 영화의 가족 형태이다. 지원병을 나가야 하는 춘호에게는 아버지가 존재하지 않는다. 자신이 아버지를 대신한 가장인 것. 그런데 그는 아무런 고민도 없이 지원병에 지원하고 만다. 그러면 남는 것은 어머니와 그의 여동생, 그리고 아직 결혼하지 않은 약혼녀이다. 여기서 중요한 것은 어머니이다. 어머니는 한 번도 춘호의 결정에 반대 의견을 이야기하지 않는다. 이때문에 영화에서 어머니가 소외되었다고 주장하는 이도 있다. 춘호가 출정하기 전의 모습을 그린 장면이 그렇다는 것인데, 다음을 보자.

어머니에게 작별 인사를 하는 장면에서, 관객은 어머니의 모습이 화면에 비추기 전 "몸조심해라"라고 말하는 그녀의 목소리를 먼저 듣는다. 그 후 인사를 하는 춘호가 등장하고, 그 다음에서야 어머니가 아무 말 없이 그를 바라보는 모습이 비춰지는데, 카메라는 10여 초간 그녀를 미디엄 숏으로 잡으며 미세하게 그녀로부터 멀어진다. 관객은 육체와 동떨어진 목소리를 먼저 접한 후 역시 목소리가 없는 어머니의 육체를, 카메라를 향해 정면으로 서 있는 이 늙은 여성의 모호한 표정과 침묵을 맞닥뜨려야 한다.[25]

이렇게 해석하면, 조선의 남성은 군인이 되기 위해 조선의 여성을 버려야 한다. 그래서 자신의 목소리조차 잃어버린 어머니, 아들의 결정에 아무런 주장을 할 수 없는 어머니조차 버리고 떠난다는 해석이 가능해진다. 그러나 이것은 일제가 주장하던 '천황제 가족주의'와는 다르다. 오히려 영화에서 어머니는 매우 중요한 존재이다. 이런 것은 당시 일본 영화를 보면 쉽게 알 수 있다. 군국주의 시기의 일본 영화에서도 아버지는 존재하지 않았고 어머니의 존재가 강조되었다. 가령 1942년에 만들어진 〈날개의 개가翼の凱歌〉(야마모토 사츠오山本薩夫, 1942)라는 영화를 보면 비행기 조종사가 된 두 아들이 카미가제로 죽는 내용을 다루고 있다. 아들이 죽은 후 그가 보낸 편지를 지인들이 읽는다. "형이 말하는 것처럼, 이러한 하늘 위에는 반드시 어머니가 있을 것임에 틀림없다.(...) 그 상냥한 어머니 혼이 우리들의 비행기 주위를 날아 지켜주고 있음에 틀림없다고 생각합니다. 난 언제나 4000미터의 고도로 올라가면 무심코 외칩니다. 어머니, 어머니." 이처럼 최후의 순간에 카미가제의 병사가 생각한 것은 어머니였다.[26] 굳이 총후 부인銃後婦人을 여기서 거론하지 않더라도 출전한 병사의 마음을 움직일 수 있는 존재는 어머니밖에 없다.

여기서 천황제 가족주의에 대해 살펴보아야 한다. 일제의 정치 체제는 민주주의나 개인주의, 공산주의가 아니었다. 천황이라는, 신성적 권리를 부여받은 특정한 존재가 지배하는 체제였는데, 천황은 신성적 존재이기 때문에 국민들은 모두가 천황의 신민臣民이자 적자赤子가 되어야 했다. 즉 일본 국민의 신민화는 천황을 가장家長으로 하고 신민을 적자로 하는 가부장적 사회 구조였던 것이다. 이렇게 가족의 연장이 국가가 되게 함으로써 가족주의 국가관을 창출해냈다.[27]

천황제 가족주의에서 중요한 것은 아버지의 존재가 아니라 어머니의 존재이다. 아버지의 역할은 이미 천황이 하고 있기 때문에 서사에서 친

천황제 가족주의를 그린 영화 〈지원병〉

부는 배제되고, 상상의 아버지인 천황을 위해 죽을 수 있도록 어머니가 특정 역할을 해야 하는 것이다. 때문에 전시 체제의 핵심은 어머니이다. 어머니가 아들을 독려해야 전쟁에 지원하고 출정할 수 있다. 이 영화에서도 지원병으로 출정하기 전 어머니에게 "다녀오겠습니다"라고 인사하는 것, 그런 인사를 받는 어머니의 모습이 신성한 흰 한복의, 약간의 로앵글low angle로 잡은 것도 신성한 어머니의 존재를 강조하기 위한 것이었다. 이것은 일제가 바라던 어머니의 상인데, 영화가 개봉하던 당시에도 일상화되지 못한 것으로서, 이런 의미에서 선전 영화이다. 친일 영화.

이제 남겨진 것은 분옥이다. 그녀는 영화에 등장하는 지주의 동생과 달리 처음부터 끝까지 한복을 입고 있다. 그리고 그녀는 한 번도 춘호에게 불평을 늘어놓지 않는다. 〈미몽〉에서 충격적인 일탈을 행했던 문예봉이 연기한 분옥은 신여성의 부정적인 면과 달리 조선적인 여성의 순종적인 면을 살린 현모양처의 모습이다. 남성이 직접 총을 들고 전장에서 싸울 때 부인이 그를 응원하면서 후원군이 되어야 한다. 말 그대로 총후 부인. 그래서 문예봉은 〈미몽〉의 이미지와는 완전히 다른 이미지로 등장했다. 춘호가 지원병으로 출정할 때 그녀는 춘호를 보내는 슬픔을 간직하지만, 그가 지원병이 된다는 웃음을 머금은 표정으로 그를 배웅한다.

이 영화에 드러난 세대 갈등을 지켜볼 필요도 있다. 춘호와 친구 창식은 깨어 있는 사람이다. 춘호는 지원병을 나가려고 하고 창식은 북지로 나가 운전수가 된다. 분옥도 그런 이들을 지원한다. 그러나 김첨지는 춘호에게서 마름을 뺏고, 춘호의 어머니는 춘호가 출정하기 전까지 아무것도 하지 않는다. 그래서 영화에는 신세대와 구세대의 갈등이 확연히 드러난다. 춘호가 지원병을 나가기 전까지 "조선 부모들의 무기력과 타락"[28]의 상황은 계속 이어진다. 그래서 춘호가 지원병으로 나간 이후에도 그와 분옥의 가족에게 남겨진 문제는 여전히 남을 것이라는 것, 그래서 남성이 지원병이 되기 위해서는 봉건적인 조선을 부정하고 그녀들을 버리고 가야 한다는 주장을 하는 이도 있다.[29]

그러나 지원병이 실시되고 징병제는 아직 실시되기 이전의 시기에 만들어진 영화에서 대부분은 신세대가 새로운 세계 질서를 먼저 파악해 앞장서는 것으로 재현된다. 구세대는 교육을 제대로 받지도 못했고 대동아공영권의 의미를 잘 알지도 못하는 이들이기 때문에 신세대들이 먼저 나서서 행동을 하면 구세대들이 그것을 이해해 따르게 되는 패턴이 등장한다.

선전 영화는 현실이 아니라 이상적인 모습을 그린다. 그것은 지배자들이 원하는 모습이다. 젊은이들이 지원병을 자발적으로 지원할 때 현실적으로 닳고 닳은 구세대도 이들의 뜻을 알고 자신의 잘못을 깨우치게 된다. 〈지원병〉은 이런 내용을 다루고 있는 전형적인 영화이다. 그래서 이들의 세대 갈등은 조선을 타락의 대상으로만 남겨둔 것이 아니라 동화의 대상으로 남겨둔 것이고, 기필코 개화시키려는 의지와 노력의 대상물이라고 할 수 있다.

제 2 장

군국주의

이데올로기로

체화된 가족

그 사이 무슨 일이 있었던 것일까? 1930년대 중후반에는 무능한 가부장, 사악한 아버지가 대세를 이루더니 1940년대 초반이 되면 가장이 다시 살아나기 시작한다. 그리고 1943년을 지나면 가부장이 완전히 부활한다. 가부장도 그런 가부장이 없을 정도로, 거의 조선시대의 가부장을 보는 것 같은 가부장이, 일본의 지방이 된 조선 영화에서 좀비처럼 살아났다. 정말 그 사이 무슨 일이 있었던 것일까? 왜 그들은 다시 살아난 것일까?

1. 부활한 가부장

부활한 가부장을 스크린에서 만나기 위해서는 먼저 1939년에 제작된 〈국기 아래서 나는 죽는다〉(이익, 오카노 신이치岡野進一, 1939)[1]를 봐야 한다. 어떻게 보면, 이 영화는 너무 일찍 만들어진 영화라고 할 수 있다. 갑자기 등장한, 마을 사람들을 강고하게 이끌어 가는 가부장. 조선은 아직 가부장의 부활을 맞이할 준비가 되어 있지 않는데, 영화 속 가부장은 지나치게 일찍 조선 반도에 도달했다. 청주에서 실제 발생한 일을 영화화한 이 영화에서 마을 구장은 가뭄에 홀로 맞서 싸우면서 식량 생산 확충에 힘쓴다. "생산을 확충시키는 것이 총화 국민의 의무"라는 생각을 지니고 있는 구장은 가뭄에 홀로 물을 길러 밭으로 나르다가 쓰러지고 말지만, 노인의 말에 감화 받은 마을 사람들이 모두 물을 길러 나르면서 마침내 그 뜻은 살아난다. 줄거리만 봐도 적극적인 친일 영화이다.

그러나 이 영화보다 늦게 만들어진, 1941년의 〈집 없는 천사〉나 〈반도의 봄〉도 아직 확고한 가부장을 그리지 못하고 있음을 고려하면, 1939년의 이 영화에서 확고한 가부장을 살려내는 것은 무리가 있다. 청주 신사에 가 기원을 하는 것이나 대의를 위해 일하는 모습은 1939년이라는 시기를 고려하면 무리가 있지만(아니면 홀로 하기 때문에 가능하겠지만), 그런 노인이 있었기에 몇 년 뒤 징병제가 실시된 조선에서 구장과 같은 가부장의 모습은 일상화될 수 있었다.

순서가 바뀐 것 같지만 〈국기 아래서 나는 죽는다〉의 구장 같은 노인이 등장하려면, 〈집 없는 천사〉의 방성빈 목사가 먼저 존재해야 한다. 방성빈 같은 이들이 가장의 틀을 쌓아야 구장 같은 가부장이 존재할 수 있다는 이야기를 하고자 함이다.

방성빈은 목사이다. 딸과 아들, 아내와 함께 행복한 가정을 꾸리고 있다. 그에게는 아버지가 존재하지 않는다. 그가 가장이다. 그런데 그는 길거리의 고아들을 데려와 자신의 집에서 키운다. 마침내 처남이 쓰던 강가의 창고를 개조해 고아원을 만들고, 그곳에서 병영 생활과 비슷한 엄한 생활을 하며 직접 노동해서 자신들의 의식주를 해결해 간다. 수시로 도망가고 달아나는 고아들을 보면서 거리의 부랑자가 될 수밖에 없는 근성을 지니고 있다고 평가하기도 하지만, 방성빈은 이들을 착실한 사람으로 만들어간다. 결국 "〈집 없는 천사〉는 부랑아들이 어떻게 불량성을 떨쳐내고 노동자로 변신할 수 있는가를 그리는 데 초점을 두고, 개인적 욕망을 억제하고 집단의 목표를 위해 자신을 희생한다는 관념을 강조한다."[2]

바로 이 점 때문에 방성빈은 앞 장의 영화들에 등장한 청년이 아니라 아버지가 될 수 있었다. 이 영화는 〈국기 아래서 나는 죽는다〉 같은 문화영화가 아니라 극영화이다. 영화의 마지막 장면에서 안인규는 방성빈이 있었기에 그들이 이렇게 살 수 있다는 취지의 발언을 한다. 결국 방 목사는 그의 직업처럼 방황하던 아이들의 마음을 치유해서 다시 그들이 가정의 평안 속으로 들어갈 수 있도록 했다. 그래서 방 목사는 아이들의 아버지가 될 수 있었고, 다시 일제 강점기 조선 영화에서 아버지가 등장할 수 있었다.

이때 아버지는 가부장적인 아버지가 아니라 자애롭고 친근하고 사랑 많은 아버지이다. 때문에 〈집 없는 천사〉의 방 목사가 등장하기 전에 〈국기 아래서 나는 죽는다〉의 구장이 등장하면 안 된다. 그가 등장하려면 죽은 가부장이 확고하게 살아나는 배경이 설정되어야 하기 때문이다. 〈집 없는 천사〉 이후 일제 강점기 조선 영화는 가장을 그릴 수 있었고, 이를 토대로 가부장이 등장할 수 있다는 의미에서, 이 영화는 중요한 의미를 지니고 있다.

죽은 가부장이 완전히 살아나서 자신의 집안을 장악하는 모습은 1943년의 〈조선해협〉(박기채, 1943)에서야 등장한다. 〈조선해협〉의 아버지는 〈국기 아래서 나는 죽는다〉의 아버지보다 훨씬 강력한 가부장이다. 〈국기 아래서 나는 죽는다〉의 아버지는 가정과 마을을 지배하지 못했지만, 〈조선해협〉의 아버지는 가정을 완전히 장악하고 있다. 그만큼 확고한 가부장적 질서를 유지하고 있다는 말이다.

영화의 주 갈등은 부모가 허락하지 않는 여자와 살기 위해 집을 나간 둘째 아들 세키(남승민)와 아버지(김일해)의 갈등이다. 지원병으로 출전한 형이 죽자 형의 영정이 있는 집으로 돌아와 깊이 생각하는 장면이 오프닝이다. 아버지는 그에게 어떤 말도 하지 않는다. 어머니는 그에게 손을 내밀려 하지만 아버지의 완고한 반대로 그렇게 하지 못한다. 결국 아버지는 아들이 지원병으로 가고, 긴슈쿠(문예봉)가 아들을 낳은 뒤에야, 그것도 긴슈쿠가 총후 부인의 역할을 하다가 쓰러져 입원한 뒤에야 며느리로 인정해준다. 그는 조선의 가부장을 일본적 가치관을 중시하는 집안에서 확립한, 역설적인 사람이다.

일제가 패망 직전인 1945년에 제작한 〈사랑과 맹세愛と誓ひ〉(최인규, 1945)의 아버지는 강하면서 완고하다. 조선인 부랑아 에이류는 자신이 존경했던 무라이 소위가 카미가제로 죽은 뒤, 그의 집을 찾아간다. 학교 교장 선생인 그의 아버지는 철저한 황민皇民이다. 그는 일본 옷을 입고 일본 칼을 차고 아침마다 구령을 지르며 홀로 수련을 한다. 아들이 죽은 뒤 보낸 편지도 사무라이 정신으로 신성하게 받아들인다. 일본 학자 다카시 후지타니는 "그는 조선인인 동시에 모범적인 일본인인 현명한 교장 선생님"[3]이라고 했지만, 그가 일본인인지 조선인인지 구별하는 것은 쉽지 않다. 이 영화 직전의 〈조선해협〉이나 〈병정님兵隊さん〉(방한준, 1944)의 한복 입은 가부장과는 확연히 구분된다. 영화를 몇 번 보아도, 일본에서 건너온 일본인인지, 조선 사람이 황민화된 모습인지 구별이 어려울 정도이다.[4]

이렇게 보면 〈사랑과 맹세〉는 세대교체를 통해 젊은 세대가 가장이 되었고, 가장이 된 이가 다시 가부장이 된 뒤, 조선인과 일본인의 경계가 사라진 가부장을 그리고 있다는 점에서 일제가 원하는 캐릭터를 가장 완벽하게 재현한 친일 영화라고 할 수 있다. 조선과 일본의 국적을 아예 따질 수 없는, 내선일체와 황국 신민화가 완벽하게 이루어진 캐릭터가 등장하고 있는 것이다. 다음 단락에서 거론하겠지만, 이 영화에 등장하는 "일본인 양부모와 조선인 양자로 이루어진 새로운 형태의 내선일체형 가족"[5]도 논의의 대상이다.

2. 온화하거나 강인한 어머니의 등장

가정의 중심에 다시 가부장이 존재하면 당연한 질문이 떠오르게 된다. 그렇다면 어머니는 어떻게 되는 것인가? 눈에 두드러지지는 않지만 은근하게 강한 어머니들이 등장한다. 〈병정님〉의 아버지는 병들어 있다. 그리 강한 아버지가 아닌 것이다. 그렇다고 어머니가 아버지처럼 가부장적인 모습을 하고 있는 것도 아니다. 어머니는 여전히 온화하고 부드럽다. 그러나 그 부드러움 속에 강함을 숨기고 있다. 총독의 편지도 어머니에게 오고 아버지가 어머니 옆에서 함께 읽을 정도로 어머니는 은근히 강한 존재로 그려진다.

〈조선해협〉의 여성 이미지도 〈병정님〉과 그리 다르지 않지만, 특이하게도 〈조선해협〉의 여성 이미지는 여러 모습으로 분산되어 있다. 가장 먼저 눈에 들어오는 것은 충실하게 애국 부인의 길을 걷는 긴슈쿠의 모습이다. 남편이 지원병으로 떠난 뒤, 그녀는 근로반에 가서 말 그대로 죽을 만큼 일을 한다. 부상당한 남편과 전화 통화를 할 때도 신변 걱정보다는 아들을 훌륭한 병사로 키우겠다고 말한다. 그러나 세키의 어머니와 여동생은 좀 다르다. 그들은 완고한 가부장인 아버지의 융통성 없는 자세를 견제하면서 긴슈쿠와 연락하고 도움을 주는 유연함을 보인다. 긴슈쿠처럼 강인한 총후 부인의 이미지를 보여주는 것이 아니라 그 곁에서 묵묵히 응원하고 내조하면서 보살피는 역할을 한다는 말이다. 그러니까, 강한 총후 부인인 긴슈쿠를 응원하는 것이다.

〈망루의 결사대〉는 총후 부인의 역할을 직접적이면서 구체적으로 그린다. 이 영화는 일본인, 조선인, 중국인의 다민족 공동체 모습을 그리고 있다. 물론 그 안에 위계는 존재하지 않는 것이 아닌데, 당연하게도 공동체의 리더는 일본인이다. "경찰서장의 아내 요시코는 친자식이 없지만 일본인과 조선인 모두에게 공평하게 그들의 부상을 치료하고 맛있는 음식을 제공하는 어머니의 역할을 수행한다."[6] 조선인 아내가 분만을 할 때 그녀가 가서 간호사 역할을 한다. 이 장면은 매우 상징적이다. 아이를 받아내는 역할은 사람의 생명을 살리는 작업이다. 과묵한 남편 다카츠가 아무리 힘든 일이 있어도 그녀에게만은 고민을 이야기하는 것도 그녀의 여성적 역할을 잘 보여준다. 결국 이 영화 속에 그려진 여성은 마을 공동체의 어머니 역할, 더 나아가, 총후 부인의 역할이다. 우리에게도 널리 알려진 하라 세츠코原節子가 이 역할을 맡아 더욱 선전력이 컸던 영화이기도 하다.

이 부분에서 '총후 부인'과 '군국의 어머니'에 대해 세밀하게 논의해야 하는데, 그렇게 하려면 다시 〈조선해협〉을 거론할 수밖에 없다. 일제 강점기에 만들어진 영화 가운데 가장 많은 논의의 대상이 되는 영화는 단연 〈조선해협〉이다. 1943년에 제작된 〈조선해협〉은 극단적인 친일 영화라고 할 수 있다. 여기서 말하는 친일 영화란 대동아공영권을 위한 전쟁 동원과 황국 신민화를 위한 내선일체를 노골적으로 그리고 있는 영화라는 의미이다. 형의 죽음을 경험한 동생 세키는 자신도 형을 따라 기꺼이 전장으로 나가려 한다. 그런데 그에게는 집안에서 인정하지 않는 동거녀 긴슈쿠가 있다. 집에 그녀를 부탁하려 하지만 여의치 않다. 결국 그는 동거녀에게 목적지를 말하지 않은 채 지원병에 입대한다. 아이를 낳은 긴슈쿠는 나중에 그 사실을 알고 애국반에 들어가 그야말로 죽을 정도로 열심히 일하다가 병을 얻어 쓰러진다. 남편은 부상당했고 부인은 병원에 있다. 이때 조선해협을 건너 두 사람은 통화를 한다. 시아버지도 그녀를 며느리로 인정한다. 영화는 이렇게 행복하게(?) 결말을 맺는다.

이 영화가 선전하는 것은 총후 부인 담론이다. "총후 부인 담론이 등장하게 되는 것은 기본적으로 전시동원체제가 '가정'을 단위로 구성되기

남편은 지원병, 부인은 총후 부인이 되는 내용의 〈조선해협〉

때문이다."7 임전보국단 부인대 간사장 임효정林孝貞이 한 논설, 즉 "총후 銃後에 있어서도 전선에 나서 있는 병사로 자처하고 나라에서 하라는 대로 복종할 것입니다. 물자 절약을 하여 저축에 힘을 쓰라고 명령하면 여기에 「네-」하고 실행할 것이오. 국민개로운동國民皆勞運動으로 생산 확충에 산업 전사로 나서라고 할 때에도 「네-」하고 나설 뿐"8이라는 주장은 이를 여실히 보여준다.

전시총동원체제에서 조선인이 할 수 있는 것은 남편은 병사로 출전하고 후방에 있는 여성들은 후방에서 전쟁을 수행하는 것이다. 애국반에서 전쟁 물자를 생산하고, 전쟁을 위해 이 물자들을 절약하고, 아들을 전장에 보내기 위해 기르는 역할을 여성이 한다. 며느리로 인정받지 못하는, 더구나 남편은 전장에 나가 있는 상황의 긴슈쿠가 아이를 낳고 애국반에서 죽을힘을 다해 물자를 만드는 것은 총후 부인의 정신을 구현하고 있는 것이다. 언젠가 박기채는 영화인이 "문화적 입장에서 총후 국민을 지도하는 역할을 가졌다."9라고 언설한 적이 있는데, 이런 박기채의 생각이 드러난 영화라고 할 수 있다.

흥미로운 것은 1938년 1월 발표한 지원병제와, 1942년 5월 발표한 징병제 사이에 친일 영화의 전략이 다르게 드러난다는 것이다. 두 시기 모두 천황을 위해 전쟁에 나가야 한다는 내용의 영화를 만들었지만, 내부를 들여다보면 그 차이를 알 수 있다. 가령 1941년에 만들어진 〈지원병〉과 1943년의 〈조선해협〉, 〈젊은 자태若き姿〉(도요다 시로豊田四郎, 1943), 1944년의 〈병정님〉, 1945년의 〈사랑과 맹세〉는 모두 지원병을 선전하고 있지만, 〈지원병〉은 깨어 있는 젊은 세대가 자신들이 먼저 큰 뜻을 품고 지원병이 되면 자신의 이익에만 눈이 먼 늙은 세대들도 젊은이의 뜻을 알고 반성하는 내용이라면, 1942년 이후 제작된 영화에서 나이 든 세대는 이미 내선일체를 체화한 세대이고, 이와 달리 젊은 세대는 방황하거나 아

직 내선일체를 체화하지 않았지만, 특정한 계기로 지원병이 되거나 더 훌륭한 황군이 되도록 노력하는 내용을 다루고 있다.

크게 보면 영화의 갈등은 세대 간의 갈등인데, 이것은 내선일체와 황국 신민화의 문제로 드러난다. 이 말은 지원병제를 실시하던 시기의 일제는 새로운 세대가 지원병을 지원해 구세대를 설득해주길 바랐다면, 징병제가 실시된 시기의 일제는 이미 황민화된 부모가 아들이 훌륭한 군인이 되도록 격려하는 내용이라고 할 수 있다. 때문에 후자에서 중요한 것이 총후 부인과 군국의 어머니이다. 〈지원병〉의 어머니와 약혼녀는 아무 일도 하지 않고 결심도 하지 않지만(그래서 굉장히 수동적인 존재로 등장하지만), 〈조선해협〉과 〈사랑과 맹세〉, 〈병정님〉 등의 어머니와 부인은 군국의 어머니와 총후 부인이 되어 있거나 되려고 각고의 노력을 한다.

그런데 〈조선해협〉에서 어머니는 군국의 어머니로 등장하지 않는다. 이것은 〈지원병〉과 비교했을 때에도 차이를 보인다. 〈지원병〉의 어머니는 잘 다녀오라는 말만 해도 신성한 이미지로 포장되지만(그래서 군국의 어머니 이미지로 보이지만), 〈조선해협〉의 어머니는 손주를 귀여워하고 며느리에게 소식을 전하는 다정한 어머니의 모습 그대로이다(그래서 군국의 어머니 이미지와는 전혀 관련이 없다). 〈조선해협〉의 어머니 이미지는 시누이에게도 연결된다. 시어머니와 시누이는 단 한 번도 총후 부인과 애국에 대해 논하지 않는다. 결국 〈지원병〉에서는 어머니가 훌륭한 총후 부인이 되어가는 과정을 그리고 있다면, 이 영화는 긴슈쿠가 총후 부인이 되어가는 과정을 그렸다고 할 수 있다. 그래서 이상하게도 영화적으로는 이념을 같이 하는 시아버지와 며느리가 대결하는 구도가 되었다. 이것을 넓히면 시아버지 홀로 아들, 부인, 며느리, 딸과 대결해야 하는 구도로 그려졌다. 그래서 그런 가부장을 비판하는 영화로도 보이지만, 결국 황국 신민화의 이념을 지닌 아버지에게 인정받기 위해 아들과 며느리가 열심히 노력해 가족 구성원이 되어 갈등이 해결된다는 점에서 비판에서 벗어난다.

　이 영화가 친일 영화 가운데 흥행에 성공한 이유도 여기서 찾아야 한다. 쉽게 요약하면, 조선적인 특징을 잘 담은 멜로드라마로서 성공했기 때문이라는 말이다. 영화에서 특이한 것은 조선의 가부장제를 영화 속에 그대로 도입하고 있다는 것이다. 세키의 아버지는 전형적인 조선의 가부장이다. 아버지의 명령이 곧 그 집의 명령이다. 어머니도 아버지의 눈치를 봐야 하고, 아들도 아버지의 눈 밖에 나면 집에 들어올 수 없다. 삼촌도 아버지의 눈치 때문에 아버지 몰래 가끔씩 세키를 도와줄 뿐이다.

　그런데 아버지는 철저히 일본정신을 구현하고 있는 인물이다. 첫째 아들이 전쟁에 나가 죽자 둘째 아들도 그렇게 되기를 바란다. 그에게 가장 중요한 것은 '사무라이 정신'이다. 둘째 아들이 부상을 당하고 며느리가 될 이가 애국반에서 쓰러지자 며느리로 인정하는 것은 자신이 가진 이념을 아들과 며느리가 완벽하게 구현했기 때문이다. 결국 신세대가 구세대의 인정을 받은 것이다. 신세대가 모진 고생을 한 후 구세대의 인정을 받는 이런 이야기 구조는 이후 남한의 멜로드라마에서 숱하게 등장한다. 다만 황민화가 아니라 고시 패스를 비롯한 자신들의 출세와 연관된 것이라는 차이점이 존재할 뿐이다.

3. 고아들의 양육과 부모 된 일본인,
　그리고 내선 결혼

1940년대 초중반에 갑자기 등장한 가부장제의 성립은 당시의 시대상과 깊은 연관이 있다. 천황을 중심으로 한 가족주의가 조선에도 뿌리내린 것처럼 영화 속에 그려지면서 1930년대의 영화와는 확연히 다른 가족이 영화 속에 등장한 것이다. 그런데 여기서 눈여겨 볼 것은 전혀 새로운 가족의 양상이 영화 속에 등장한다. 분명 일본의 적극적인 정책과 깊은 연관이 있다. 1940년대 일제의 정책을 영화 속에 담은 친일 영화들이 양산되면서 일련의 흐름이 만들어지는데, 그것은 고아를 양육하는 것에서 출발해 결국은 일본인이 조선인을 지도하는 것으로 끝나는 가족 형태가 등장한다는 것이다. 이것이 어떻게 연결되어 있는지 분석하는 것이 이 단락의 목표이다.

〈집 없는 천사〉는 조선의 거리에 넘쳐나는 고아를 방성빈 목사가 향린원이라는 고아원을 만들어 양육하는 내용의 계몽 영화이다. 당시 기록을 보면 이 영화는 최인규의 독창적인 생각에서 나온 것은 아닌 듯하다. 물론 〈수업료〉(최인규, 1940)라는 아동 계몽 영화를 만들었던 경험이 바탕이 되었겠지만, 그 외에 다른 요건도 있었다. 당시 실린 평을 보면 그것을 알 수 있다.

> 부랑아浮浪兒 교화사업敎化事業인 향린원香隣園의 경영經營을 테마로 한 것이다. 이와 같은 소재素材가 진귀珍貴한 것은 아니다. 왜냐하면 이 종류種類의 소재素材의 영화화映畫化는 외국 영화外國映畫가 우수優秀한 작품作品을 내놓은 사업事實이 우리의 인상印象에 아직 남아 있기 때문이다. 말하자면 아메리카의 『보이스 타운』이라든가 불란서佛蘭西의 『창살 없는 감옥獄』을 들 수 있다. 『집 없는 천사天使』는 단지 조선朝鮮이라는 지현적地現的인 조건條件이 다른 것뿐이다.[10]

이를 바탕으로 주창규는 〈집 없는 천사〉가 당시 조선에서 개봉했던 할리우드 영화 〈보이스 타운 Boys Town〉(Norman Taurog, 1938)과 관련성이 있다고 주장한다. 그는 "두 영화는 불행한 고아들을 돌보는 기독교 계열 종교인의 실화를 소재로 영화화했다는 공통점을 가질 뿐만 아니라, 영화의 몇 가지 중요한 에피소드에서도 유사성을 보여준다."[11]라고 분석하고 있다. 그가 예로 든 것은 전체적인 줄거리이다. 즉 아이들이 싸울 때 말리고, 지인의 도움으로 새로운 공간을 마련해 스스로 보수하거나 새로 짓는 행위, 아이가 가출해 위기에 빠질 때 기도를 하고, 마지막에서 악당이와 위기를 맞지만 승리함으로써 평화가 온다는 내용이다.

중요한 것은 〈집 없는 천사〉가 외국 영화의 영향을 받았든 아니든 고아의 양육을 통해 그들을 의미 있는 사람으로 만드는 것이다. 그런데 영화는 그렇게 단순하지 않다. 마지막 장면의 황국 신민의 서사를 외우는 장면을 통해 영화의 목표는 단순히 고아들을 육성하는 것이 아니라 그들을 충실한 황군이 되게 만드는 것이라는 사실을 분명히 한다. 영화가 만들어진 1941년은 신체제가 발표된 이후의 시기로서, 사회는 빠르게 병참기지화되고 있었다. 최인규는 그런 상황에서 조선인이 조선의 고아들을 육성하는 내용을 그렸다.

그런데 〈집 없는 천사〉는 일본에서 검열을 받아 잘려나갔다. 현재 연구자들은 그 이유에 대한 많은 논의를 하고 있다. 이영재는 그 이유가 조선의 남성이 아버지가 되어 아이들을 황민화시키는 것, 특히 조선어와 일본어를 함께 사용하는 것이 조선 반도에서는 추천을 받을 상황이지만, 일본에서는 "그것이 아무리 제국의 기본 방침에 철저히 따른 것이라 할지라도, 일본인이라는 구체적 형상과 국어라는 구체적 매개를 통해 제국 내부로 안정적으로 통합될 수 있어야 했다"[12]라고 적었다. 이 고찰이 맞는지 아닌지는 좀 더 살펴봐야 하지만, 중요한 것은 영화가 고아 양육을 통해 황국 신민의 시대로 가는 길을 열었다는 것이다.

신기하게도 이후 고아를 양육하는 영화를 보면 일본인이 아버지가 되

고아를 육성해 황군을 만드는 〈집 없는 천사〉

어 조선의 고아를 기르는 내용이다. 더욱 신기하게도 전면적으로 일본어만 사용한다. 〈사랑과 맹세〉를 보자. 일본인 시라이 국장은 종로 거리를 떠돌던 에이류를 주워다 기른다. 그들은 에이류가 잘못하면 혼을 내고 용기도 주면서 성심껏 기른다. 그리고 그 아들은 마침내 해군에 입대해 가미가제 특공대가 되어, 그가 존경하던 무라이 소위처럼 죽으러 간다.

여기서 중요한 것은 〈집 없는 천사〉와 달리 일본인 양부모가 조선의 고아를 양육한다는 것이다. 물론 일탈이 있지만, 에이류는 곧 자신의 임무를 깨닫고 즉각 행동으로 옮긴다. 이것은 〈집 없는 천사〉의 다짐과는 매우 다른 행동이다. 이제 조선은 홋카이도나 오키나와처럼 일본의 한 지방이 돼버렸고, 조선 영화도 조선이 내지인의 지도를 받으며 진정한 일본이 돼간다는 내용을 담고 있다. 그야말로 일본인의 지도에 의해 내선일체가 진행되는 것. 이렇게 '사랑'을 쏟아 조선인을 양육하면 그들이 은혜를 갚는 '맹세'를 할 것이라고 감독은 생각하는 것 같다. 더 나가면, "에이류는 양부모, 에이코, 무라이와 혈연적으로는 아무런 관계도 없지만 특공대에 지원함으로써 그들의 적자, 친형제로 인정받는다. 즉, 이 가족 멜로드라마의 속뜻은 천황의 적자가 된 조선인은 형제가 된 일본인과 함께 성전을 완수하지 않으면 안 된다는 것이다."[13]

일본인의 지도와 양육에 의해 주변국이 일본인화 되는 내용은 〈망루의 결사대〉에도 등장한다. 현재 필름으로 남아 있는 영화 가운데 가장 역동적이고 스피디한 이 영화는 조만 국경의 국경 수비대와 마적의 대결을 스크린으로 옮겨 놓았다. 그런데 마적은 중국인이고, 조선인은 일본인의 지도 아래 평화롭게 살고 있는 설정이다. 곧 이 영화는 중국인, 그 위의 조선인, 최상층의 일본인이라는 위계질서를 보이고 있다. 경비대 대장은 조선인 노인의 인사를 받는 절대적 지도자이고, 그의 부인은 마을의 아픔을 고스란히 알고 실행에 옮기는 군국의 어머니이다. 일본인을 리더로 평화롭게 살고 있는 마을에 마적이 처들어와 이를 물리치고 다시 평화를 찾는다는 내용은 〈사랑과 맹세〉의 고아 양육과 깊은 관련이 있다.

사토오 다다오佐藤忠男는 이 영화를 설명하면서, "'일본인의 지도 아래 아시아를 서양의 식민지로부터 해방한다고 하는 '대동아공영권'의 이상을 이해하지 못하는 중국인은 말하자면 아시아의 비행 소년으로 봐야 할 존재이고, 교사로서의 일본인은 때로는 때려서 징벌을 주고 얌전해지면 사랑을 주는 상대로 의식하고 있었"[14]다고 봤다. 사토오 다다오의 이러한 시각을 바탕으로 역사학자 정병욱은 "〈망루의 결사대〉나 〈사랑과 맹세〉 모두 말썽꾼 조선인이 나오며 일본인은 성심껏 선도하고 결국 조선인은 개과천선"[15]하는 내용을 다루고 있다고 했다. 이들에 의하면, 이 영화들은 일본의 침략을 정당화하기 위해 당시 유행했던 '비행 청소년(녀) 선도 영화'의 패턴을 따르고 있었던 것이다.

조선인을 훈도해 올바른 길로 가게 만들려는 가족 이야기는 일본인과 조선인이 결혼해 완벽한 일본인 가족을 이루는 내용으로 발전한다. 일본에서 일본인처럼 행세하며 살다가 우연한 기회에 정체가 드러나 조선으로 건너온 감독 허영이 연출한, 일본인과 조선인은 동질적인 존재라는 〈그대와 나君と僕〉(허영, 1941)가 그러하다. 이 모순적인 감독이 직접 밝힌 것처럼, "「기미きみ」, 즉 「그대」라는 것은 일반 내지內地인의 총칭이오, 「보쿠ぼく」, 즉 「나」는 일반 조선인의 총칭으로서 그대와 나는 굳게 손을 잡고 대동아공영권大東亞共榮圈의 초석礎石이 되자는 것을"[16] 영화 속에 담고자 했다. 그래서인지 영화에는 내선 결혼이 등장한다. 일본인인 미츠에의 형부와 언니가 미츠에를 조선인 병사 에이스케와 결혼시키려 한다. 이 영화 전에 〈군용열차〉에서도 점용과 순희는 서로 사랑하는 사이였다. 이 둘의 사랑은 "조선과 일본인의 내선 결혼을 내포적으로 의미하며, 국가에 충성하는 기구관장의 지휘 아래, 두 민족이 협력"[17]하는 것을 의미한다.

특이한 것은 일본인 남성과 조선인 여성을 결혼시키는 것이 아니라 조선인 남성과 일본인 여성을 결혼시키려 한다는 것이다. 당시 "일제가 가장 이상적인 모습으로 상정한 통혼의 모습은 조선인 남자와 일본인 여자 간의 결합이었다. 이러한 정책을 위에서부터 상징적으로 보여주기 위해, 왕세자 이은과 일본 황족 이방자(미사코)는 1918년 12월 1일 정식으로 통혼의 절차를 행하고, 1920년 4월 결혼하였다. 이는 내선일체를 위한 황국신민을 육성하는 것이 가정에서 주로 어머니 손에 달려 있다는 전제에서 도출된 정책이었다. 따라서 일본식으로 동화시키기 위해서는 조선인 가정에 일본인 여성을 투입시켜야 했다."[18] 이런 혼인 형태에는 "인종주의에 입각한 우생학적 사상도 내재해 있다. 조선 가정에 일본 여성이 들어가 2세를 생산하여 일본식 교육을 실시함으로써 전 조선을 일본인으로 황민화시키려는 의도였다."[19]

당시 영화를 보면 고아를 양육하는 조선인 양부의 설정, 일본인 양부가 조선인 고아를 양육하는 설정, 일본인 지도자가 조선인 마을을 지도하는 설정, 더 나아가 일본인과 조선인의 내선 결혼의 설정 등 다양한 가족 형태가 등장한다는 것을 알 수 있다. 핵심은 일본인이 조선인을 지배하고 다스리는 형태의 가족으로 발전해나간다는 것이다. 이것이 그들이 생각한 내선일체였는데, 일제의 정책을 적극적으로 반영한 당시 영화들이 이러한 상황을 영화 속에 녹여내고 있다. 일제가 생각한, 내선일체의 황민화를 위한 올바른 결혼과 가족은 이런 형태였던 것이다.

4. 가족 담론을 변하게 만든
   사회적 변화

영화의 변화는 사회의 변화를 반영한다. 특히 선전 영화의 경우 선전하려는 주체의 결정에 따라 영화 내용은 선명하게 달라진다. 1940년대의 조선 영화계가 그러했다. 1937년에 중일전쟁이 발발했고, 1940년 7월 22일에 출범한 고노에 내각은 대동아공영권을 모토로 신체제를 기획했으며, 이를 위해 국민총력조선연맹을 결성했다. 그리고 1941년에 시작된 태평양 전쟁은 모든 정책을 전쟁으로 맞춘 사건이었다.

　이런 흐름의 핵심 키워드는 단 하나, '군국주의'였다. 사전적 정의에 의하면, 군국주의는 "군사력에 의한 대외적 발전을 국가의 중요한 목적으로 생각하여 정치, 경제, 문화, 교육 등의 사회 구조나 국민의 생활양식을 전면적으로 군사력 강화에 종속시키는 체제나 입장"[20]을 말한다. 일제는 원활한 전쟁 수행을 위해 조선에도 여러 정책들을 시행했다. "1942년 5월 8일 일본 내각의 조선에서의 징병제 도입 결정, 1943년 8월 1일 개정 병역법의 공포 및 시행, 1944년 4월 징병검사 실시를 통한 징병 현실화의 과정을 거치며"[21] 영화는 이런 정책을 충실히 담는 매체가 되었다.

　이를 위해 조선에서의 영화 정책은 빠르게 변했다. 친일단체인 조선 영화인협회를 1939년에 결성했고, 1940년 1월 조선영화령이 공포되고 그해 8월부터 시행되었다. 1942년 5월 조선영화배급회사가 업무를 개시했고, 1942년 9월에는 조선영화제작주식회사가 창립되었으며, 1944년 4월에는 조선영화제작주식회사가 조선영화배급회사로 흡수되어 재단법인 조선영화사로 개편되었다.[22] 이 과정에서 조선영화제작주식회사가 설립된 이후 만들어진 영화는 영화기획심의회의 심의를 거친 영화이기 때문에 일제가 원하는 조선의 상이 재현되어 있다. 다른 상은 결코 재현될 수 없었다.

한상언은 이 시기 조선영화제작주식회사에서 만든 영화를 분석하면서 "국가적 동원에 참여하는 가족의 모습을 구현하기 위해 아버지를 정점으로 어머니, 큰형(삼촌), 지원병(주인공), 아내, 누이(동생)와 조선인 가족을 돕는 내지인을 영화 속 배역의 기본적인 구도로 삼고 있다."[23]라고 분석했다. 이런 영화는 전형적인 친일 영화라고 할 수 있다. 군국주의의 전쟁 동원과 황국 신민화의 내선일체를 전적으로 선전하는 영화. 이는 천황을 사회 구조의 정점에 존재하게 그리는 영화이기 때문에 천황제 가족주의를 담은 영화라고 할 수 있다. 이런 영화에서 가족은 다음과 같은 이념 아래 만들어졌다.

> 일본 국민의 '신민'화는 천황을 가장家長으로 하고 신민을 적자赤子로
> 하는 가부장적 사회 구조를 창출함으로써 국가를 끊임없이 '가족'의
> 연장으로 이해시킴과 동시에 민심을 오로지 천황에 수렴해가는, 소위
> '가족국가관'을 확립시키는 밑거름이 되었다. 그리고 그 형성 과정에
> 서는 국민 교화의 최고의 지침이 된 교육칙어가 크게 기여했다.[24]

이런 상황에서 여성은 여러 고통을 당하는 존재이다. "보편적으로 전쟁은 여성에게 병사를 낳아 기르는 모성의 역할, 남성의 보조적 노동력, 그리고 전쟁을 응원하고 남성에게 전쟁에 참가할 것을 당부하는 응원부대의 역할을 요구한다."[25] 중일전쟁을 벌이고, 이어 태평양전쟁을 벌인 일제가 원한 여성은 정확히 위와 같은 여성이었다.

그런데 문제가 발생한다. 이미 국가에 포섭되어 있던 일본 여성들은 전쟁 참여에서 해방의 전망을 보면서 적극적으로 참여했고 아들을 군인

으로 나라(천황)에 바친다는 생각도 일본 역사 속에서는 크게 이의를 제기할 만한 문제가 아니었으며, 국민의 아내와 어머니의 의무로 자연스럽게 받아들였다. 반면 일제가 조선 청년에 대해 1939년 지원병제도를 실시하고 또 1943년에는 징병제를 실시하고자 했을 때 아들이 군대에 가는 것을 말리는 조선의 어머니들이 큰 걸림돌이었다.[26] 어떻게 그들을 포섭할 것인가? 일제는 이들을 포섭할 새로운 담론이 필요했는데, 이때 등장한 것이 내선일체였다. 그때 일제는 "일본 여성과 동등하게 천황을 위해 아들을 전장에 내보낼 수 있는 것은 식민지 어머니에게 주어진 명예"[27]라고 선전했다. 당시 조선에서 어머니에 대한 담론을 활발하게 만들어가던 김활란의 주장을 보자.

> 내지부인內地婦人이 출정出征하려는 내 자식子息 내 남편男便에게 집일은 염려念慮말고 천황폐하天皇陛下에게 목숨을 『바치시오』하는 그 말이 진격進擊 중中의 그들에겐 둘도 없는 큰 위안慰安이며 마음을 분기奮起시키는 원천源泉이올시다. 『총후銃後는 우리들이 지킵니다』하는 이 말이 우리들의 본정신本精神일 것입니다.[28]

이런 배경에서 '총후 부인'과 '군국의 어머니'가 등장하게 되었다. 사실 전쟁이 본격화되면서 여성의 전쟁 참여를 놓고 분리형과 참여형 사이에 대대적인 논쟁이 있었으나 일제는 분리형 전략을 채택했다. "국가가 후방의 여성에게 기대한 것은 '병사를 출산'하는 역할과 '경제전의 전사'로서의 역할, 즉 다산 장려와 근로 동원, 소비자(생활 개선, 절약과 공출)로서의 역할 등이었다."[29]

여성을 전쟁의 수단으로 재현하는 것은 영화만의 상황이 아니라 대중음악 분야도 마찬가지였다. 〈군사우편〉이라는 노래의 가사는 "어머님의

편지를 양 가슴에 품고 가오 / 산을 넘고 물을 건너서 진군삼천리 / 비가
오면 비에 젖고 눈이 오면 눈에 얼며 / 병정으로 죽는 것이 소원이었소."[30]
이다. 일제 강점기 지배층이 원한 것은 군국의 어머니이며, 그들의 역할
은 아들을 잘 길러 병사로 내보내는 것이라는 것을 이 노래도 증명한다.

징병제를 위해 어머니와 아내의 역할이 중요해졌지만, 아버지의 역할
이 중요하지 않은 것은 아니다. 조선은 그 어떤 사회보다 강한 유교적 사
회였으니 강력한 가부장이 존재해야 한다. 가부장이 집안의 의사를 결정
하는 사회 풍토가 군건한 보수 사회가 되어야 한다. 그렇다면 영화는 어
떻게 가부장을 살려낼 것인가? 그리고 그 가부장의 역할을 어떻게 결정
지을 것인가?

영화는 내선일체가 완전히 실행된 사회를 전제로 가부장을 설정해버
린다. 가령 이런 식이다. 1940년대 영화에는 완고한 가부장이 존재한다.
〈조선해협〉의 가부장은 너무나 완고하고, 〈병정님〉의 가부장은 힘이 약
하며, 〈국기 아래서 나는 죽는다〉의 가부장은 힘을 발휘하려고 하고, 〈사
랑과 맹세〉의 가부장은 완전한 일본인이다. 여기서 중요한 것은 징병제
공포 이후의 상황이라는 것이다. 이 말은 이미 징병제 실시가 공포되어
조선인은 일본인이 된, 완전한 내선일체의 모습을 영화 속에 재현한다는
점이다. 그래서 징병제 전의 아버지는 늙은 구세대였지만, 징병제 실시
가 공고된 1942년 5월 이후에 등장한 영화의 아버지는 일본인이 되어 징
병제를 체화한 사람이 되고, 실제로 군대에 나갈 아들을 독려하는 존재
가 되어야 한다. 해서 아버지는 황국 신민화를 충실히 체화한 일본인의
모습을 지녀야 하고, 동시에 특유의 유교적 가부장제 때문에 가부장이 재
등장해야 한다. 당시 영화는 바로 그런 모습의 아버지를 그리고 있다.

다만 그들은 천황제 가족주의 이데올로기 아래서 어머니와 미묘한 힘
의 역학 관계를 유지하면서 가부장의 역할을 수행해야 한다. 〈병정님〉의

아버지는 〈조선해협〉만큼 강하지는 않다. 영광스런 황군이 된 두 명의 조선인에게 강력한 아버지는 존재하지 않는다. 도시의 아들은 아버지가 존재하지 않는 대신 어머니와 형이 있다. 농촌의 아들에게는 아버지와 어머니가 존재한다. 그런데 존재하는 아버지가 〈조선해협〉의 아버지에 비해 그리 완고하지 않고, 결정권도 많지 않다. 총독의 편지도 어머니에게 오고, 아버지는 옆에서 지켜보기만 한다. 이처럼 어머니에 비해 약해진 아버지의 존재가, 강한 제목과 달리 〈병정님〉에 존재하지만, 그렇다고 하더라도 어머니가 절대시되고 아버지가 무시되는 가족 형태는 아니다.

5. 정책과 영화 사이의 모순을 어떻게 볼 것인가?

일제 강점기라는 시기를 정리하면서 조선 영화에 나타난 가족과 사회의 변화에 대해 짧게나마 요약하려 한다. 1930년대의 조선 영화에서 1945년까지의 조선 영화에 나타난 가족 제도는 많이 변화했다. 〈청춘의 십자로〉, 〈어화〉, 〈심청〉 같은 1930년대 중후반의 영화에는 아버지가 등장하지 않거나 병들었거나 죽었다. 등장한다고 하더라도 사악한 아버지거나 무능한 아버지이다. 이것은 새로운 흐름이 만들어지고 있던 시대적 분위기를 반영한 것으로서, 구세대에 대한 부정적인 인식을 영화에서는 이런 방식으로 재현한 것이다.

이렇게 아버지 세대를 죽인 뒤에 등장하는 것은 젊은 세대이다. 대부분 건장하고 착실한 청년이 새로운 세대로 등장하면서 자연스럽게 세대교체가 일어난다. 이들은 위기에 빠진 여성을 구한다. 이때 여성은 대부분 조선의 한복을 곱게 입은, 지극히 로컬적인 이미지의 소극적인 여성이다. 그러나 이 젊은 세대는 곧 시대적 요구인 친일과 만나게 된다. 〈지원병〉, 〈군용열차〉, 〈반도의 봄〉 등에서 위기를 극복한 젊은 남성은 당시 시대적 요구라고 그들이 인식한 친일을 받아들여 문제를 해결하려 한다.

1940년대 영화에는 아버지가 부활한다. 〈집 없는 천사〉에서 아버지는 고아들을 양육하면서 강고한 가부장을 향해 나아가기 시작한다. 그리고 〈조선해협〉과 〈사랑과 맹세〉에서는 친일 신념이 체화된 아버지가 가정의 확고한 가부장으로 등장한다. 다만 〈병정님〉 같은 영화에서는 군국의 어머니에게 자리를 양보하기도 한다. 어머니 역시 강인한 모습으로 살아난다. 총후 부인과 군국의 어머니를 〈병정님〉이나 〈조선해협〉에서 재현한 것이다.

늙고 무능한 아버지가 죽고 강고한 가부장이 등장하기까지는 불과 10년이 걸리지 않았는데, 그 10년의 시간 동안에 만들어진 영화는 당시 사회상을 반영한다. 중일전쟁 후 조선의 병참 기지화를 원했던 일제는 사회의 군국주의를 원했고, 그런 요구는 영화를 통해 먼저 선전적인 호명으로 드러났다. 일제의 요구에 신속하게 대응하지 못하는 구세대는 무능하거나 사악한 세대로 규정짓고 일제의 요구에 순응할 수 있는 젊은 세대를 신세대로 부각시켰다. 그들이야말로 지원병으로 직접 전장에 나가서 싸울 세대이기 때문이다. 그래서 1930년대 중후반과 1940년대 초반의 영화는 무능한 아버지 세대와 젊고 새로운 세대를 대조적으로 부각시켰다.

그러나 1942년 5월 징병제가 발표되면서 상황은 바뀌었다. 징병제가 발표된다는 것은 조선의 모든 이들이 일본의 국민이 되어 황군으로 출전해야 한다는 것을 의미한다. 이런 상황에서 일제는 완벽한 내선일체가 조선에서 이루어졌다고 상상한다. 그리고 그 내선일체를 구현하고 있는 인물로 가부장을 다시 스크린 속에 불러냈다. 〈조선해협〉, 〈병정님〉, 〈사랑과 맹세〉, 〈망루의 결사대〉 등이 모두 이런 영화에 속한다. 이제 내선 일체를 완벽히 체화한 부모 세대가 아들 세대들에게 전쟁에 나가라고 독려하는, 그러니까 앞의 상황과는 정반대의 상황이 재현된 것이다.

그런데 가만히 생각해보면, 일제 강점기의 후반부에 만들어진 영화는 현실을 반영한 것이 아니라 일제의 정책을 반영한 영화라는 것을 알 수 있다. 물론 이 시기에 만들어진 모든 영화가 정책의 반영일 뿐이고 현실의 반영은 아니라고 하기는 어렵다. 가령 실화를 바탕으로 한 영화들을 보자. 여기서 말하는 실화는 대부분 극단적인 친일의 사례이기 때문에 현실성과 다소 거리가 있다고 하더라도 실화인 것을 부정할 수는 없다.

그럼에도 당시의 상황을 종합해보면 민중들이 느꼈던 생각과는 다른, 일제의 정책적 의도가 반영된 영화가 스크린을 지배했다고 할 수 있다. 선전 영화는 그 자체로 사회의 반영이기도 하지만, 선전 기관의 정책과 그 욕망의 반영이기도 하다. 이 사이에서 필연적으로 모순이 발생하지 않을 수 없다. 이 모순을 분석하는 것이 영화학자들의 남겨진 과제이다. 일제의 정책이 조선 민중들의 삶과 괴리되는 그 현장을 포착하는 것. 가령 전지니가 이미 분석한 것처럼 〈조선해협〉에서 세대 갈등을 그리고 있다 보니 자연스럽게 구세대는 악이 되고 신세대는 선이 되는 양분법이 발생하는데, 아이러니컬하게도 일제가 그린 구세대는 일제의 정신을 체화한 세대이고 신세대는 아직 그렇지 않은 세대이다 보니, 오히려 일제가 옹호하는 세대가 문제가 많은 세대가 되어버리는 모순이 발생한다.[31]

사회의 많은 요소 가운데 가족 담론을 선택한 것은 가족이 사회를 구성하는 필수적이고 기본적인 단위이며, 가장 소규모적인 단위이고, 변하기 어려운 단위 가운데 하나이기 때문이다. 가족 담론에 변화가 발생한다는 것은 그 사회에 필연적으로 거대한 변화가 존재한다는 것을 상징한다. 가족 담론은 단지 가족만을 거론하는 것이 아니라 가부장제라는 사회 제도에서부터, 신여성이라는 근대적 풍경, 현모양처와 총후 부인 등 여성을 둘러싼 논의, 세대교체라는 세대 문제, 전통과 근대의 충돌, 더 나아가 가부장을 확대한 국가주의로까지 다양하다. 때문에 가족 제도와 가족 담론을 보면 그 시대를 알 수 있다.

물론 담론이 곧바로 현실의 반영인 것은 아니다. 담론은 현실을 반영하기도 하지만, 그보다는 현실을 앞서 나가기 때문에 그 시대의 바로미터라고 하기는 어렵다. 하지만 담론은 담론을 만들어낸 대중과 시대와 제도의 욕망을 반영한다. 1930년대 중후반 이후의 대중문화는 많은 부분 지배 계급의 욕망을 반영한다. 지배 계급이 원하는 방향으로 담론이 흘러가도록 소극적으로 통제하기도 하고 적극적으로 통제하기도 했다. 그래서 당시 영화를 보면 대중의 욕망뿐 아니라 일제 정책이 바라는 상까지도 가늠할 수 있다.

제II부

해방 이후부터 2000년대 전후까지
영화에 재현된

가족 그리고 사회

제 3 장

1950년대 영화의

바람난 부인과

나약한 가부장의 대결

1950년대 중후반의 한국 영화를 보면 한 가지 이상한 점을 발견할 수 있다. 민족상잔의 비극이라고 일컬어지는 한국전쟁을 겪으면서 수많은 사상자를 내고, 엄청나게 많은 이들이 고아가 되거나 삶의 터전을 잃었음에도 불구하고, 전쟁 직후 상영된 한국 영화들은 이런 현실을 그리 많이 그려내고 있지 않다. 단도직입적으로 말하면, 1950년대 내내 상영된 한국 영화 가운데, 한국전쟁 이후의 비참한 현실을 제대로 재현한 영화는 별로 등장하지 않는다. 대신 그 자리를 차지한 것은 서구화의 물결이 휩쓸고 있는 서울의 거리 풍경이다. 때문에 한 평론가는 1956년의 영화계를 두고 다음과 같이 일갈했다.

> 오늘의 현실과 대결하는 『인간의 문제』가 좀 더 성실하게 그려져 있어야 할 것이다. 우리의 생활 주변에 넘쳐흐르고 있는 제재, 전쟁미망인의 문제, 전쟁고아, 상이군인, 북한에서 온 피난민, 이러한 현실이 한 토막도 없다는 것은 작가들의 현실에 대한 도피, 무성실을 노정한 것이 아닐까?[1]

당시 평론가가 보기에는 남한 사회의 문제점에 도무지 눈길을 돌리지 않는 스크린의 현실이 편치 않았던 모양이다. 그도 그럴 것이, 전쟁 후의 비참한 현실을 영화로 생생하게 그려 공감을 자아낸 영화의 경향이 이미 다른 나라에는 존재하고 있지 않았던가. 제2차 세계대전에서 패배한 뒤 경제적 어려움과 패배적 가치관에 휩싸였던 이탈리아의 문제를 매우 리얼하게 그려 대중들과 공감대를 형성했던 이탈리아의 '네오리얼리즘'과는 너무도 극명하게 대비되는 남한 영화계의 모습을 보니 비판이 나오지 않을 수 없었던 것이다. 당시 이탈리아 영화계는 스튜디오가 무너졌기 때문에 길거리 촬영을 주로 하고, 비전문 배우를 고용했으며, 열린 결말을 통해 관객들과 소통하는, 새로운 영화사조를 만들어냈다.

그런데 전쟁 직후의 한국 영화계는 이와는 전혀 다른 길을 걸었다. 1950년대의 한국 영화를 연구하면서 참으로 이상한 것은 여기서 시작된다(고 할 수 있다). 전쟁의 상흔 속에서 새로운 리얼리즘을 무기로 영화의 부흥기를 열어나갔던 이탈리아와 달리 남한의 영화계는 리얼리즘 계열의 영화를 만들지 않았다. 대신 다소 뜬금없어 보이는 서구화의 풍경들이 그 자리를 차지하고 있었다.

1950년대의 한국 영화계에는 일대 붐이 일고 있었다. 먼저 영화제작 편수가 1955년의 15편에서, 1956년 30편, 1957년 37편, 1958년 74편, 1959년 111편으로 기하급수적으로 늘어갔다.[2] 이렇게 영화가 많이 제작된 것은 1955년의 〈춘향전〉(이규환)과 1956년의 〈자유부인〉(한형모)의 엄청난 흥행이 불러온 효과에 기인한다. 이 시기에 충무로로 영화인들이 몰려들면서 그야말로 '충무로 시대'가 열린 것이다. 미국의 신기술인 시네마스코프가 한국에서도 시도되었고, 전문적인 촬영을 위해 안양촬영소를 지은 것도 이 시기였다. 그러니까 이 시기는 한국 영화가 중흥을 할 수 있도록 터전을 닦은 시기였다. 당연히 새로운 감독과 새로운 연기자가 등장해서 바람을 일으켰다.

영화사가 이영일에 의하면, 이 시기에 주로 만들어진 장르는 시대 풍조의 멜로드라마, 신파물, 희극 영화, 전쟁 소재의 영화, 스릴러 액션 영화 등이다.3 역시 이영일에 따르면, 시대 풍조의 멜로드라마나 전쟁 소재의 영화, 또는 반공 경향의 스릴러 액션 영화 등이 존재해 전쟁 후의 상황을 보여주고 있는 것 같지만, 이런 영화들은 대부분 반공을 기반으로 하고 있는 영화들이라 "전쟁미망인의 문제, 전쟁고아, 상이군인, 북한에서 온 피난민" 등의 문제를 리얼리즘의 시각에서 다루지는 않았다.

1950년대 가장 많이 만들어진 장르 가운데 하나는 사극이었다. 한국전쟁의 폐허라는 현실 문제에서 눈을 돌린 장르가 사극이라는 점이 매우 특이하지만, 당시 만들어진 대부분의 사극은 실제로 존재했던 역사를 가상으로 다루거나, 고전 소설을 영화화하면서 현실적 고통을 피하려는 것이었다. 당시 만들어진 사극이 〈춘향전〉, 〈옥단춘〉(권영순, 1956), 〈사도세자〉(안종화, 1956), 〈마의태자〉(전창근, 1956), 〈왕자미륵〉(이태환, 1959) 등의 영화라는 점을 생각하면 쉽게 이해할 수 있다. 물론 당시 사극과 현실을 알레고리적으로 해석할 가능성이 없는 것은 아니지만, 표면적으로 나타난 것은, 당시의 사극이 비참했던 현실적 모습과는 거리가 멀다는 것이다.

코미디는 슬랩스틱 코미디가 주류를 형성해 더욱 현실과 거리가 멀었다. 사극이 아닌, 그러니까 1950년대를 배경으로 하고 있는 멜로드라마나 범죄 드라마에서도 전쟁의 비참한 흔적은 잘 그려지지 않았다. 도시를 배경으로 하고 있어 당시의 현실과 매우 근접한 거리에 있으면서도, 멜로드라마와 범죄 드라마는 당시 일고 있던 춤바람과 서구 문화의 도래, 그리고 그로 인해 발생한 범죄를 그리고 있다. 특히 범죄 드라마는 현실과는 거리가 있는 외국 탐정물의 흔적이 역력했다. 어느 모로 보나 한국전쟁을 겪은 이후의 트라우마적 흔적은 영화에서 찾아보기 쉽지 않았다.

이 장에서는 1950년대 한국 영화가 왜 비참한 한국전쟁 후의 현실을 그리지 않았는지 분석하는 것을 목표로 한다. 이를 위해 먼저 한국 영화가 부흥하기 시작한 1955년부터 1959년 사이의 영화를 주 텍스트로 삼으려 한다. 이 시기는 전쟁의 폐허를 딛고 다시 재건의 바람이 불던 시기이면서 동시에 미국의 영향으로 민주주의와 첨단 유행의 붐이 형성되던 시기였다. 그래서 1945년 전의 완고한 전체주의적 분위기나, 1960년대 이후의 군부 중심의 가부장적 분위기와는 확연히 구분되는 사회였다. 이런 시대적, 사회적 특징을 영화는 어떻게 반영하고 있는지, 영화와 사회의 관계는 어떻게 규정되고 있는지, 이를 통해 여성의 사회적 역할과 남성과의 관계에 대해서도 논하고자 한다.

1. 1950년대 중후반의 영화들

1950년대 중후반의 영화에서는 서구 문화에 대한 동경을 쉽게 관찰할 수 있다. 더 흥미로운 것은 서구, 특히 미국의 영향 때문에 자유민주주의가 하나의 중심 주제로 작동하다 보니 기존의 완고한 가부장제가 무너지게 된다는 것이다. 여성이 남성에게 억눌리지 않고 자신들의 소리를 내기 시작하는 시기가 표면적으로 도래한 것이다. 물론 1930년대 초중반에도 이런 흐름이 없었던 것은 아니지만, 그것과는 분명 다르다. 1930년대는 자유연애의 권리 증진이라는, 다분히 문명 개화적 입장의 당위적 측면이 강했지만, 1950년대에는 민주주의라는 개념의 등장, 그리고 그런 대상이 미국이라는 강국에 의해 시행되기 때문에 이 땅의 남성들은 그것을 지켜보는 존재에 그치게 된다. 영화의 표면에 나타난 것처럼, 서구화와 미국화의 중심으로 여성들이 적극적으로 들어갔다.

그런데 이 현상에는 함정이 있다. 서구화의 바람이 여권 신장과 권익 옹호로 이어졌지만 한편으로는 타락으로 연결되기도 했기 때문이다. 그래서 언제든지 가부장이 다시 등장할 수 있는 요건이 성립되어 있었다. 요약하면, 이 시기 영화에는 나약한 가부장과, 서구 문화에 충실한 여성이 공존하는, 이상한 형태의 가정이 그려진다. 이런 영화에서 전쟁의 쓰린 흔적을 그리기는 어렵다.

이제 1955년에서 1959년까지 개봉한 영화에 나타난 도시 일상의 사회상을 살펴보려 한다. 이를 통해 그 시대의 욕망을 읽고, 다시 그 욕망을 통해 사회를 읽어본다. 이 장에서 텍스트로 삼은 영화들은 서구적 개인주의라는 욕망이 잘 녹아 있는 영화들이다. 한국전쟁이 끝난 지 2년에서 6년 정도 지난 시점에 개봉된 영화이기 때문에 당시의 현실을 영화 속에서 만날 수 있고, 그 시절에 유행하던 사극이 아니라 현대를 배경으로 한 영화이기 때문에, 무엇보다 당시 서울의 문화적 풍경과 거리의 모습을 잘 보여주는 영화들을 텍스트로 선정했기 때문에 그 시대를 살아가는 사람들의 모습을 직접적으로 관찰할 수 있을 것이다.

〈자유부인〉
서구적 욕망과 가부장의 균열

1956년에 개봉한 〈자유부인〉은 엄청난 반향을 불러일으킬 만큼 크게 흥행했다. 이 영화가 흥행하자마자 원작 소설가 정비석은 영화가 잘 되었다고 칭찬했고, 일부 평론가들은 영화를 두고 설전을 벌였다. 무엇보다 영화가 언론에 자주 오르내린 것은 키스신 때문이었다. 당시로서는 키스신이 파격적인 것이었는데, 이것을 영화에서 삭제하느냐 그대로 상영하느냐를 두고 논란이 일었다.[4] 물론 키스신뿐만 아니라 영화의 내용 자체가 논란 대상이 되었다. 원작을 두고 이미 논쟁이 있었던 상황에서, 그것을 영화화하니 더욱 심한 찬반양론이 일어나는 것은 어떻게 보면 이미 예측된 일이다.

여기서 유심히 살펴볼 것이 있다. 한국전쟁이 끝난 지 3년밖에 지나지 않은 상황에서 어떻게 이런 영화가 만들어질 수 있었을까? 널리 알려진 것처럼, 영화는 대학 교수 부인(김정림)이 최고급 양장점의 지배인을 하면서 겪는 갈등을 다루고 있다. 생활이 안정적인 대학 교수(박암)의 부인은 남편을 졸라 바깥일을 하면서 서서히 춤바람이 나기 시작한다. 그녀는 이웃집의 대학생(이민)과 춤을 추기도 하고 카바레에서 여흥을 즐기기도 하다가 외간남자와 호텔에서 일탈을 하지만, 뉘우치고 가정으로 돌아온다는 내용이다. 결국 남편은 아이 때문에 부인을 받아들인다. 어떻게 보더라도, 영화는 "전쟁 직후 부르주아 여성들의 공적 공간으로의 진출과 돈의 문제, 새로 유입되는 문화와 가부장적 남성 이데올로기 간의 마찰이 빚어내는 갈등을 전경화한다."[5]

그런 점에서 영화는 아내의 일탈과 뉘우침이라는, 매우 전형적인 이야기를 다루고 있다고 할 수 있다. 그러나 단지 이렇게만 보기에는 부인의 일탈은 너무 멀리 나가 있다. 다시 질문을 해보면, 왜 영화에는 최고급품을 소비하면서 살아가는 부유층과, 계모임에서 소비와 향락을 즐기는 아녀자들의 목소리만 존재하는 것일까? 그들의 삶은 왜 3년 전에 끝난 전쟁과는 전혀 무관한 것일까? 서울 수복 후 수많은 이들이 부역 경험 때문에 곤혹을 치렀고, 또 수많은 이들이 고통 속에 살고 있는데, 왜 영화 속에 재현된 이들은 춤바람과 여흥으로 시간을 보내는 것일까? 영화가 얼마나 전쟁의 고통과 거리가 먼지는 다음과 같은 기사에서 노골적으로 드러난다.

"최고급으로 주세요." "최고급입니까?" "네, 최고급입니다." 이것은

파격적이지만 아내의 일탈과 뉘우침으로 타협하는 〈자유부인〉

「자유부인」에서의 한 대화인데, 요사이 시내에서는 이 "최고급"이란 말이 유행되고 있는 것을 봅니다. 이것은 「자유부인」이 갖고 있는 「적기성」의 소산이라 할까요. 다시 말하면 한창 우리 사회에 휘몰아치던 「계바람」「땐스바람」「사치바람」을 직감적으로 소설화한 것이 대중적 '센세이션'을 일으켰고 이 기회를 포착하여 더 대중적인 영화를 만들어냈다는 사실 그것입니다.[6]

원작이 연재되거나 영화가 상영될 때 당시 사람들의 관심은 영화에 그려진 춤바람이나 최고급품을 사치하는 풍조에 집중되었다. 그런데 이런 풍조를 좀 더 깊이 파고들면, 한국 사회에서 가장 중요한 문제라고 할 수 있는 1950년대의 가부장제도가 영화에서는 급격히 흔들리고 있다는 것을 알 수 있다. 더 이상 부인은 남편의 말에 절대적으로 복종하지 않는다. 아내들은 남편들의 말을 비웃으면서 자신들의 생활을 영위한다. 아이들을 기르는 것이 자신들의 의무라고 생각하지도 않는다. 사적 공간인 가정을 버리고 공적 공간인 사회에 나와서 열심히 자신들의 일을 하며 살아간다.

정말로 눈여겨볼 것은 바로 이 부분이다. 일제 말기에 노골적으로 강화되었던 가부장제도는 1950년대에 제작된 영화에는 급격하게 미약해지고 있는 것을 알 수 있다. 유교적 사회의 덕목은 사라지고 있는 것을 알 수 있기도 하다. 그리고 유교적 질서와 덕목이 약화되는 자리를 차지하고 있는 것이 바로 서구적 질서이다. 영화에서는 이것을 긍정적으로만 바라보지는 않는다. 아내에게 다가오는 것이 성과 향락 문제이기 때문이다. 일상의 욕망은 소비의 욕망으로 나타나는데, 그런 욕망이 다시 춤과 향락의 욕망이라는, 성의 타락 문제로 나간다. 단언컨대 "이 영화에서 서울은 이렇게 성적 에너지로 가득 찬 공간이며 밀수로 흘러 들어온 고급

서양 상품들과 샹송과 팝송이 흘러 다니는 곳"[7]이다. 일제 말기 조선 영화에서 나타난 천황제 가족주의에서는 도저히 상상할 수 없는, 향락적 생활이 영화 속에 등장한다. 그러나 이것은 1950년대의 풍경이었다. 무엇보다 당시 도시의 특징이었다.

> 도시들의 조숙한 성장, 그리고 철저하게 박탈된 농촌과 단절된 상태에서, 농촌과는 매우 이질적인 도시 문화의 형성이라는 과정이 갖는 중요성에 주목할 필요가 있다. 1950년대의 도시들에서 가부장적인 가족 문화와 여성의 서구화 내지 자유화 바람은 대체로 무난하게 동거하고 있었고, 양자 사이에 때때로 불편한 충돌이 빚어지기도 했지만 그 같은 충돌로 인한 소란스러움 역시 도시 문화의 한 특징으로 자리 잡고 있었다.[8]

때문에 영화를 두고, "현대 풍속도를 묘사하는 데 있어서 그 정확한 「탓치」와 율동적인 수법은 위에서 말한 현대 감각을 표현하고도 남음이 있었다."[9]라는 긍정적 반응과, "자유부인의 성분을 경박하고 호색인인 생활 없는 자유부인으로 변형하고 마는 동시에, 미국 영화에서의 아류라고나 할 불필요한 노래와 춤의 도용은 저명인사의 부인들의 모임이라는 화교회를 천하기 짝이 없는 것으로 만들어놓고 말았다."[10]라는 부정적 반응이 공존했다.

결국 〈자유부인〉에 그려진 것은 기존의 유교적 가부장제가 서서히 붕괴되는 모습이다. 즉, 여성들이 사회로 진출함에 따라 사회가 점점 서구화 되고 개인주의화 되면서 동시에 성과 향락에 대한 욕망을 진술하게 표현하는 모습으로 발전해갔다. 가장 보수적인 대학 교수의 부인이 가장 서구적인 명품 가게의 지배인이 되어 결국 바람이 난다는 설정이 이것을 반증한다. 그러나 한편으로는 아내가 반성하고 남편에게 용서를 받음으로써 다시 집으로 돌아온다는 점에서는 변화하는 사회와 보수적 사고방식이 타협하는 국면을 읽을 수 있다.

흥미로운 것은 1950년대에 가장 왕성하게 활동한 한형모가 연출한 많은 영화가 이런 내용을 담고 있다는 것이다. 평론가 오영숙에 의하면, 그의 영화는 "자유와 억압의 이중 기제가 동시에 작동하고 있는, 새로움을 향한 열망과 변화에 대한 두려움이 공존하는, 단순하게 정리되지 않는 복합적이고 모순적인 모습이야말로 1950년대적인 풍경의 요체"[11]였던 것이다. 이렇게 1950년대의 영화, 범위를 좁히자면 한형모의 영화는 새로운 변화에 대한 갈망과 전통 질서의 유지라는 모순된 상황에 처한 인물들의 갈등과 고뇌를 그리고 있는데, 대표적인 영화가 〈자유부인〉이라고 할 수 있다.

〈서울의 휴일〉
근대화된 욕망의 표출

〈자유부인〉에 나타난 서구적 모습은 1950년대 도시의 일상을 다룬 많은 영화에서 재생되었다. 〈자유부인〉이 우연히 등장한 영화가 아니라 당시의 시대적 분위기를 반영하는 영화이기 때문에 다른 영화 역시 이와 멀지 않은 거리에 있었던 것이다. 때문에 이후에 다루는 대부분의 영화도, 정도의 차이는 있지만, 〈자유부인〉의 자장에서 그리 자유롭지 못하다. 〈자유부인〉에 나타난 서구적 욕망을 더 발전시킨 모습은 〈서울의 휴일〉(이용민, 1956)에서 찾을 수 있다. 〈자유부인〉에서 부인은 결국 자신의 잘못을 뉘우치고 남편에게 죄를 용서받음으로써 집으로 돌아올 수 있었다. 그녀의 죄는 공적인 공간에서 일을 하면서 사적인 공간인 가정의 일에 태만

한 것과, 남편을 두고 다른 남자와 바람을 피웠다는 것이다. 즉, 전통적인 유교적 정서를 배반한 것이다.

그러나 〈서울의 휴일〉로 넘어오면 모든 풍경은 갑자기 서구적 풍경으로 바뀌어버린다. 영화의 공간은 서울이 아니라 유럽의 어느 도시 같은 느낌이다. 영화에서 먼저 주목할 것은 장르이다. 서스펜스 스릴러. 이미 예측할 수 있는 것처럼, 이 장르는 살인 사건이 발생하고 범인을 추적하는 과정의 스릴을 다룬다. 당시 남한에서 서스펜스 스릴러가 흔치 않은 장르이고 무엇보다 이 영화 이전의 한국 영화사에서 서스펜스 스릴러를 찾기가 어렵다는 것을 감안하면, 〈서울의 휴일〉은 매우 특이한 이야기를 다루고 있는 것이다. 미국에서 유행한 서스펜스 스릴러의 한국적 수용이라고 할까? 그러니까 영화 자체가 이미 서구화의 도구인 셈이다.

서구화된 풍경을 그린 영화이기 때문인지 모르겠지만, 〈자유부인〉의 배경은 한옥임에 반해 이 영화의 배경은 양옥이다. 영화 속의 여주인공인 아내(양미희)는 한복을 입는 여성이 아니라 양장을 입고 있는 산부인과 의사이고, 남편(노능걸)은 신문사 기자이다. 이들이 하루 동안 겪은 일이 영화의 내용이다. 여기서 중요한 것은 두 인물의 직업이 기존의 영화와는 극명하게 다르다는 것이다. 전통적인 방식을 대신해 병원에서 아이를 출산하게 하는 산부인과 의사가 부인이고, 특종을 쫓는 이른바 서구형의 전문직인 신문 기자가 남편이라는 설정은 당시 관객들이 부러워하는 서구화가 완성된 모습을 영화 속에 표현한 것이다. 이 부부의 관계도 매우 평등하다. 남편은 아내를 사랑하고 아내는 남편을 위해준다. 〈자유부인〉과는 전혀 다르다. 수평적 관계 속에서 살아가는 것처럼 보인다.

그래서 영화 속에 그려진 그들의 생활은 불과 3년 전에 참혹한 전쟁을 겪은 서울의 모습이라고 하기에는 너무도 평온하다. 안락한 가정에서 안락한 생활을 누리고 있다. 비록 그들이 찾아가는 이들은 판잣집에서 살인을 할 수밖에 없는 환경에 처해 있지만, 주인공이라고 할 수 있는 이들은 철저하게 서구화된 직업을 지니고 안락하게 살아가고 있다.

그런데 영화에 그려진 또 다른 부부가 있다. 주인공의 옆집에 사는 부부로서, 나이 많은 노인과 젊은 부인이 가정을 꾸리고 있는데, 젊은 부인의 행동이 참으로 파격적이다. 영화에 등장하는 젊은 부인은 나이 많은 남편을 버려둔 채 다른 남자들과 만나 한강에서 뱃놀이를 하고 술을 마시고 실컷 즐기다가 집으로 돌아온다. 집으로 돌아온 그녀는 남편에게 빌지도 않고 거짓말을 해서 남편을 더욱 고통스럽게 한다. 그렇다고 가부장을 거부한 채 집을 나가지도 않는다. 하지만 남편은 부인에게 아무것도 하지 못한다.

한 마디로 말하면, 〈자유부인〉의 부인이 자신의 잘못을 빌며 가부장제의 품으로 돌아갔다면, 이 영화에서 가부장은 아무런 힘도 없는 노인일 뿐이다. 이 영화에 반영된 당시의 사회상에 대해서는 다음과 같은 평가가 뒤따른다. "당시의 지식인들은 근대화의 가치와 필요성을 전면적으로 긍정하면서도 전통적인 가족주의에 대해 전면적인 부정의 태도를 취하지는 않았다. 당시 지식인들은 전통에 대한 전면적인 부정보다는 전통의 근대적 변형이 필요하다는 쪽에 가까웠다고 할 수 있다."[12] 이 말을 달리 하면, 전통적인 가족주의를 부정하지는 않지만, 그래서 가부장의 권위를 인정은 하지만, 과거처럼 가부장에게 모든 권력이 주어진 체제는 결코 옹호하지 않는다.

영화에서 또 하나 주목을 요하는 것은 영화에 그려진 놀이 문화이다. 여주인공인 아내는 남편을 찾으러 갔다가 고궁에서 우연히 남편의 친구들을 만나 술을 마시고 놀이를 하는 등 마치 서구의 풍경을 보는 것처럼 평안한 시간을 보낸다. 남자들과 맥주를 마시며 뱃놀이를 즐기고 피크닉을 가는 것이 여성들의 지극히 일상적인 생활이다. 아무래도 〈로마의 휴일 Roman Holiday〉(윌리엄 와일러William Wyler, 1953)에 영향을 받았을 가능성이 높기 때문에 그런 모습이 당연하게 그려질 수 있다고 가정해보지만, 그렇다고 하더라도 1950년대에 이런 모습이 그려진 것은 상식 밖의 일이라고 하지 않을 수 없다. 때문에 이 영화를 두고 "이 영화의 장점은 국산 영화의 특징인 궁상스러운 맛이 하나도 없다는 데 있다. 억지도 없지 않으나 씨나리오 재미도 있다고 보아야 하겠으며 연출에는 「모던·서울·탓취」(?)적인 신선미가 있었다."[13]라고 칭찬인지 비판인지 모를 평가가 이어졌다. 결국 이 영화는 모던한 서울의 풍경을, 서구적 시각 속에 그려내고 있는 것이다.

〈촌색씨〉, 〈자유결혼〉, 〈여사장〉
서구적 문화 속의 여성의 삶

1950년대에 제작된 영화를 보면서는 비슷한 감탄을 할 때가 많다. 전쟁의 폐허라는 현실을 외면한 채 어떻게 저토록 현실과 거리가 먼, 완벽에 가까운 서구화의 모습을 영화 속에 그릴 수 있었을까, 라는 의문이 날 만큼 서구화의 모습이 스크린 속에 재현되어 있기 때문이다. 가령 〈자유결혼〉(이병일, 1958)과 〈촌색씨〉(박영환, 1958), 〈여사장〉(한형모, 1959) 등에서도 서구적 욕망은 잘 드러난다. 〈자유결혼〉에 재현된 공간은 1958년의 서울이라 보기 어려울 만큼 서구적인 모습을 띠고 있다. 주인공의 직업, 생활양식, 패션 감각 등이 모두 미국이라고 해도 무난할 정도이고, 〈촌색씨〉에서 인물들이 살아가는 도시의 집 역시 마찬가지며, 〈여사장〉의 집도 이와 다르지 않다. 2000년대를 살고 있는 지금의 우리가 보더라도 서구적 분위기가 물씬 풍기는 그런 집들이다. 기이하게도 남녀 간의 힘의 균형추는 여성에게 기울어져 있다. 다시 말해, 모두들 연애결혼을 한 상황에서 집안의 키는 어머니가 쥐고 있는 것이다.

제목만으로도 서구화의 느낌을 받을 수 있는 〈자유결혼〉은 여성의 입장에서 결혼을 이야기한다. 둘째 딸(이민자)은 집안에서 반대하는 가난한 문학청년과 사랑에 빠져 가출을 하고, 셋째 딸(조미령)은 전도유망한 사업가보다 가난한 아버지의 조수를 선택한다. 이들의 사랑과 결혼은 철저히 자신의 선택의 결과이다. 다만 큰딸(최은희)이 첫날밤 자신의 과거를 용서해 달라는 남편의 말을 듣고 자신도 사랑이 있었다고 고백했다가 파혼을 당하지만, 3년 뒤 떠났던 남편은 다시 돌아온다. 이 사건을 계기로 가족은 자유결혼이 좋지 않다며 갑론을박을 벌이지만, 이미 흘러가는 시대의 흐름을 막을 수는 없다. 무엇보다 자유결혼주의자인 아버지(최남현)가 의학박사라는 점이 중요하다. 한의사가 아니라 서구 의학을 공부한 전문가인 것이다.

〈여사장〉에는 페미니스트 여사장이 등장한다. '신여성사'의 사장인 요안나(조미령)는 우연히 전화 부스에서 청년 용호(이수련)에게 봉변을 당하는데, 하필 그 청년이 신입사원 채용에 응하게 된다. 수모를 갚으려고 그를 채용한 여사장이 오히려 그에게 반해 결국 결혼을 하게 된다는 내용이다. 영화는 여사장이 신입사원과 결혼한 뒤 집에서 살림을 하는, 매우 보수적인 내용으로 결론을 맺지만, 중요한 것은 여사장이 스스로 선택해 그런 생활을 한다는 것이다. 물론 한형모의 많은 영화가 그런 것처럼 여성은 결국 집으로 돌아간다. 이것을 감독 개인의 입장이라기보다 시대적 타협의 표현이라고 해석하면, 아직 1950년대는 서구화가 진행되기 어려운 사회라고 할 수도 있고, 과도한 서구화에 대한 경계의 의미라고도 할 수 있다.

서구적 주택에서 서구화된 생활을 하는 모습을 스크린에 담아 당시 관객들이 욕망하는 것을 정확히 재현했다고 할 수 있는 이런 영화에는 서구의 유흥 문화가 강하게 녹아 있다. 이들이 유흥을 즐길 때 여지없이 1950년대의 카바레 문화와 골프가 등장한다. 당시 인기 가수가 직접 노래하고 인기 밴드가 연주하고 무희가 춤을 추는 장면을 영화 속에 삽입했고, 그런 배경 속에서 인물들은 유희를 즐긴다. 마치 그것이 1950년대의 서울의 풍경인 것처럼 묘사하고 있다. 물론 세 편 모두 남성이 여성을 포용하는 것으로 결말이 나 한계를 드러내지만, 그 과정에서 재현된 서구적 모습은 강렬하다.

그러나 이런 서구화된 유흥 문화를 긍정적으로만 평가할 수는 없다. 이미 그 시대에도 서구화를 타락과 일탈로 보는 시선이 있었기 때문에 이들의 유흥을 부정적인 시선으로 그리기도 한다. 가령 〈촌색씨〉에서 시골의 착실한 여성(최은희)과 결혼한 도시의 남자(이민)는 해외 공관으로 떠난다. 시골 여자를 싫어했던 시어머니(석금성)와 시누이(김유희)는 그녀가 몰래 남자를 집안에 들였다는 이유로 쫓아낸다. 이때 그들이 사용하는 방법이 시누이가 카바레에서 만난 사람을 이용해 흉계를 꾸미는 것이다. 이때도 카바레에서 춤을 추는 것은 타락한 행동이고 일탈의 몸짓이었다. 그런 카바레에 자주 가는 양장을 입은 시누이, 이에 비해 한복을 입고 있는 정숙한 며느리의 대비를 통해 타락한 서구 문화와 아름다운 전통을 대조해놓았다.

〈지옥화〉
현실의 비참함, 미국(문화)에 대한 동경

〈촌색씨〉에 나타난 부정적인 현실로서의 서구 문화가 더욱 부정적으로 그려진 것은 〈지옥화〉(신상옥, 1958)라고 할 수 있다. 〈자유부인〉, 〈서울의 휴일〉보다 3년 뒤에 만들어지고, 〈촌색씨〉, 〈여사장〉과 같은 해에 제작된 〈지옥화〉에서는 남한 사회의 문제점을 노골적으로 그리고 있으며, 한편으로는 그렇기 때문에 탈출구로서 미국과 미국 문화에 대한 동경이 노골적으로 드러나 있다. 1950년대에 신상옥 감독이 만든 영화 가운데 가장 뛰어난 영화면서 사회성이 짙은 영화로 평가되는 것도 이런 맥락 때문이다.

영화의 배경은 미군 기지촌이다. 기지촌에서 여성들은 미군들을 상대하고 남성들은 미군 부대의 창고를 털어 먹고 산다. 1950년대에는 "미군 부대와 댄스홀, PX물품으로 표상되는 이른바 양키 문화의 저속성과 천박함이 한국 사회에서 문화의 한 부분으로 자리 잡"[14]았는데, 〈지옥화〉에서 정면으로 그 부분을 다룬 것이다. 영화적으로 보면 기지촌을 배경으로 한 이유는 "미군을 상대하는 '양공주'라는 특수하고 다중적인 억압의 지점에 놓인 그녀의 정체성과, 그녀가 보여주는 지나치게 유혹적인 이미지와 과잉된 섹슈얼리티"[15]를 통해 당시 시대를 포괄적으로 보려는 시도일 것이다. 시대성, 신식민성, 봉건성, 물신주의 등을 동시에 담을 수 있는 소재가 바로 기지촌이니까. 비록 타락했고 천박한 공간이지만, 한편으로는 그래도 훔쳐보고 싶은 욕망의 공간인 것이다.

미군 부대의 타락한 문화를 보여주는 방식으로 신상옥은 다큐멘터리적 기법을 자주 사용한다. 세트를 만들 수 있는 경제적 여건이 되지 않아 미군 부대에서 몰래 촬영했다는 장면을 보면, 당시 기지촌의 문화 풍경을 생생하게 확인할 수 있다. 양공주들이 비키니 차림과 흡사한 복장을 한 채 팝 음악에 맞추어 육감적인 춤을 추고, 미군들은 이들을 구경하거나 이들과 함께 성적인 춤을 춘다. 이런 다큐멘터리적 기법은 주인공의 동생이 서울역에 왔을 때나, 형을 찾아 따라갈 때에도 그대로 드러난다. 길거리를 지나가는 사람들이 쳐다볼 만큼 생생하게 포착되어 있을 정도이다. 신상옥은 열악한 영화적 환경을 오히려 사실적인 풍경을 담아내는 기회로

시대성, 신식민성, 봉건성, 물신주의 등을 담은 기지촌 배경의 〈지옥화〉

만들었는데, 그 덕분에 우리는 당시의 생생한 풍경을 엿볼 수 있다.

영화에서 가장 주목할 인물은 최은희가 맡고 있는 쏘냐라는 인물이다. 양공주 쏘냐가 남편이라고 부르는 사람은 기지촌에서 미군 부대의 창고를 터는 영식(김학)이다. 둘은 서로 사랑하는 사이지만, 시골로 가서 살자는 영식의 요청을 쏘냐는 거절한다. 자신은 시골에서 살 수 없다는 것. 그녀의 사고방식은 매우 자유분방하고 파격적이다. 영식과 함께 한강으로 가서 비키니를 입은 채 보트를 타며 배 위에서 애정 행각을 벌인다. 심지어 영식의 동생(조해원)이 서울로 올라왔을 때 그를 유혹하고, 동생을 차지하기 위해 영식 일당이 미군 부대의 수송 열차를 턴다는 사실을 헌병대에 알려버린다. 여성이 원해서 적극적으로 형의 동생과 관계를 맺는다는 설정도 파격적이지만, 형을 고발한다는 것은 더욱 파격적이다.

결국 쏘냐는 처벌받고 동생은 자신을 좋아하는 양공주와 함께 시골로 내려가는 것으로 영화는 끝을 맺는다. 쏘냐의 고발로 헌병대의 추격을 받은 영식은 부상을 당해 죽는데, 죽기 직전 쏘냐를 자신의 손으로 죽이고 만다. 두 사람 모두 타락에 대한 인과응보로 죽음을 당한 것이라고 할 수 있다. 특히 쏘냐의 행위는 당시 규율로는 받아들이기 힘들었을 것으로 보인다. 결국 남편에 의해 죽임을 당하게 함으로써 타락한 미국 문화에 대한 도덕적 응징으로 보이게 만들었다. 이렇게 보면, 이 영화는 〈자유부인〉의 다른 버전이다. 다음을 보자.

미군 부대 주변의 하위 주체의 섹슈얼리티를 가부장, 민족적 시선으로 단죄하고 있다. 전후 시기 여성의 사회적 진출은 이전 시기보다 활발했다. 그러나 더욱 엄격해진 가부장 이데올로기는 여성의 사회적 진출을 곱지 않은 눈으로 바라보았다.[16]

날카로운 지적이다. 타락한 여성에 대한 직접적인 응징이라는 면에서 오히려 〈자유부인〉보다 더 보수적인 영화라고 할 수도 있을 것이다. 미국과 서구화에 대한 여성의 욕망을 짓누르고 가부장 중심의 사회를 유지하려는 움직임은 그 시대에도 여전히 강하게 작동하고 있었다.

2. 1950년대 영화에 욕망이 그려진 이유

1940년에서 1945년 사이에 만들어진 일제 강점기의 조선 영화를 보면 위에서 거론한 영화들과는 판이하다는 것을 알 수 있다. 천황제 가족주의를 바탕으로 한 친일 영화에서 가부장제가 국가주의로 일사분란하게 연결되고 확장되었던 것을 우리는 확인할 수 있었다. 그러나 불과 10년 사이에 남한 영화는 완전히 바뀌었다. 가부장제는 힘을 잃었고, 여성의 욕망은 전면화된다. 여성의 욕망이 솔직하게 드러났고 그것을 남성들이 타락으로 여긴다.

영화가 사회를 반영한다고 했을 때, 분명 영화는 영화를 보는 이들의 욕망을 반영한다고 할 수 있다. 현실을 그대로 반영할 수도 있고 아닐 수도 있지만, 중요한 것은 당시 관객들의 욕망을 영화가 반영한다는 것이다. 이런 시각에서 1950년대의 영화를 보면 흥미로운 것을 알 수 있다. 1950년대 영화는 당시의 현실을 그리고 있기보다는 그들이 욕망하는 것을 스크린에 재현하고 있다. 그렇다면 여기서 물어야 한다. 1950년대 영화에서 대중들이 욕망한 것은 무엇이었고, (반대편에서) 가려진 것은 무엇이었는지? 이 물음을 지니고 1950년대의 영화를 정리하면 몇 가지 사실을 확인할 수 있다.

첫째, 이미 앞에서 지적한 것처럼, 1950년대의 한국 영화에서는 전쟁의 비참한 흔적이 영화 속에 그려지지 않았다. 전쟁의 참혹한 흔적을 그들은 빨리 지우고 싶어 했는지도 모른다. 이미 몇 편의 영화를 통해 설명한 것처럼, 1950년대의 영화에서는 전쟁의 비참함보다는 서구적인 풍경과 그런 풍경 속의 일상의 모습, 서구적 생활을 갈망하는 대중들의 욕망이 들어 있다. 물론 이런 상황을 이해하기는 어렵지 않다. 당시 대중들이 즐길 수 있는 오락은 영화가 거의 전부였다고 할 수 있다. 라디오와 신문이 있지만, 대중들의 눈과 귀를 동시에 사로잡을 수 있는 것은 영화이다. 특히 당시 대중들이 자주 보는 영화는 미국 영화였다. 한국 영화 시장에서 유럽 영화가 별 힘을 발휘하지 못한 상황에서 미국 영화는 시장을 지배했다. '꿈의 공장'이라고 불린 할리우드와 맞서야 하는 한국 영화는 남한의 비참한 현실 대신 서구적 판타지를 영화 속에 그려 놓았다. 단순하게 생각해볼 때, 현실이 비참한데 영화마저 비참하다면, 대중들이 돈까지 지불하며 영화를 보려 할 이유가 없다.

물론 현실적 제약도 있었다. 가령 빨치산을 그린 〈피아골〉(이강천, 1955)은 검열 때문에 엄청난 수난을 당해야 했다. 영화가 다시 촬영되고 편집되어야 했던 것이다. 이념적 대결이 생생하게 살아 있는 공간에서 전쟁을 소재로 한 이야기를 그리는 것은 결코 쉽지 않다. 뻔한 반공 영화를 만든다고 관객들이 한국 영화를 관람한다는 보장도 없다. 결국 제작자들이 생각한 것은 비참한 전쟁의 현실을 영화에 그리지 않는 것이었다. 대신 대중들이 욕망하는 서구적 풍경을 스크린에 재현하는 길을 택했다.

둘째, 당시 대중들이 갈망하는 서구적 풍경은 미국적 풍경이다. 당시 대중들이 갈망한 서구적 풍경이 미국적 풍경이 된 이유는 몇 가지로 요약할 수 있다. 먼저 1950년대는 미국의 영향력이 남한에 막강했다. 해방이 되고 바로 등장한 것이 미군정이었다. 대중들에게 미국은 일본으로부터 자신들을 구해준 해방자이자 일본보다 더 강한 또 다른 지배자였다. 일제 강점기의 일본이 그랬듯, 해방 정국에서 미국은 동경의 대상이 되었다. 더구나 한국전쟁에서 막강한 미국의 힘을 경험한 이들에게 이러한 동경은 자연스러웠다.

무차별적인 미국 문화의 수입도 한몫했다. 관객들은 미국 영화를 통해 자연스럽게 미국 문화를 접하며 미국적 풍경을 욕망했다. 미국 영화에 익숙해진 관객들에게 한국 영화가 접근하기 위해 영화 속에 미국적 풍경에 대한 욕망을 담아내야만 했을 정도다. 예컨대 한국전쟁 이후 비참한 삶의 현실 대신, 〈자유부인〉에서 최고급품을 찾거나 춤바람이 나고, 〈서울의 휴일〉과 〈자유결혼〉에서 서구적 여흥을 즐기는 일상이 그려진 것은 대중들의 미국적 풍경에 대한 갈망의 표출이었다. 당시 세계 최강국이었던 미국에 대한 대중들의 갈망은 엄청난 것이었다. 심지어 "1957년 5월에 서울 시내 초등학생의 90%가 점심을 못 먹는 결식아동일 정도였음에도 불구하고, 댄스홀이나 바가 성행을 하고 유흥지가 흥청대는 향락과 풍요가 동시에 존재하였던 것이 근대의 이중적 모습이었다."[17]

또 하나 미국의 막대한 원조를 빼놓을 수 없다. 한국전쟁은 해방 후 남한에 물밀 듯이 들어온 미국의 원조 물자와 더불어 미국 문화의 영향력을 더욱 확장하는 계기가 되었다. "커피와 팝송, 초콜릿과 버터, 춤이 1950년대 미국이 아닌 한국 서울의 상징"[18]의 일부가 되었다고 할 정도로 미국 문화의 영향력은 막강해졌다.

셋째, 1950년대 영화를 보면 유교적 가부장제보다는 개인주의의 모습이 강하다. 한국전쟁을 겪으면서 모든 것이 무너지는 경험을 했기에, 또는 모든 것이 무너졌기에, 이데올로기로는 아무것도 할 수 없다는 것을 알게 된 사람들이 개인주의에 함몰되었다. 끈끈하지만 엄했던 유교적 질서는 전쟁 기간 동안 별 효용이 없었다. 더군다나 유교적 질서 때문에 고통을 받았던 여성들은 유교적 질서보다는 개인주의를 빠르게 받아들였다.

당시 남한에서 일고 있던 서구화는 남한 정치 세력에 의해 진행되는 서구화가 아니라 미국 중심의 세력에 의해 타의적으로 진행되던 서구화였기 때문에, 남성보다는 여성들이 개인주의화된 서구화에 쉽게 빠져들게 되었다. 〈자유부인〉, 〈서울의 휴일〉, 〈지옥화〉, 〈여사장〉, 〈자유결혼〉 등에 여성의 욕망이 유난히 강조된 것은 당시 남한이 욕망하던 서구화, 미국화가 미국에 의해 진행되었고, 이제까지 사회를 이끌었던 가부장제 하의 조선의 가부장들은 어떤 것도 할 수 없는 나약한 존재였기 때문이다. 남성으로 상징된 미국에게 어울리는 대상은 여성이었다. 서구 문물이 밀려들 때, 이것을 빠르게 받아들인 대상이 여성인 것도 이 때문이다. 하지만 강력한 가부장인 군부 중심의 근대화가 추진되는 1960년대 중반 이후에는 여성의 욕망은 처벌받아야 하는 것으로 그려졌고, 여성은 철저하게 남성의 관음의 대상이거나 욕망의 대상으로 그려진다. 바로 이것이 1950년대 영화가 1960년대 영화와 분명하게 변별되는 지점이다.

넷째, 이념적인 영화가 그리 많이 등장하지 않았다. 이것 역시 참으로 이상하다고 하지 않을 수 없다. 이데올로기 전쟁을 치른 직후에 이념적인 영화가 등장하지 않은 것은 역설처럼 들리지만, 이해하려고 하면 쉽게 이해할 수도 있다. 전쟁의 폐허를 경험했기 때문에 생사를 넘나들게 만들었던 지긋지긋한 이데올로기를 영화로 보고 싶어 하지 않는 것이다.

반공 영화를 보려고 극장을 가는 이들도 별로 없었을 것이다. 대부분의 영화는 상업적 목적을 지닌 대중 영화였다(이 역시 너무도 상업적인 미국 영화와 맞붙어야 하는 운명이었다). 현실을 도피하는 사극이든, 웃음을 통해 현실을 잊게 만드는 코미디든, 아름다웠던 과거를 회상하게 하는 문예 영화든, 당시 대부분의 영화는 대중 영화의 범주에서 벗어나지 못했다. 반공 영화는 1960년대에 접어들어 남북 대결 구도가 강화되면서부터 정부 정책의 결과물로 범람하게 된다. 한국 영화가 장르화되고 산업이 커지면서, 그리고 전쟁이 끝난 지 10여 년이 지나고 나서야, 이념적인 영화는 비로소 반공 영화의 형태로, 즉 액션 영화, 문예 영화, 첩보 영화 등의 형태로 등장할 수 있었다.

1950년대에 반공 영화가 그리 많이 등장하지 않은 또 다른 이유는 당시 시대적 맥락에서 파악할 수 있다. 당시 남북한 대결은 겉으로는 이념 대결이지만 속으로는 근대화 대결이었다. 북한은 전체주의식 사회주의 근대화를 통해 발전을 꾀했고, 남한은 개인주의에 바탕을 둔 자본주의식 근대화를 꾀했다. 때문에 반공주의보다는 개인주의와 자본주의, 서구적 자유민주주의, 이를 바탕으로 한 근대화를 보여주어야 했다. 당시 영화는 바로 이러한 맥락의 풍경을 보여주고 있다.

다섯째, 서구의 풍경과 가부장제는 끊임없이 갈등한다. 서구의 풍경을 동경하지만 남한 사회 안에는 가부장 이데올로기가 숨어 있기 때문이다. 여성들의 진솔한 욕망이 영화 속에 등장하지만 그들의 욕망은 결국 단죄 받는다. 아니면 남성이 그녀들을 포용할 때 진정한 사랑이 되고 가정이 이루어진다. 물론 그녀들의 욕망은 남성의 위치 안에서 그것을 살짝 비틀면서 여성의 영역을 넓혀 나간 것은 사실이다.

그러나 1960년대가 되면 가부장 이데올로기는 다른 방식으로 작동하게 된다. 1950년대의 서구화가 개인주의로 옹호되다가 어느 순간 일탈로 규정지어지면서 영화에서 서구화와 여성의 문화는 자취를 감추는 것이다. 이후 등장한 1960년대 초의 가족 희극 영화에서는 서민들의 잔잔한 일상이 스크린을 메운다. 〈로맨스 빠빠〉(신상옥, 1960), 〈박서방〉(강대진, 1960), 〈마부〉(강대진, 1961), 〈삼등과장〉(이봉래, 1961), 〈서울의 지붕 밑〉(이형표, 1961) 등의 영화에서는 진솔한 서민의 일상과 소소한 웃음, 삶의 희로애락이 녹아 있다. 이 영화들을 통해 비로소 영화가 현실의 잔잔한 일상으로 돌아온다. 하지만 한편으로는 더 이상 여성의 욕망을 충실히 다루는 것과는 거리를 두게 되었다.

　결론적으로 이야기하자면, 1950년대 남한 영화를 보면, "완전히 단절된 폐허의 모습과, 모든 것이 새로 시작되는 기대 사이의 모습"[19]이 교차된다고 할 수 있다. 완전히 폐허가 된 모습에서는 유교적 질서나 이데올로기가 지워졌고, 새로 시작되는 기대에는 서구적 풍경에 대한 욕망이 강하게 일고 있었다. 그러나 〈자유부인〉처럼 양자 사이에서 방황하는 모습이 당시 대중들의 모습이었고, 〈서울의 휴일〉, 〈자유결혼〉, 〈여사장〉처럼 완벽한 서구화의 풍경을 욕망하는 것도 당시 대중들의 모습이었다. 〈지옥화〉, 〈촌색씨〉처럼 아예 미국 문화에 대한 동경과 이를 이용하려는 국내의 비참한 현실을 그린 영화도 존재했다. 이 모두가 1950년대 영화를 보는 대중들의 욕망이었다.

　사실 남한이 욕망했던 미국화에도 서구화에 대한 이중의 시선이 있었다. 미군을 통해 들어온 천박한 양키 문화와, 교회 및 유학을 통해 들어온 청교도 문화가 혼합되어 있었다. 미국의 장점과 단점을 동시에 받아들이면서 그 혼합을 온전한 우리 것으로 만들지 못했다. 하지만, 1950년대만큼 미국 문화가 강한 힘을 발휘한 시기는 없었다.[20] 1960년대가 되면 군부에 의한 근대화로 무조건적인 미국 문화의 추종은 많은 부분 사라지게 되고, 1970년대가 되면 정권 중심의 민족주의가 강화되면서 근대화로 표상되던 미국 문화는 퇴폐의 온상으로 취급받게 된다. 이렇게 보면 1950년대만큼 급격하게 미국 문화의 영향을 받았던 시기도 없었다. 이런 시기에 만들어진 한국 영화에서 미국 문화의 영향력이 큰 것은 부정할 수 없다.

3. 1950년대 사회와 영화의 관계

영화는 사회를 직접적으로 반영하지는 않는다. 영화의 특성상 대중들의 욕망을 그린다. 영화는 대중들이 보고 싶어 하는 것만 그린다. 그러나 대중들은 현실과 유리된 존재가 아니다. 그들은 현실에 발을 딛고 있으면서 가슴에는 판타지를 안고 살아가는 존재들이다. 때문에 영화는 포괄적인 의미의 현실을 그린다고 할 수 있다. 그것은 시대와 뗄 수 없는 관계에 있다. 또한 잊어서는 안 되는 것은 영화는 현실을 기록하는 매체라는 것이다. 영화는 거리의 풍경을 그대로 기록해서 재생해낸다. 아무리 영화가 대중의 욕망을 그린다고 하더라도 공허한 욕망이 아니라 현실과 밀접하게 결부된 욕망을 그려야만 하는 이유이다. 〈자유부인〉의 거리 신이 하나의 역사적 기록물이 될 수 있는 것도 이 때문이다.

이런 시각에서 보면, 1950년대에 상영된 한국 영화는 남한의 현실을 바탕으로 당시 대중들의 욕망을 그리고 있다고 할 수 있다. 〈자유부인〉과 〈자유결혼〉, 〈여사장〉 등은 당대 번화가의 풍경과 삶의 풍속을 담고 있으면서, 이를 통해 서구화를 지향하는 대중들의 욕망을 표출하고 있다. 전쟁의 폐허 속에서 살아남은 그들은 서구화를 통해 자신들의 존재 의의를 찾으려고 했다. 그들이 믿었던 유교적 가부장제는 어떤 것도 해주지 못했고, 자신들을 지켜준 것은 결국 미국이라는 결론에 도달한 뒤 미국적 양식을 동경하고 욕망했다. 그리고 이는 여성의 욕망과 중첩되어 나타났다.

〈서울의 휴일〉은 〈자유부인〉보다 불과 몇 달 뒤에 개봉한 영화이지만, 서구화에 대한 욕망이 더욱 가속화되었음을 보여준다. 보수적인 교수가 등장하는 것도 아니고, 부인이 잘못을 뉘우치지도 않는다. 여성의 욕망은 서구화에 대한 욕망으로 재현되었고, 전쟁 중에 느꼈던 공포마저 해소되어 대중들은 유교적 가부장제로부터도 자유로워지려는 욕망을 스스럼없이 드러내기도 한다. 반면 〈촌색씨〉와 〈지옥화〉를 통해서는 부정적인 서구 문화의 모습이 적나라하게 전시되기도 했다.

사실 1950년대는 매우 혼란스러운 시기였다. 영화를 보면 전통적인 가부장제와 서구를 향한 욕망이 분열을 일으키는 시대였지만, 전통적인 정서에 대한 향수도 만만치 않았고 국가주의를 확립하려는 노력도 대단했다. 농촌에서는 한국전쟁으로 파괴된 전통적 정서를 다시 확립하려고 했고, 국가에서는 초등학교 체제의 확립과 군대를 통해 국가 체제를 확립하려고 했다. 한국전쟁과 국가 재건을 중심으로 기념일을 정해 강력한 국가주의를 확립하려고 한 시기였으며, 실제적으로 반공이 국시라고 할 만큼 사회는 통제적이었다. 미군들이 전한 문화를 지아이(GI, 미 육군 병사의 속칭) 문화라고 비판하기도 했다. 그러나 1950년대에 상영된 한국 영화에는 서구화에 대한 갈망이 강하게 나타나 있다. 당시 대중들의 욕망은 세계 최강국인 미국에 대한 욕망이었다. 이처럼 대중문화는 지배 체제와 균열을 드러내기도 한다.

제 4 장

1960년대 초

가족 희극 영화에 나타난

세대교체

1960년이 되면 한국 영화는 1950년대와는 전혀 다른 분위기를 보이게 된다. 먼저 장르적으로 보면 가족 희극 영화가 등장한다. 김승호가 주로 아버지 역을 맡은 영화들, 즉 〈로맨스 빠빠〉, 〈박서방〉, 〈마부〉, 〈삼등과장〉, 〈서울의 지붕 밑〉, 〈해바라기 가족〉(박성복, 1961), 〈월급쟁이〉(이봉래, 1962), 〈골목 안 풍경〉(박종호, 1962), 〈로맨스그레이〉(신상옥, 1963) 등의 영화가 등장한 것이다. 이런 영화의 중심축은 가장인 아버지이다. 그러니까 1960년대가 되면 1950년대와 달리 다시 가장이 영화의 중심에 들어오게 된다. 이것은 매우 중요한 변화이다.

여기서 더 눈여겨봐야 할 변화가 발생한다. 아버지 세대가 서서히 물러나고 새로운 세대가 등장하기 시작한다는 점이다. 이것은 당시 사회와 어떤 관계가 있는 것일까? 고생했지만 이제는 시대의 흐름을 따라가지 못하는 구세대는 뒤로 물러나고, 새로운 시대에 맞는 아들 세대가 전면에 등장해 새로운 사회를 만들겠다는 희망을 많은 영화가 이야기하는 것 같다. 마치 4.19세대의 의지를 보는 것 같기도 하다.

그렇다면 부패한 정권을 민주화의 요구로 퇴진하게 만들었던 젊은 기운이 이렇게 영화로 표출되었다고 할 수 있는 것인가? 중요한 것은 아버지 세대는 더 이상 새로운 세대가 될 수 없다는 것이다. 과거의 식민주의 유산과 유교적 결합을 지니고 있으면서 또 한편으로 부패한 정권을 옹호한 세대이기 때문에, 새로운 시대에는 사라지는 세대가 되어야 한다. 이 장에서는 세대교체가 영화 속에 어떻게 일어나고, 그것이 무엇을 의미하는지 분석하려 한다.

1. 다시 등장한 아버지, 그러나 전근대적인

한국사에서 시간의 길이라는 측면에서 1960년대 초를 보면 그리 길지 않다. 1960년에서 시작해 1962년 정도까지를 아우르는 시기로, 고작해야 3년 정도를 지칭할 뿐이다. 그러나 시간의 길이와는 별개로 한국사에서 너무도 중요한 사건들이 연이어 발생했기 때문에 이 시기는 중요하다고 하지 않을 수 없다. 1960년에 발생한 4.19혁명, 1961년에 일어난 군부 쿠데타는 지금까지도 한국 정치사에서 가장 중요한 사건으로 평가 받는다. 조금 더 확장을 하면, 두 사건이 한국 현대사에 끼친 영향력은 엄청나다. 그래서 이 시기의 영화를 통해 한국 사회를 돌아보는 작업이 중요하다.

이 시기의 영화를 논하기 위해서는 먼저 장르적 접근이 필요할 것 같다. 기이하게도 이 시기에 등장한 영화는 일정한 패턴을 유지하고 있다. 가정이 주 무대이고, 당연하게도 가족 구성원들이 등장한다. 아버지와 어머니, 아들과 딸들이 함께 살아가는 가정. 때로 (《마부》처럼) 어머니가 죽어 등장하지 않기도 하고, 때로 (《삼등과장》처럼) 할아버지와 할머니가 등장하기도 하지만, 대부분의 가족 구성은 부모와 자식으로 되어 있다.

가정을 중심으로 벌어지는 여러 에피소드가 쌓여 한편의 야야기를 만들어가는 이런 영화의 큰 특징은 부모 세대와 자식 세대의 갈등이 서사를 이끌어간다는 것이다. 그리고 그 사이에 사회에 대한 비판이나 구세대 문제에 대한 지적이 등장한다. 가치관의 차이나 결혼관의 차이 때문에 갈등하던 신구세대는 마지막에 다시 화해하는데, 대부분은 아버지가 아들 세대에게 밀려나거나 아들 세대를 인정하는 것으로 끝이 난다. 자신의 세대가 지닌 문제점을 인정하고 아들에게 그 권위를 물려주는 내용으로 되어 있다는 말이다.

이 권력 이양(?)을 아름답게 꾸미는 영화적 설정도 돋보인다. 〈서울의 지붕 밑〉의 결혼식이나 〈로맨스 빠빠〉의 생일잔치, 〈마부〉의 아들의 사시 합격, 〈박서방〉의 아들 부부의 출국, 〈삼등과장〉의 오해 해소와 부부의 호젓한 드라이브, 〈해바라기 가족〉 장남의 예정된 결혼, 그리고 〈월급쟁이〉나 〈골목 안 풍경〉의 모든 문제가 해결된 후 진행되는 가족들의 화합 등이 그렇다. 그래서 영화는 결혼을 하거나 근대화된 문물 속으로 들어가거나 출세 지향의 길을 가는 아들 세대를 축하하거나 환송하는 아버지의 시선으로 끝을 맺는다. 〈해바라기 가족〉에서는 아예 문제가 많았던 구세대의 아버지는 죽고 아들이 이를 승계한다.

기존 연구자들은 이 시기에 등장했던 장르를 가족 드라마, 멜로드라마, 가족 희극 영화 등으로 구분했는데, 필자는 가족 희극 영화로 규정하고자 한다. 가족을 중심으로 하면서도 코믹한 성향을 지니고 있는 영화라는 것을 먼저 염두에 두었고, 다시 단순히 코믹한 성향을 목표로 하는 것이 아니라 가족의 화합을 목표로 삼았다는 점을 고려했다.

이 시기의 영화를 연구한 김윤아는 가족 희극 영화와 멜로드라마를 구분한다. 대개 멜로드라마와 코미디는 주로 가족을 중심으로 진행되는 경향이 있다. 다만 멜로드라마는 가정을 배경으로 전개되지만 '가족의 결합'이나 '가족의 화합'을 목적으로 삼지 않는다. 오히려 구성원들 간의 관계에 주목하며 등장인물의 심리에 초점을 맞춘다. 코미디도 가족을 단위로 삼은 수많은 작품들이 있지만, 가족 희극 영화처럼 표면적으로나 내부적으로 독립적인 '가족의 결합', '가족의 회복'을 목적으로 두지 않는다. 가족 희극 영화에서 가족이란 단위는 사회 비판의 단위가 될 뿐 아니라 전체 사회의 투사로서 기능한다. 다시 말해 가족 구성원 개인은 사회의 한 부류를 대표하는 전형적인 인물이나 때로는 비난의 대상이 되기도 하고, 때로는 애정과 동정을 받기도 하면서 관객과 공감대를 형성한다. 인물의 심리를 섬세하게 묘사하거나 미묘한 심정 변화를 표현하지 못하는 반면, 상대적으로 등장인물들은 그 전형성이 두드러지기 때문에 쉽게 비판과 풍자의 대상이 되는 것이다.[1]

가족 희극 영화는 단지 가족을 형상화하고 있는 것이 아니라 풍자와 비판을 통해 그 시대를 담고 있다. 이승만 정권에 대한 풍자와 비판, 4.19 혁명으로 집권한 민주당에 대한 실망과 비판, 군부 쿠데타 때문에 풍자와 비판을 제대로 하지 못해 발생하는 경직성 등을 이 영화들에서 발견할 수 있다. 그래서 만들어진 순서대로 관람하면 더욱 다양한 재미를 느낄 수 있는 것이 1960년대 초의 가족 희극 영화들이다. 상술하자면, 4.19 혁명 이전에 만들어진 〈로맨스 빠빠〉에서 느껴지는 다소간의 경직성이 4.19혁명 이후 민주당이 집권하고 나서 만들어진 〈삼등과장〉에 담긴 숱한 풍자와 비판으로 이어지다가, 5.16군부 쿠데타 이후 만들어진 〈서울의 지붕 밑〉에선 부정적인 이미지가 탈각된 군인까지 등장하게 되는 상황이 여간 흥미로운 게 아니다.

그럼에도 불구하고 가족 희극 영화에서 먼저 눈여겨볼 것은 가장의 등장이다. 서구화와 근대화에 대한 동경으로 가장의 존재를 극히 부정적인 시선으로 바라보았던 1950년대의 영화와 달리, 1960년대 초반의 영화에는 대부분 아버지가 집안에서 중심을 잡고 있다. 이 변화를 장르적으로 단언하면, 1950년대 중후반 여성 중심의 멜로드라마에서 1960년대 초 가장 중심의 가족 희극 영화로 변화했다고 정리할 수 있다.

영화 속에 등장하는 아버지는 신세대의 아버지가 아니다. 언급한 모든 영화에서 아버지는 가난한 집안의 가장으로 악전고투한다. 이런 아버지가 돈이나마 벌어오고 있으니 가족이 성립된다고 할 정도이다. 허영이든 딸이나, 자립하고 싶지만 일이 되지 않아 괴로운 아들이 모두 아버지의 존재라는 그늘 아래서 생존한다. 전근대적인 복장을 하고 마부나 구공탄 아궁이 수리공처럼 지극히 전근대적인 직업을 가지고 있는 이들은 자신들이 살아온 방식을 여전히 고수하면서 살아간다. 양복을 입고 회사에 출근한다고 하더라도 힘이 있는 존재가 아니라 상사의 부당한 명령을 어기지 못하는 나약한 존재다. 감원 대상이 되어도 가족들에게 말하지 못하고 혼자 고민을 안고 살아간다. 예외적으로 〈해바라기 가족〉의 아버지는 기업 회장임에도 불구하고 자신의 잘못 때문에 자식들과 아내와도 소통하지 못한다. 때문에 자식 세대와 자주 갈등이 발생하지만, 그들은 여전히 자신들의 존재 방식을 고집한다. 이 시기 가족 희극 영화에 대한 비판이 등장하는 것도 이 지점이다.

> 흥미로운 것은 당시 가족 희극 영화들이 정치 부패와 사회 불안에 대해서는 비판적인 시각을 견지하는 반면, 한국의 근대적 가족 형성에 있어서는 무비판적인 가치들을 끌어내고 있다는 점이다. 이런 이중적인 효과들은 현실 위기의 원인을 파악하고자 하는 의식에도 불구하고, 사회 안정을 향한 무의식적 충동이 얼마나 절박하였는가를 보여준다. 여기서 추구되는 허구적 이상은 가족의 화합이자 남성성의 회복이며, 동시에 가족 공동체를 넘어선 사회 계층 간의 통합을 의미한다. 〈로맨스 빠빠〉의 실직한 가장, 〈마부〉와 〈박서방〉의 전근대적인 아버지 등 시대

적 변화를 따라잡지 못하는 남성들은 아내와 딸, 아들의 원조를 받으며
자신의 가치를 회복하고 있는 것이다.[2]

　전근대적이고 실직한 아버지이기 때문에 이들은 가족 안에서 아내와
자식 세대의 원조를 받으며 자신의 가치를 회복하지만, 그것은 그리 오
래가지 못한다. 결국 아버지들은 근대화를 주장하는 자식 세대들에게 주
역의 자리를 물려주어야 한다. 그럼에도 불구하고 이들은 사라지지 않고
여전히 자신의 존재를 드러내고 있다. 그들이 사라지는 것을 보려면 우
리는 좀 더 기다려야 한다. 가부장은 쉽게 사라지지 않는다.

2. 예외 없이 세대교체

위에서 언급한 모든 영화에서는 마치 약속이나 한 듯이 세대교체가 일어
나거나 세대교체를 암시하는 분위기가 강하게 드러난다. 〈로맨스 빠빠〉
에서 실직한 아버지(김승호)는 매일 집을 나가 저녁에 돌아오지만 결국 가
족들에게 이 사실을 들키고 만다. 그가 시계를 팔아 가져온 월급의 사연
을 가족들이 알게 된 것이다. 그런데 여기서 주목해야 할 것은 아버지의
실직을 알고 시계를 찾아오는 이가 사위(김진규)라는 점이다.

　영화에서 아버지는 기상 관측소에서 일하는 사위를 그리 신뢰하지 않
는다. 실제 그의 날씨 예측은 자주 빗나갔다. 그러나 하얀 가운을 입고 일
하는 그는 근대의 이미지로 등장한다. 그래서인지 가족 가운데 일찍 아
버지의 실직을 알게 되고, 시계를 찾아오는 이도 바로 그다. 아버지의 실
직을 먼저 안 큰 아들(남궁원)은 아버지에게 매일 용돈을 주면서도 정작 이

사실을 말하지 못하거나 시계를 찾아오지 않지만, 아들이 하지 않은 일을 사위가 하게 함으로써 사위 역시 아버지 세대의 뒤를 이어 이 가족에 포용됨은 물론, 앞으로 이들이 새로운 세상을 이끌어갈 것이라는 암시를 던진다. 영화의 전반부에서 웃음을 주는 장치였던 사위의 기상 예측이 이제는 세대교체와 더불어 과학의 이름으로 살아나게 된다. 자식들이 몰래 준비한 아버지의 생일잔치가 기쁘면서도 한편으로는 슬픈 것은 이 때문이다. 이제 아버지는 자식들이 벌어오는 돈으로 삶을 영위해야 하는, 그야말로 '뒷방 노인네'가 되었다.

〈박서방〉의 아버지(김승호)는 억척 같이 살아가는, 전근대적인 아버지이다. 해방촌이 배경인 영화에서 아버지는 모시 적삼을 입고 물을 길어오고 구공탄 아궁이를 수리하는 사람이다. 자식들이 하는 연애도 그리 탐탁치 않게 여긴다. 그러나 그는 딸의 혼사 문제로 본격적인 갈등을 겪게 된다. 딸의 애인의 고모 집에 초대된 그는 차를 마시는 법을 알지 못해 망신을 당하고, 고무신으로 가린 더러운 발을 보면서 수치심을 느껴야 했다. 결국 자신이 딸 혼사에 걸림돌이 된다는 사실을 고통스럽게 알게 된다.

전근대적인 삶을 영위하면서도 큰 소리를 치던 그는 이제 변한다. 근대화된 시스템으로 작동하는 공장에 근무하는 아들(김진규)을 보면서 흐뭇해하고 아들이 해외로 발령 나 애인과 함께 떠나는 것을 기어이 수용해야만 한다. 모시 적삼을 벗고 양복을 입은 아버지가 공항에서 아들을 배웅하는 마지막 장면 역시 상징적이다. 근대화된 시스템을 익히기 위해 해외로 떠나는 아들을 전근대적인 아버지는 배웅하면서 그의 시대가 이제 저물었음을 스스로 돌아봐야 한다.

〈마부〉는 다른 영화와 달리 신파성이 강한, 다시 말해 멜로드라마적 코드가 강한 영화이다. 아버지(김승호)는 부인과 사별한 후 홀로 자식들을 키우며 살아가고 있다. 큰 아들(신영균)은 사시 공부를 하고 있고, 언어 장애인인 큰딸(조미령)은 시집을 갔지만 남편의 구박에 허구한 날 쫓겨 온다. 둘째 딸은 허영기가 있고, 막내아들은 문제아다. 제목처럼 수레를 끌지만 말의 주인은 그를 제대로 대접해주지 않는다. 그나마 말 주인집에서 일하는 식모(황정순)가 아버지를 사모해 둘이 정감을 나누는 정도이다.

불행이 가득하던 영화는 큰 아들이 고시에 합격하는 것으로 해결된다. 다리를 다친 아버지가 흰 눈이 덮인 중앙청에서 아들에게 합격했느냐고 묻고 아들은 고개를 끄떡인다. 식모 아주머니가 오고 집을 나갔던 딸도 돌아오면서 영화는 끝을 맺지만, 아버지의 시대 역시 끝을 맺어야 한다. 이제 집의 주인은 아버지가 아니라 사시에 합격한 아들이다. 물론 그 전에 아버지인 "마부가 신흥 자본가의 차에 치여 다리를 다치고 말을 빼앗기는 것이 산업자본주의화 되어가는 도시에서 전근대적인 생산 수단을 임대한"[3] 아버지 세대의 한계를 보여주고 있다고 할 수 있다. 이렇게 세대교체는 자연스럽게 일어난다.

어떻게 보면 〈삼등과장〉은 매우 밝은 영화이다. 4.19혁명이 일어난 뒤 제작되었고 5.16쿠데타가 발발하기 두 달 전에 개봉했다. 그러니까 〈삼등과장〉은 당시 혁명 성공으로 희망에 부풀었지만 민주당의 실정에 절망했던 세태를 반영하는 영화이다. 그래서 온전히 그 시대를 살펴볼 수 있는 텍스트가 된다.

삼천리운수주식회사의 동부 영업소 소장으로 근무하고 있는 아버지(김승호)는 집에서는 큰 소리를 치지만 회사에서는 한없이 작아지는 존재이다. 송 전무(김희갑)의 개인적인 불법 명령을 그는 거절하지 못한다. 영화에서 아버지와 대비되는 존재가 흥미롭게도 딸과 연애 감정을 갖고 있는 권오철이라는 인물이다. 그는 송 전무의 내연녀인 친척 누이를 설득해 고향으로 돌아가게 할 정도로 강직하다. 특이하게도 〈삼등과장〉은 신구 세대교체를 노골적으로 그리는 엔딩을 선호하지 않았다. 오해를 푼

아버지와 아들의 세대교체를 그린 〈마부〉

부부가 모처럼 외식을 하고 택시로 서울을 구경하는 것으로 끝이 난다. 그럼에도 불구하고 불륜과 불법적 명령이 난무한 세대에 대한 부정적인 시선은 어쩔 수 없다. 그 책임은 아버지 세대의 몫인 것이다.

군부 쿠데타 이후 개봉한 〈서울의 지붕 밑〉은 신구 세대의 교체가 가장 노골적으로 드러나는 영화이다. 영화적 설정만 봐도 이 사실을 알 수 있다. 서울의 어느 골목길에 사는 세 노인은 직업이 한의사(김승호), 복덕방 주인(김희갑), 관상쟁이(허장강)이다. 이에 비해 한의사의 딸(최은희)과 사랑하는 이는 같은 골목의 양의사(김진규)이다. 딸도 2층에서 미용실을 운영하고 있다. 한눈에 한의사와 양의사라는 대립을 통해 신구 세대의 갈등이라는 영화적 내용을 파악할 수 있다. 한의사와 관상쟁이라는 쌍과 양의사와 미용실 주인이라는 쌍은 묘하게 대비된다.

이런 상황에서 한의사의 아들(신영균)은 자신의 연애를 반대한다고 집을 나가버린다. 결혼을 사랑이라는 감정의 결과물이 아니라 신분과 계급의 동질성으로 여기는 세대에 분노한 것이다. 아들은 집을 나가 막노동을 하면서 자신이 사랑하는 여인과 살림을 차리고 아기를 낳는다. 구세대의 몰락은 선거를 통해 그려진다. 젊은 양의사가 시의원 선거에 출마하자 한의사도 출마한다. 그러나 양의사는 미래의 장인과 대결할 수 없다며 사퇴하지만, 한의사는 전 재산을 털어 출마했다가 낙선하고 만다. 낙심한 한의사가 집을 나갔을 때 그의 빚을 갚아주고 거리에서 그는 찾아온 이도 양의사였다. 결국 영화는 자식들의 결혼식으로 마무리된다.

〈월급쟁이〉는 위의 영화들과는 달리 실직했던 아버지(김승호)가 다시 복직하는 것으로 끝이 난다. 그러나 그 과정까지 영화는 너무도 어려운 이야기를 반복한다. 특히 실직한 후 재취업을 위해 찾아간 시험장에서 아버지는 딸(도금봉)과 함께 입사 시험을 치르게 된다. 비참하게도 딸은 합격하고 아버지는 탈락한다. 사장은 아버지에게 이제 노령이기 때문에 쉬어야 한다는 이야기를 노골적으로 한다. 이 모든 상황을 뒤에서 조절하는 사람이 딸의 연인이다. 그는 딸의 입사를 지휘하고 그 집안의 빚도 중간에서 조율해준다. 이렇게 보면 이 영화도 구세대인 아버지는 이제 서서히 저무는 세대이고 새로운 세대인 딸과 사위의 등장을 알리는 영화라고 할 수 있다. 다만 영화 개봉이 5.16쿠데타 이후이기 때문에 '혁명'을 추진하기 위해 성실하고 건실했던 아버지가 다시 복직하는 것으로 결정이 난다.

〈해바라기 가족〉에서는 세대교체가 자연스럽게 일어난다. 다른 가족 희극 영화와 달리 철저하게 집안에서만 일어나는 일을 다루고 있는 이 영화에서 배가 다른 자식들은 사이가 좋지 않고, 가족들과 친화하지 못한 새 어머니는 집을 나가버린다. 새로 온 가정교사(조미령)는 이 상황을 지켜보고만 있는데, 둘째 아들이 누나의 약혼자를 때려서 죽이는 사고가 발생한다. 충격을 받은 누나가 집을 나가버린 상황에서 설상가상으로 아버지(김승호)가 죽는다. 사업에서는 성공했지만 아버지로서는 실패했다고 스스로 인정하며 죽은 아버지는 큰 아들(김진규)에게 모든 것을 맡겼다. 아버지는 조강지처인 어머니를 버리고 여러 여자를 거느리면서 집안을 어둡게 만들었다. 아버지에게 실망하고 참전한 한국전쟁에서 부상을 당해 실의에 빠져 있던 큰 아들은 가정교사의 도움으로 활기를 찾아 다시 집안을 일으키게 된다. 결국 세대교체가 자연스럽게 일어났다.

〈골목 안 풍경〉에서는 직접적인 세대교체가 일어나지는 않는다. 아홉 남매의 아버지인 고 주사(김승호)의 가장 큰 아들도 겨우 고2라서 세대교체가 일어날 상황이 아니다. 그러나 어려운 집안 살림 때문에 돈을 빌렸다가 탈세를 묵인한 혐의로 고 주사는 공직에서 퇴출당하고 집을 떠나면서 집안에 위기가 닥쳐온다. 이때 돈을 갚고 가세를 일으키는 사람은 고 주사의 동생(최무룡)이다. 소설가 지망생이었던 그는 형으로부터 늦게 자고 늦게 일어나면서 아무것도 안 한다고 구박을 받았었다. 그러다 신문사의 소설 현상 공모에 당선되면서 일순 집안 문제를 해결해내고, 결혼할 여성까지 집으로 데려오면서 행복한 분위기를 만들어낸다. 결국 영화는 아이가 없어 갈등하던 처남에게 고 주사가 두 아이를 입양시키는 것으로 막을 내린다. 결과적으로 고 주사는 자신의 아이도 키울 능력마저 없는 사람이 돼버린 셈이었다.

이렇게 보면 가족 희극 영화는 대부분 세대교체를 그리고 있다는 것을 알 수 있다. 구세대가 지니고 있는 사유의 폭으로는 결코 새로운 세상을 이끌 수 없다고 영화는 말한다. 언급한 영화들이 그리는 새로운 세대는 주로 아들과 사위라는 남성들이다. 대부분의 여성은 허영에 들떠 타락하려 하거나, 묵묵히 살림을 꾸리는 어머니거나, 그도 아니면 가부장적 질서 안에서 자신의 역할을 감내하는 젊은 여성일 뿐이다.

가부장적 질서 안에서 자기 역할을 감당하는 여성들은 새로운 세대의 주역이 될 수 없다. 이유는 간단하다. 여전히 남아 선호 사상이 완고한 가부장적 사회이기 때문이다. 이에 반해 아들과 사위는 두드러지는 역할을 맡으면서 자신들이 새로운 세대의 주역임을 분명히 한다. 군부 쿠데타 이후 등장하는 영화들은 새로운 세대들이 어떻게 가정과 국가의 주역이 되어가는지 잘 보여준다. 근대화를 주장하는 남성들이 어떻게 남성 우월의 민족주의 국가를 만드는지 잘 보여준다는 의미다. 그들의 주장은 서구화와 근대화이면서, 민족주의의 강화이고, 자주 국방의 구축이다. 서로 모순돼 보이는 이런 주장들은 영화 안에서 하나의 가치 아래 수렴된다. 결국 "그들은 아버지를 계승하여 자본주의적 가부장제를 이끌어나갈 후계자들인 것이다."4

3. 김승호,
영원한 아버지의 초상

> 조금은 살이 찐 듯하면서도 기름기가 전혀 없고, 초라한 듯하면서도 수
> 수한 맵시 속에 착하디착한 품성이 배어 있는 중년 겉늙은이의 모습으
> 로, 버스 안이나 뒷골목에서 이른 새벽길과 늦은 담길 모퉁이에서 언제
> 라도 만날 수 있으면서도 막상 찾아보기 드문 모양꼴을 한 사람이 바로
> 김승호金勝鎬이다.[5]

김승호와 동시대를 살면서 영화 비평을 했던 평론가 최일수가 내린, 김
승호에 대한 인상 비평이다. 이 평가는 지금도 유효하다. 우리 시대의 아
버지의 초상을 김승호만큼 잘 그린 배우가 또 있을까? 조금 과장을 하자
면, 앞으로도 그런 배우를 만나볼 수 있을까? 김승호는 그리 오랫동안 스
크린에서 활동한 배우도 아니고, 그리 많은 작품을 남긴 배우도 아니다.
무엇보다 김승호는 다양한 역할을 소화한 배우가 아니었다. 그가 맡은
배역은 오직 아버지의 역할뿐이었다. 그런데 그는 그 역할을 너무도 자
연스럽게 소화해냈다. 가족 희극 영화가 짧은 전성기를 다하고 이후 텔
레비전의 가족 드라마로 옮겨가면서 영화에서는 그 이미지의 배우를 더
이상 볼 수 없게 되었다. 이후 김승호에 근접한 배우는 최불암이 거의 유
일하다고 할 수 있지 않을까? 그 정도로 김승호는 독보적이었다.

 김승호가 시대적 감성을 지닌 캐릭터로 아버지 역을 소화한 것은 완
고한 아버지를 그렸기 때문만은 아니다. 그가 스크린에 재현한 아버지는
완고한 것 같지만 연약하고, 강인한 것 같지만 한없이 여리다. 그는 아픔
을 겉으로는 말하지 못하고 속으로 삭이면서 천천히 발걸음을 뗀 아버지
의 역할을 자주 맡았다. 스스로 고생하지만 자신의 전성기는 이미 지나

갔다는 것을 기꺼이 인정해야 하는, 불운한 역할을 그는 도맡아 했다. 김희갑이 웃음의 아이콘으로, 허장강이 강한 남성성과 야비함의 캐릭터로 소비될 때에도 김승호만은 아버지의 이미지로 고정되었다.

그렇다면 여기서 물어야 한다. 김승호는 오로지 하나의 이미지로 소비되었음에도 어떻게 그 시대를 대표하는 아버지, 지금도 여전히 힘을 발휘하는 아버지의 표상이 될 수 있었을까? 그것은 시대적 의미를 내포하고 있기 때문이다.

> 김승호의 도상은 국가 공동체의 통합을 위한 시대적 요청과 같았다. 그것은 유약하고 축소된 민족 국가의 권력을 가부장제를 통해서 재건하고자 하는 국가의 임시 처방전과 같은 것이었다. 따라서 이들 영화에서 가부장은 그것이 임시적이고 불안정한 위상을 점유한다는 점에서 모순적인 의미를 동시에 함축하고 있는 기호로 작동한다. 아버지는 국가 재건을 위해 필연적으로 요구되는 상징적 질서의 담지자이면서 동시에 국가 재건의 핵심인 경제적 근대화에서는 그 근대의 성장과 속도를 견디지 못하는 타자의 위상을 점유하고 있기 때문이다.[6]

1960년대 초에 김승호는 무너진 가부장의 권위를 어떻게든 세워야 하는, 흔들리는 가장이었다. 그 김승호는 국가 재건을 위해 필요한 존재이지만, 재건이 되면 바로 신세대에게 버림을 받아야 하는 불안한 존재이기도 했다. 1950년대의 혼란을 넘어 다시 앞으로 나가기 위해서는 반드시 필요하지만, 나가는 방향이 달라 출발하면 바로 뒤쳐져야 하는 존재들이 당시 아버지 세대였고, 그 아버지들을 김승호의 전근대적인 마스크가 페르소나로 연기하고 있었다. 불행한 아버지. 어쩌면 세상의 모든 아버지가 그러한지도 모른다. 아니, 신자유주의 자본주의가 본격화된 지금

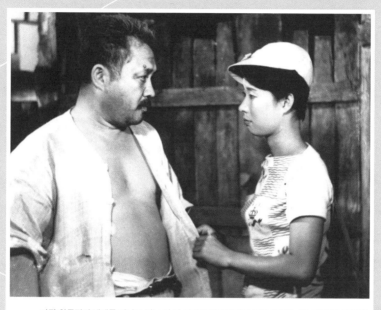
가장 한국적인 냄새를 지니고 있는 단 한 사람의 연기자 김승호가 출연한 〈박서방〉의 한 장면

이야말로 아버지의 존재가 더욱 그러할지 모른다. 죽도록 고생하지만 인정받지 못하는 아버지. 〈박서방〉이 개봉될 당시 언론에 실린 글을 보면, 그 시대 관객들이 김승호에게 왜 그토록 열광했는지 알 수 있다.

> 김승호 주연의 아버지 역은 감독의 의도 이상으로 색다른 설득력이 있다. 다시 말하면 그의 생활에 밀착한 행동의 정확함이 우선 우리에게 공감을 준다. 그리고 다음으론 그가 풍기는 「코리언·센치멘탈리즘」이 많은 관객을 가지게 했다. 가장 한국적인 냄새를 지니고 있는 단 한 사람의 연기자이다. (…) 나는 이 영화에서처럼 한국을 느껴본 일이 없다. 싫건 좋건 우리의 냄새나는 조국! 가난 속에 잘도 견디어 왔구나 하는 감탄! 어딘가 시대성이나 논리가 결여되었으며 상당히 연기자들이 자유롭지 못하지만 친밀감을 준다.[7]

그렇다. 근대화 이전의 우리 고유의 정서, 집단적 관객 정서가 만들어낸 아우라가 김승호에게 있었다. 말 그대로 "가장 한국적인 냄새를 지니고 있는 단 한 사람의 연기자"였던 것이다. 이제 김승호 같은 연기자가 더이상 등장할 수 없는 것은 이런 한국적인 냄새를 대중들이 그리워하는 시대가 아니기 때문이고, 그런 한국적인 냄새를 지니고 있는 이들도 더 이상 존재하지 않거니와, 무엇보다 영화에서 가족 희극은 더 이상 설 자리가 없기 때문이다. 때문에 김승호는 더더욱 영원히 그리운 존재가 되었다. 돌아가신 고향의 아버지 같은 존재, 안 계시기 때문에 더욱 그리운 존재…….

제 5 장

1960년대 중반

형성된 강한 가부장제,

그 영화적 재구성

1960년대 중반이 되면 근대화를 이룩하는 새로운 세대가 영화 전면에 등장한다. 그들은 구세대들과 갈등을 겪은 뒤 마침내 마을을 근대화하는 데 성공한다. 이런 흐름의 징후는 신상옥의 〈상록수〉(1961)에서 등장했다. 일제 강점기를 배경으로 한 영화이지만, 영화가 전하려는 메시지가 분명했다. 그리고 〈쌀〉(1963)에서는 신상옥이 생각하는 근대화와 '군사혁명'을 일으킨 이들이 어떻게 만날 수 있는지 보여주었고, 새로워진 가족 희극 영화 〈로맨스그레이〉(1963)에서는 근대화를 만들어나갈 주역에 대한 형상화를 뚜렷하게 해놓았다.

군부 독재에 의해 산업화와 서구화가 급격하게 진행될 때, 남한 사회는 가부장 중심의 구조로 급격하게 선회했다. 군부 출신의 정치인들이 실권을 장악하면서 남한 사회는 일사불란한 군사 문화의 확장판이 되었다. 수직적 질서 구조 속에서 전체 사회가 움직이는 체제였다. 정치는 총재 중심의 체제로, 학교는 총장 중심의 체제로, 회사는 회장 중심의 체제로, 가정은 가부장 중심의 체제로 변화했다. 한 명이 모든 것을 결정하는 체제, 그 결정에 무조건 따라야 하는 체제가 남한 사회에서 구현되고 있었다. 속도전의 사회에서 이견을 내거나 불평을 하는 것은 대오에서 이탈하는 것, 곧 낙오하는 것으로 여겨졌다.

이런 시대에 영화에 그려진 가족 제도는 대부분 가부장제로 급격하게 회귀하고 있었다. 남성이 중심인 가정, 가부장과 장남이 절대적인 권위를 누리는 가정이 영화에서 그려졌다. 가부장제가 흔들리던 1950년대와 1960년대 초반의 모습과는 확연히 다른 모습이 영화에 그려지고 있었다. 1950년대의 영화처럼 여성이 서구화된 욕망을 추구하는 것은 음탕한 것과 동의어가 되었다. 아내는 알뜰하고 살뜰하게 돈을 모으고 가족들을 돌보는 역할에 국한되었다. 그러나 남성이 아내 외의 다른 여성을 만나는 것은 용인되는, 너무도 불합리한 시대가 되고 말았다.

흥미롭게도 위에서 언급한 영화의 주연은 모두 신영균이 맡았다. 강직하고 믿음직한 외모의 신영균이 전하려는 메시지는 쉽게 간파할 수 있다. 더구나 신영균은 가족 희극 영화에서도 대부분 아들의 역할을 맡았다. 이렇게 세대교체로 가장이 된 아들 세대는 바로 가부장이 되었다. 〈미워도 다시 한 번〉(정소영, 1968)이 이를 증명한다. 한 평론가가 "1960년대 전반기의 멜로 영화가 근대화의 희망에서 비롯되는 건강한 시민 의식을 반영했다면, 1960년대 후반기의 멜로 영화는 근대화 프로젝트의 부작용들이 피드백된 결과를 보여준다."[1]고 한 것도 이 때문이다. 이 장에서는 1960년대를 대표하는 배우 신영균을 통해 어떻게 1960년대의 영화가 가부장을 재구성했는지 살펴볼 것이다.

1. 새로운 세대 중심의 근대화

신상옥이 연출한 〈상록수〉는 일제 강점기에 활동했던 소설가 심훈이 쓴 원작을 영화로 만든 것이다. 일제의 압제를 뚫고 농촌 계몽 운동을 벌이는 청년들의 모습이 담겨 있다. 널리 알려진 것처럼 농촌 계몽 운동을 벌이던 영신(최은희)은 과로로 죽고 만다. 영화의 비극성은 서울의 전문학교 출신인 엘리트가 산골에 들어가 모든 것을 걸고 희생하며 교육 운동을 하다가 죽음을 맞는 바로 이 설정에 있다. 당시 이 영화는 흥행에도 성공하고 좋은 평가도 받았다. 후문에 의하면 이 영화를 박정희 전 대통령이 좋아했다고 한다. 그래서일까? 신상옥은 신영균과 최은희를 주인공으로 하고, 허장강이 비슷한 역의 조연을 맡은 영화 〈쌀〉을 내놓았다.

〈쌀〉에서 먼저 눈에 들어오는 것은 주인공 차용(신영균)의 아버지이다. 주인공에게 아버지는 존재하기는 하지만, 영화에서 본격적인 갈등이 시작될 무렵 사라져버리는 존재다. 상이군인으로 서울에서 살던 그는 아버지가 위독하다는 전보를 받고 고향에 도착하자마자 그의 아버지는 세상을 등진다. 이제 주인공은 평생 쌀밥 한번 제대로 먹지 못하고 죽은 아버지의 한을 풀고 가난한 운명에서 벗어나기 위해 엄청난 개간 사업을 시작한다. 그것은 강과 황무지 사이를 가로 막고 있는 산에 굴을 뚫어 물을 대겠다는 계획이다. 이 사업은 일제도 계획했지만 성공하지 못한 일이었다. 만약 이 계획이 성공하기만 하면 사용하지 못하는 넓은 황무지를 옥답으로 만들어 가난을 극복할 수 있다. 계모는 이 사업에 쓰라며 토지 문서를 내놓고, 여동생은 도시로 나가 돈을 벌면서 오빠를 응원하고, 마을 청년들도 함께 이 작업을 수행하려 한다.

하지만 어려움이 곳곳에 산재해 있다. 산에 굴을 파면 산신령이 노할 것이라는 무당이 있고, 이를 뒤에서 조정하는 마을의 유지도 있다. 물론 이들의 뒤에는 복지부동한 관리들이 존재한다. 주인공은 서울 관청에 요청하지만 직원들은 일을 다른 부서로 떠넘기기만 한다. 급기야 제대로 먹지도 못한 채 일하던 젊은이들은 보조금이 나오지 않자 더 이상 주인공을 신뢰하지 않게 된다. 이때 주인공에게 힘이 되는 것은 마을 유지의

군부 정권 시기의 〈상록수〉인 〈쌀〉

딸 정희(최은희)이다. 주인공을 사랑하는 그녀는 집을 나와 그와 함께 굴을 파 들어간다. 전혀 예상치 못한 곳에서 도움의 손길도 미친다. 4.19 이후 민주당도 이 사업을 외면했건만, '군사 혁명'을 거행한 군인들이 폭탄을 지원해준다. 마침내 굴을 뚫고 황무지에 물을 댈 수 있게 됐고, 영화는 옥답이 된 논에서 추수를 하는 장면으로 끝을 맺는다.

얼핏 줄거리만 보아도 어떻게 일제 강점기 배경의 〈상록수〉가 박정희 정권을 배경으로 삼은 영화로 탈바꿈했는지 쉽게 알 수 있다. 영화는 당시 가장 급박했던 쌀의 문제를 통해, 기성 정치인들은 사익을 탐하느라 민중의 고통에 관심이 없었지만, 군부만은 그 기득권 세력을 처단함으로써 민중의 바람을 전적으로 지지하는 정권이라는 점을 보여주고자 했다. 결국 〈쌀〉은 단지 쌀(의식주) 문제에 머무르지 않고, 전반적인 사회 개혁을 통해 어떻게 일제의 잔재를 청산하고 전쟁의 참상에서 벗어나야 하는지, 결국 어떤 방식으로 근대 국가를 만들어가야 하는지 묻는다. 이런 표현이 가능할지 모르겠지만, 박정희가 원하던 것을 신상옥이 영화로 너무도 잘 재현해놓았다. 때문에 이런 평가가 나올 수밖에 없었다.

용이라는 남성이 바로 조국 근대화의 기수인 박정희를 가리킨다는 것은 분명하다. 그는 일제 강점기 일본인이 시도했다가 실패한 물대기 사업을 다시 시도, 성공으로 이끌어서 황폐한 고향 마을을 풍요로운 경작의 땅으로 바꾼다. 영화는 식민 지배를 거친 후 한국전쟁으로 무無의 상태에서 시작해야 하는 민족 국가는 강한 민족 지도자를 중심으로 힘을 합쳐야만 잘 살 수 있으며 또한 일본인이 하지 못한 일을 한국인이 할 수 있다는 것을 보여줌으로써 일본의 식민 지배를 극복하고 민족의 새로운 미래로 나아가기 위해서는 국가 주도의 조국 근대화 프로젝트가 반드시 필요하다는 것을 역설하고 있다. 그 프로젝트는 또한 아무것도 없는 피폐한 땅에서 망치와 정으로 굴을 뚫는 것만큼이나 무모하고 비합리적이지만 강인한 추진력과 할 수 있다는 자신감을 가진 민족 지도자와 국민만 있으면 성공할 수 있다는, 오히려 그러한 강압적이고 저돌적인 개발 독재는 민족 국가를 위해서는 피할 수 없는 필연적인 국면인 것처럼 정당화하고 있는 것이다.[2]

이제 새로운 세대는 근대 국가를 주체적으로 형성해나가는 이들이 된다. 그들에게는 극도의 악조건에서도 과거의 잔재를 넘어야 하는 숙제가 있다. 이를 위해 영화는 온 국민이 혼연일체가 되어 단결해야 한다고 말한다. 영화 속에서 마을 유지의 딸은 자신의 기득권을 누리려 하지 않고, 전쟁에서 부상당한 가난뱅이 용이와 함께하면서 결국 불가능하던 일을 성공시키고야 만다. 구시대적 샤머니즘에 기댄 마을 유지와 그것을 수행했던 무당의 딸이 죽는 것과 대조적으로 그녀는 새 시대의 일꾼으로 우뚝 설 수 있었다.

〈로맨스그레이〉는 가족 희극 영화이다. 그러나 기존의 가족 희극 영화와는 맥을 조금 달리 한다. 대학 교수인 아버지(김승호)는 젊은 빠걸(최은희)을 소실로 두고 있다가 부인에게 들통 나 헤어지게 된다. 이때 문제를 해결하는 사람이 바로 아들(신영균)이다. 아버지의 불륜을 알게 된 아들은 불륜녀를 자신이 사랑하는 것처럼 꾸며 아버지의 마음을 돌리게 하고, 불륜녀에게도 마음을 다잡고 부산으로 내려가도록 한다. 그래서 "아버지의 부정을 수습하는 아들들은 가족 드라마가 보여주는 실질적인 의미에서 당시의 근대화의 주역들"[3]이 된다.

이 설정은 〈서울의 지붕 밑〉을 비롯한 가족 희극 영화의 세대교체보다 한걸음 더 나간 상황이다. 기존의 가족 희극 영화에서는 완고한 아버지가 자신의 세대가 끝났음을 알고 물러나는 것으로 결론을 맺지만, 〈로맨스그레이〉에서는 아버지의 망신을 아들이 직접 처리하면서 자신이 주역임을 증명한다. 이것은 시대적 세대교체의 문제가 아니라 부정하고 무능한 아버지를 대신해 정의롭고 추진력이 있는 아들이 등장한 것으로, 결국 〈쌀〉에서 마을의 분열을 해결하면서 샤머니즘에 기대는 마을 유지에 맞선 용이와도 일치한다.

여기서 짧게나마 신상옥의 존재에 대해 생각해봐야 한다. 1960년대 한국 영화의 황금기를 만든 장본인이지만 그에 대한 평가는 찬반으로 갈리곤 했는데, 바로 이 지점에서 그렇다. 그가 박정희 정권의 조력자로서 문화적 이데올로기를 창출해냈다는 데 이의는 없다. 그 결과 당시로서는 불가능해 보이던 자신의 영화사를 거대하게 키우고, 덩달아 한국 영화 산업의 파이를 크게 키운 것도 알려진 사실이다. 1970년대가 되면서 박정희 정권과 멀어지고, 1980년대에는 북한에서 북한 체제를 찬양하는 영화를 만들고, 다시 탈북해 이번에는 남한에서 북한을 비판하는 영화를 만든 그의 행보를 따라가 보면 많은 생각이 든다. 1950년대에 〈지옥화〉, 〈자매의 화원〉(1959) 같은 문제작을 만들었고, 1960년대에는 〈사랑방 손님과 어머니〉(1961)와 같은 아름다운 영화를 만들었지만, 그의 행보가 지나치게 복잡해 스스로를 옭죄어버렸다. 한국 영화의 다른 두 '3대 거장'인 유현목, 김기영에 비해, 그의 행동은 지나치게 정치적이었고, 이것이 그가 고인이 된 지금까지도 그에 대한 평가를 인색하게 하거나 어렵게 만들고 있다.

2. 공고한 가부장제의 형성, 〈미워도 다시 한 번〉

한국을 대표하는 신파 영화이면서 한국을 대표하는 멜로드라마를 단 한 편만 꼽으라고 하면 많은 이들은 〈미워도 다시 한 번〉(정소영, 1968)을 언급할 것이다. 그 정도로 이 영화는 흥행에 성공했고, 많은 이슈를 낳았다. 조금 과장을 하면, 한국 영화사에서는 처음으로 이 영화를 통해 멜로드라마가 거대한 울림을 만들어낼 수 있었다고 할 수 있다. 1960년대 후반을 대표하는 영화이면서 이후 영화들에도 많은 영향을 끼쳤다. 가령 〈사랑하는 사람아〉(장일호, 1981, 1983, 1984) 같은 리메이크 작품이 속편으로 등장한 것만 봐도 그렇다. "여성 쪽에서는 순애보적 사랑과 희생적 모성 신화를, 남성 쪽에서는 혼외정사와 가부장제의 위력을 내러티브 욕망으로 설정"[4]한 〈미워도 다시 한 번〉은 여전히 연구의 대상이 되고 있다.

이 단락에서 〈미워도 다시 한 번〉을 주목하는 이유는 간단하다. 민족 국가, 근대 국가 건설을 위해 젊은 세대들이 노력한 결과 원하는 이상이 어느 정도 실현되었을 때, 세대교체를 이룩한 세대들이 어떻게 되었는지 파악하려면 이 영화를 보면 되기 때문이다. 우연의 일치인 것처럼 영화의 주연은 세대교체의 주역이었던 신영균이다. 신영균이라는 신세대 아이콘을 통해 든든한 근대 민족 국가를 만들고 난 후 그들은 어떻게 되었을까?

영화는 현재와 과거를 넘나든다. 휴일에 낚시를 즐기고 있던 중소기업 사장 신호(신영균)에게 친구가 연락을 한다. 과거에 사귀었던 혜영(문희)에게 연락이 왔다는 것이다. 여기서 영화는 과거 장면으로 이어진다. 서울에서 하숙을 하던 신호는 유치원 교사인 젊은 혜영과 사귀고 있었다. 이미 동침을 한 사이임에도 신호는 혜영에게 유부남이라고 고백하지 못

여성의 선택을 두고 전복적 해석을 시도했던 영화 〈미워도 다시 한 번〉

한다. 시골에서 아이들을 데리고 부인이 서울로 올라오자 혜영은 편지를 남긴 채 떠난다. 그 뒤 아이가 태어나 학교에 갈 나이가 되자 아버지 신호를 찾아온다. 혜영은 아이를 맡기고 강원도 속초로 돌아가지만, 아이도 혜영도 편한 삶을 살 수 없었다. 결국 갈등 끝에 혜영은 아이를 데리고 떠나간다.

영화에서 먼저 눈에 들어오는 것은 신호의 직업이다. 가난한 하숙생이었던 시골 출신의 신호는 이제 사장이 되어 있다. "사회적·경제적 성공을 보여주는 신호의 이층집은 1960년대 근대화 프로젝트의 성공 사례"[5]이고, 그의 부인은 플래시백에서 등장했던 시골 아낙네의 모습과 달리 교양 있는 부인이 되어 있다. 1960년대 초 가족 희극 영화에 등장했던 젊은 세대들이 꿈꾸었던 생활, 근대화를 주장하는 영화들이 욕망했던 미래의 모습이 이 영화 속에 재현되어 있는 것이다. 다시 말하면 세대교체를 주장하며 근대화를 욕망했던 이들의 꿈은 이루어졌다. 여성은 현모양처가 되어 남편의 뜻을 따르고, 아이들도 아버지를 따른다. 남성은 한 집안의 완벽한 가부장이 되었다. 이를 다르게 풀이하면, 근대화를 주장하던 군부 세력이 이제 경제적 성장을 바탕으로 가부장 사회를 만들었다는 의미가 된다.

남성이 가부장이 되었다는 사실을 보여주는 것은 호적 제도이다. 사생아[6]를 낳은 혜영은 그 아이를 자신의 호적에 올리지 못해 학교에 보낼 수 없다. 결국 아이를 학교에 보내기 위해 애아버지를 찾아오고, 본부인은 별다른 불평 없이 지금부터는 자신이 아이의 엄마라며 아이를 양육한다. 아버지도 두 여성 사이에서 큰 불편 없이 살아간다. 죄책감도 없고 눈물도 흘리지 않는다. 때문에 영화를 다음과 같이 평가할 수도 있다.

남성의 입장에서 본다면 상냥한 아가씨와 혼외정사도 가져보고 가정도 지키는 이런 해결은 일종의 판타지일 수 있다. 이러한 남성 판타지가 가능한 것은 영화에서 보여주듯 여성들의 태도, 넓게는 사회적인 분위기 때문이라고 할 수 있다. 외도한 남편을 응징하기보다는 가정을 수호하는 것이 훨씬 더 중요한 가치로 인식되었던 분위기나 남성의 외도나 축첩 행위는 비교적 흔한 일이었던 당대 현실을 반영한 것이다.[7]

평론가 김소영은 이 영화에 대해 두 가지 대립적인 방식으로 독해할 수 있다고 전제한다. 첫 번째는 근본적으로 멜로드라마를 폐쇄적이며 체제 옹호적인 장르로 인식하는 비판적인 독해 방식이다. 이 방식에 따르면 이 영화는 가부장제에 그 어떤 도전도 시도하지 않는다. 두 번째는 이 영화가 가부장 담론들을 효과적으로 담아내지 못하는 데서 기인하는 영화 전개상의 모순들을 살펴, 가부장 담론이 가진 남녀 차별의 작위성을 짚어내는 방식이다. 여성들이 이 영화에 깊이 몰입한 것은 신경질적인 형태로나마 억압된 자신들의 목소리를 대신해주는 출구로 간주했기 때문이라는 입장이다.[8]

많은 연구자들이 이 영화에 대한 전복적 해석을 시도했다. 특히 결말에 대한 해석이 달랐다. 기차를 타고 아이를 데리고 떠나는 장면은 열린 결말인가? 도피인가? 새로운 길의 추구인가? "그녀는 버림받았다는 수동적 표현보다는 남성의 사랑과 가부장적 가정의 안락함을 스스로 버렸다는 능동형 주어로 기능한다."[9]라고 해석하는 이도 있다. 상술하자면, "혜영이 가부장적 세계와 질서로부터 버려지는 수동적 입장에서 그 위선을 거부하는 주체적 결단과 눈물 젖은 용기로의 변화라는, 즉 (여성) 관객이 느끼는 감정 이입의 공분이 함축 의미 작용으로 이끄는 접점이 되는 것이다. (⋯) 그렇기 때문에 혜영은 가부장적 이데올로기 속에서 거세된 비극적 여성이면서도 내면적으로는 반항적인 반영웅의 이미지로 (여성) 관객에게 카타르시스와 공분을 느끼게 된다."[10]

물론 이런 해석은 할리우드 멜로드라마를 전복적으로 읽은 영화 이론 가들에게서 영향을 받은 것이고, 충분히 숙고할 만한 것이기도 하다. 그 러나 당시 관객이 이런 전복적 해석 때문에 이 영화에 몰입하고 눈물을 흘렸을까, 라는 물음을 던지면 부정적이 될 수밖에 없다. 결말에서 아이 를 데리고 떠나는 것은 가부장제를 거부하는 것이 아니라 가부장제 사회 에서 여성이 도저히 살아갈 수 있는 여건이 아니었기 때문에 떠나는 도 피적인 성격이 강하다. 아들을 호적에 올릴 수 없고 학교에도 보낼 수 없 는 상황에서 영화가 시작된다는 것을 기억해야 하고, 영화가 다시 그런 상태로 돌아가면서 끝난다는 것을 상기해야 한다. 영화 속에 그려진 여 성은 경제적 능력이 높지 않았음에도 양육에 대한 책임은 전적으로 홀로 졌다. 그러니까 키우는 건 여성이 하고 중요한 사회적 결정은 남성이 독 점했던 구조인 것이다.

물론 영화 속 신호가 완전한 능력을 지닌 인물은 아니다. 그는 쉽게 결 정 내리지 못하고 끊임없이 망설인다. 때론 자신의 책임을 회피하고 아 이를 나무라기도 한다. 그러나 바로 이런 나약한 가장을 그림으로써 〈미 워도 다시 한 번〉은 다양한 독해의 가능성을 열어놓았으며, 가부장의 일 관되지 않은 입장을 통해 근대화에 대한 비판적 시선도 담아낼 수 있다. 그럼에도 〈미워도 다시 한 번〉은 1950년대부터 이어지는 '낳은 정, 기른 정'에 바탕을 둔 모성 멜로 영화의 전통을 이어받으면서, 1960년대 말 등 장하는 어머니의 여정을 통해 가족을 재구성하는 서사를 가진 멜로 영화 의 시발점이 되었다. 아울러 1970년대 산업화의 그늘에서 성적 함정에 빠지는 여성상을 그린 멜로 영화의 전조를 보여준다.[11]

3. 신영균,
시대가 욕망한 남성 아이콘[12]

이 부분에서 배우 신영균에 대해 한번쯤 살펴봐야 한다. 1960년대의 아버지 역을 가장 잘 소화한 배우가 김승호라면, 1960년대의 주역을 가장 탁월하게 형상화한 배우는 단연 신영균이라고 해야 한다. 신영균을 스타로 만든 것은 가족 희극 영화이다. 당시 가족 희극 영화가 유행한 이유는 간단하다. 1960년대로 접어들자 관객들은 1950년대 중후반부터 빠르게 진행됐던 미국화 현상을 노골적으로 담아낸 영화들에 싫증내기 시작했다. 정작 전쟁의 폐허를 딛고 다시 일어서야 할 시점에, 지난 세대의 서구 추종이 개인주의로 연결되다가 끝내 방종과 맺어지자 그 일탈에서 벗어나고자 한 것이다. 이때부터 서민의 일상을 잔잔하게 그려낸 가족 희극 영화가 등장하기 시작했다.

신영균의 초기 이미지를 만들어준 영화 〈마부〉는 "우리 영화가 사장집 응접실만을 그리지 말고, 진작 가난한 집 마구간을 더 많이 그렸어야 했다는 점을 느끼게 한다. 소박한 서민 감정에는 흙내와 같은 다정함이 있다. 신영균의 무게 있는 연기를 높이 산다."[13]는 평을 자연스럽게 불러왔다. 당시 관객들도 이 영화 속에 그려진 리얼하면서도 잔잔한 서민의 일상에 주목했다.

이런 가족 희극 영화에서 신영균은 아들 역할을 맡았다. 그것도 당시 아버지의 표상이었던 김승호의 아들 역할이었다. 이는 매우 중요한 사실이다. 당시 가족 희극 영화에서 아버지 세대는 서서히 힘을 잃어가고 있었다. 〈마부〉의 아버지도 다리를 다쳐 더는 힘이 없다. 주도권은 고시에 합격한 아들에게 넘어가는 와중이다. 〈서울의 지붕 밑〉에서도 한약방을 운영하던 아버지는 선거에서 패배한 후 아들과 딸, 사위에게 신세지는 구세대로 몰락한다. 〈로맨스그레이〉의 아버지는 바람을 피우다가 망신을 당하는데 이 모든 상황을 수습하는 건 바로 아들이다. 흥미롭게도 세 편 모두 아버지 역은 김승호, 아들 역은 신영균이 맡았다. 성실한 아들, 듬직한 아들의 이미지는 여기서 출발한다.

4.19를 거치며 세대교체가 이뤄지더니, 5.16을 거치면서 분명하게 근대화의 주역으로 신세대가 호명된다. 앞서 언급했듯이, 신상옥 감독의 〈쌀〉은 신영균이 근대화의 주역이 되었음을 노골적으로 보여준 영화다. 패배주의가 만연한 가난한 시골에 상이군인인 용(신영균)이 돌아와 마을 사람들을 설득하며 공사를 시작한다. 그러나 지주와 무당의 반대, 뿐만 아니라 정부의 무관심으로 도저히 희망이 보이지 않는다. 이런 상황에서 새로 들어선 군사 정권은 신속한 행정 처리로 굴을 뚫어 물길을 내고 수확을 돕는다. 신영균은 이렇게 근대화를 선동할 신세대 역군이 되어간다. 듬직한 외모에 불굴의 정신을 내포한 캐릭터다.

그러나 이런 신세대도 세월이 지나면서 아버지 세대를 닮아간다. 가부장이 되는 것이다. 〈미워도 다시 한 번〉은 아들 세대였던 신영균이 드디어 아버지 세대가 되었다는 것을 보여준다. 그것도 아버지 세대와 다를 바 없이 불륜을 저지르는 아버지다. 그러나 그가 연기한 근대화의 주역인 아버지는 구세대의 아버지와 확연히 다르다. 가족들과 대화하며 그들에게 헌신하던 구세대 아버지가 아니라 가족을 자기 손안에 쥐고 통제하는 그런 아버지다. 근대화와 함께 성장한 부정적인 권위 의식의 면모, 신영균은 이런 이미지마저 짊어져야 했다.

신영균의 이런 모습은 고스란히 사극에도 겹친다. 1960년대 한국 영화에서 신영균은 사극의 절대 강자였다. 중요한 사극의 주연은 오롯이 그의 몫이었다. 할 말을 가슴속 응어리로 간직하다가 폭발시키는 그의 이미지는 구세대의 아버지를 바라보면서 자기 시대가 오기를 기다리는 아들의 모습과 겹친다. 〈연산군〉(신상옥, 1961)과 〈마부〉에서 그의 이미지는 얼마나 비슷한가? 그리고 두 영화의 그 개봉 시기(1961년과 1962년)는 얼마나 가까운가? 의적 또는 호탕한 남성상의 이미지는 낡아빠진 마을을 새로운 마을로 시원하게 바꿔버리는 근대화의 주역과 얼마나 비슷한가? 강력한 지도자 또는 절대적인 종교적 지도자의 모습은 가정을 손에 쥐고 흔드는 절대적인 가장의 모습과 얼마나 닮았는가? 사극에서 이미지를 쌓으면서 성장할 때 현대극에서도 그는 동일한 이미지를 그대로 반복하고 있었다. 이렇게 1960년대라는 짧은 10년 동안 벌어졌던 신구의 세대교체와 완고한 가부장제의 확립은 동전의 양면처럼 함께하며 그의 이미지 속에 구축되고 있었다.

또한 당시 제작된 엄청난 스펙터클 중심의 서사극들은 미국 영화를 따라잡으려는 일종의 한국형 블록버스터였다. 이는 남북 대결의 구도에서 이기고 싶은 욕망, 그리고 남한을 구해준 미국을 닮고 싶은 욕망의 반영이었다. 나아가 국가 차원의 서사시를 동원함으로써 스스로 이데올로기적 호명을 원한 결과라도 볼 수 있다. 그래서 이런 영화들엔 국가에 대한 자긍심과 근대화를 일궈낼 수 있는 강한 남성들에 대한 갈망이 상존했다. 이 역시 박정희의 시대를 살던 인간의 욕망이었다. 이런 시대상이 담긴 영화들 속에서 신영균에겐 강한 남성의 이미지가 따라다녔고, 관객들은 그에게서 유독 그런 이미지를 원했다. 신영균이 활동하던 당시엔 이런 지적도 있었다.

대중들은 '히어로'를 바란다. 악한을 응징하고, 부박한 것들을 처부수고, 기사마냥 미녀를 돕는 건강한 사나이를─. 미남은 아니지만, 여성 팬들의 인기 표를 모으고 있는 신영균의 성격이 상징하는 일면에는, 오늘의 사회에서 바라고 있는 '스토롱·맨(강한 사람)'에 대한 대중들의 갈

채 심리가 잠재하고 있는지도 모른다.[14]

정확한 지적이다. 그 시대가 가장 필요로 했던 이미지를 신영균은 정확히 재현하고 있었다. 신영균이 데뷔한 1960년부터 그가 마지막 영화를 촬영한 1978년까지의 시기는 미묘하게도 박정희 집권 기간인 1961년에서 1979년까지의 기간과 겹친다. 그 시대 욕망의 화신이 신영균이라는 이름으로 등장한 것은 결코 우연이 아니다. 그래서인가? 그는 이후 활동을 하지 않았지만, 자신이 쌓은 이미지를 바탕으로 정치와 사업에서 성공을 거두었다. 그가 간 길은 그가 영화에서 이미 보여준 길의 재현이자 재생replay이며 재탕이었다. 그래서 신영균은 정확히 그 시대의 얼굴로 호명되어야 한다.

여기서 신영균은 나운규와 정확히 일치된다는 것을 알 수 있다. 일제 강점기 조선 영화계가 친일로 흐르기 전에 죽어 영화계를 떠남으로써 오히려 신화가 된 나운규, 자신의 영화 속 이미지인 소영웅주의와 결합해 대의적 의미로 남은 나운규. 언제나 그는 일제 강점기 영화의 정확한 남성상이 되었다. 그리고 1960년대와 1970년대의 시대상을 보여주는 영화 속 남성 이미지는 신영균의 것이 되었다. 세대교체와 근대화의 주역, 그리고 다시 성립된 가부장의 이미지를 신영균은 정확하게 표현하고 있었다. 때문에 신영균은 그 시대의 산물이자 아이콘이 될 수 있었다.

4. 청춘 영화와 모던 시네마,
근대화에 소외된 이들의 내면

1960년대의 모든 영화가 확고한 가부장제를 그린 것은 아니다. 예컨대 청춘 영화도 당시 대표적인 장르[15]였다. 평론가 이영일은 청춘 영화를 매우 간결하게 정리했다. 즉 "1962년부터 일기 시작해서 66년도까지에 걸쳐서 제작되었던 이 작품 경향은 태평로에 있는 조선일보사 경영의 아카데미 극장을 중심으로 해서 약 5년 동안 지속되었다."[16]라고. "흔히 신성일, 엄앵란 콤비로 제작되었던 청춘 영화들은 인생이나 사회에 대한 욕구 불만을 가진 젊은이를 주인공으로 해서 끝내 거기에 좌절을 하고 마는 것을 정형으로 했다고 볼 수가 있는 것들이다. 그래서 여기에 억압된 청춘의 외침이 있고 불만이 있고 폭발이 있다."[17]라고.

청춘 영화에선 끊임없이 도시 공간이 등장한다. 청춘 영화에서 "도시는 가장 근대적인 특징을 드러내는 공간임과 동시에 억압과 저항을 표현하는 공간으로 기능한다."[18] 가령 "중앙청과 명동 등 서울을 대표하는 도심 공간, 다방, 레슬링장, 당구장, 댄스홀, 음악다방 등의 최첨단 레저 공간들을 통해서 청춘의 역동성과 불안을 담아내게 된다."[19] 그래서 "청춘 영화는 도시화, 산업화가 진행되면서 근대화와 물질문화/미국 대중문화 속에 위치하지만 실제로 완전한 근대 문화의 향유 주체가 되지 못했던 젊은이들이 겪는 좌절과 억압을 국가/기성세대에 대한 저항으로 표현하는 장르로 시작되었다고 할 수 있다."[20]

또한 청춘 영화에는 아버지가 등장하지 않는다. "1965년을 전후로 청춘 영화의 주인공들은 상당수가 고아나 사생아 혹은 부모가 있어도 부모로부터 물질적 도움을 받지 못하는 고학생으로 그려진다. 〈난의 비가〉(정진우, 1965), 〈불타는 청춘〉(김기덕, 1965), 〈흑발의 청춘〉(김기덕, 1965), 〈초연〉

(정진우, 1966), 〈사월이 가면〉(정진우, 1967), 〈맨주먹 청춘〉(김기덕, 1967) 등에
는 모두 고아나 고아와 다를 바 없는 주인공들이 등장한다."[21] 이는 아버
지 세대에 대한 비판과 저항을 노골적으로 상징화하는 것이다.

　이런 내용을 담고 있기 때문에 청춘 영화는 비극적이다. 그들에게는
"아버지가 존재하지 않으므로, 그들의 운명은 이제 그들 스스로가 개척해
야 하지만, 대부분의 아들들에게 그 길은 고난의 연속일 뿐이고 결코 성
공하지 못한다."[22] 집을 나와 홀로 살아가다가 사랑을 만나지만, 그 사랑
도 성공적으로 마감되지 않는다. 사랑하는 이와 가정을 이루고 싶다는 소
박한 꿈도 끝내 망가지고 만다. 때문에 한 연구자는 청춘 영화를 두고 "진
정한 가부장이 되지 못한 자들의 비가"[23]라고 해석하기도 했다. "결국 청
춘 영화는 근대화 과정에서 도시 젊은이들이 품었을 환상으로부터 시작
해 그 환상의 좌절로 자신을 변형시켜 나갔던 장르"[24]라고 할 수 있다.

　1968년 개봉된 〈미워도 다시 한 번〉이 확고해진 가부장제를 그리고
있을 때, 한편에서는 근대화의 불안을 그린 영화들이 등장하기 시작했
다. 이른바 모던 시네마의 등장이다. 〈안개〉(김수용, 1967), 〈막차로 온 손
님들〉(유현목, 1967), 〈귀로〉(이만희, 1967), 〈장군의 수염〉(이성구, 1968), 〈휴일〉
(이만희, 1968) 등의 영화가 그것이다. 이 영화들은 기존의 한국 영화들에서
는 접해 보지 못한 것들이었다. 영화 속 캐릭터들은 정처 없이 방황하고,
부부는 가정 판타지를 꾸리지 못하며, 젊은이들은 달콤한 연애 한번 못
해 보고 거리를 떠돌다 죽는다. 가정은 파탄 나고 어디에도 희망은 보이
지 않는다.

　〈안개〉는 근대화의 성장주의와 공고화된 가부장제에 대한 분열적 반
응이다. 과부인 사장의 딸과 결혼해 상무에까지 오른 윤기준(신성일)은 고
향 무진에 와서 어머니의 무덤을 찾거나 젊은 선생(윤정희)을 만난다. 그러
나 자신을 성공시킨 아내의 호출을 받고 곧 짧은 방랑을 끝낸다. 〈막차로

온 손님들〉은 근대화의 불안을 극단으로 밀어붙인 영화이다. 폐병을 앓고 있는 동민(이순재)은 우연히 만난 보영(문희)과 친구들과 함께 거리에서 방랑한다. 하지만 친구는 돈 때문에 자신을 버리고 떠난 부인을 죽이고 자살하고, 보영은 돈 때문에 사악해진 인간들을 외면해버린다. 〈귀로〉는 전쟁으로 불구가 된 남편 동우(김진규)를 둔 아내(문정숙)의 방황을 강렬한 흑백의 콘트라스트 속에 드러냈으며, 〈장군의 수염〉은 고독이 인간을 얼마나 절망적으로 만드는지 미스터리의 형식으로 그려냈다. 그리고 '모던 시네마의 절정'이라는 이만희 감독의 〈휴일〉이 있다. 이 영화에 대해 영화사가 조준형은 이렇게 평가했다.

> 이 영화를 보고 나면 1960년대 중후반 사람들의 내면이 왜 그리도 황폐한지에 대해 생각하게 된다. 당시 한국 사회는 고도성장으로 접어드는 소위 본격 근대화의 시대로 접어들고 있었고, 정치적으로는 군사 정권의 독재가 가시화되기 시작한 시점이었다. 기존의 가치들이 빠르게 무너지는 시기였고, 지식인과 젊은이들은 좌표와 모델이 없는 막연한 불안감과 내면적 공소함, 그리고 무기력증에 빠졌던 것 같다. 그것은 비단 이 영화뿐 아니라 〈안개〉(1967), 〈막차로 온 손님들〉(1967), 〈장군의 수염〉(1968) 등과 같은 당대 유사한 모더니즘 영화를 통해서도 공통적으로 나타나는 바이기도 하다.[25]

1961년 쿠데타로 집권한 군부가 조국 근대화와 경제 발전을 내세워 일정 정도의 성과를 이뤄냈지만, 이 때문에 발생한 독재와 근대화의 반면교사가 모던 시네마라는 형태로 나타난 것이다. 1960년대 후반에, 그렇게 일찍 모더니즘이 찾아왔다는 것이 새삼 놀랍다. 생각해보면, 이 시기 모던 시네마는 〈미워도 다시 한 번〉의 반대 면과 같다. 근대화 추진 세력이 가부장이 되어 정점의 권력을 누릴 때, 그 반대편에서는 근대화와 독재를 두려워한 이들이 황폐화된 내면을 드러내고 있었다. 그들에게는 가부장이나 화목한 가정이 존재하지 않는다.

이 부분에서 주목해야 할 영화는 〈귀로〉이다. 〈귀로〉는 상이군인이자 소설가 남편 동우를 둔 아내의 방황을 그리고 있다. 아내는 남편의 원고를 서울에 있는 신문사에 가져다주다 젊은 강 기자(김정철)와 사랑에 빠지게 된다. 공교롭게도 신문에 연재하던 남편의 소설은 그들의 생활—성불구인 상이군인과 살아가는 여성의 문제—을 그린 것이었다. 남편은 소설의 내러티브를 수정해 여성이 방황하는 것으로 잡고, 영화도 실제 그런 방향으로 흐른다. 이렇게 보면 〈귀로〉는 〈자유부인〉의 반복이자 〈미워도 다시 한 번〉의 여성 버전이기도 하다. 젊은 기자와 사랑에 빠졌던 아내는 그와 함께 밤을 보낸 뒤 남편을 떠나기로 하지만, 집으로 돌아와서는 끝내 자살하고 만다. 영화는 이 자살 장면과 함께 파국을 맞는다. 결국 성 불구인 가부장의 손에서 그녀는 벗어나지 못한다. 이는 이 영화가 〈미워도 다시 한 번〉과 얼마나 떨어져 있으며, 〈자유부인〉에서 단 한발치도 더 나가지 못했다는 사실을 증명해준다. 영화 제목이 암시하는 것처럼 그녀의 길은 남편이 있는 집으로 돌아오는 길 외에는 존재하지 않았다. 그것도 자살로 삶을 맺어야 하는 길이었다.

해방 이후부터 이천년대 전후까지 영화에 재현된 가족 그리고 사회

제6장

1970년대

청년 영화 속 좌절과

호스티스 영화의 범람

강력해진 가부장제에 대한 반작용이었던 청춘 영화와 모던 시네마의 흐름은 1970년대가 되면서 조금씩 바뀌게 된다. 모던 시네마의 영향을 받았던 영화 그룹 '영상시대'가 제작한 이 영화들은 결국 가부장제의 벽에 부딪혀 자살하거나 군대로 떠나는 주인공들의 이야기로 변용되었다. 〈바보들의 행진〉(하길종, 1975)이 대표적이다.

이후 한국 영화의 무대에 호스티스 영화들이 등장한다. 아이러니컬하게 이 흐름을 만든 것도 '영상시대'다. 〈별들의 고향〉(이장호, 1974), 〈영자의 전성시대〉(김호선, 1975) 등으로 이어지던 초기 흐름에 제목마저 노골적인 영화들―〈여자들만 사는 거리〉(김호선, 1976), 〈O양의 아파트〉(변장호, 1978) 등―이 이어졌다. 완고한 가부장의 승리로 여성은 남성들의 관음증적 시선과 성애의 대상으로 추락하고 있었다.

이런 흐름과 별개로 유신 독재가 필요로 하는 현모양처의 여성상을 구현한 새마을 영화도 등장했다. 아울러 이 영화의 청소년 버전이라고 할 수 있는 하이틴 영화도 또 한편에서 흥행 서클을 만들어갔다. 이렇게 보면, 1970년대 한국 영화는 강력한 가부장의 현실과 깊은 관련을 맺고 있음을 알 수 있다. 이 장에서는 근대이자 독재(민족)의 시대에 퍼진 호스티스 영화가 무엇을 그리고 있었는지, 하이틴 영화 속 가족과 근대화의 욕망이 어떻게 연결되는지, 새마을 영화의 현모양처는 일제 강점기 친일 영화의 여성상과 어떻게 겹치고 차이가 나는지 살펴보게 될 것이다.

1. 우울한 젊은이의 자화상, 〈바보들의 행진〉

많은 사람들은 1970년대를 대표하는 영화로 하길종 감독의 〈바보들의 행진〉를 꼽는다. 완성도가 높거나 미학적으로 탁월해서가 아니다. 무엇보다 이 영화가 유신 시대의 그 가혹한 시대적 아우라를 청년들의 숨 막히는 생활 속에 그려내고 있기 때문이며, 그에 저항하다가 결국 깨지고 마는 젊은 패배를 따뜻하게 감싸고 있기 때문이다. 미국에서 유학을 마치고 돌아온 하길종이 그곳에서 배운 영화를 한국에서 실현할 수 없다는 사실을 깨달은 건 첫 작품 〈화분〉(하길종, 1972)을 통해서다. 이 영화가 처절하게 실패한 후, 그는 작가 최인호의 대중적 인기를 빌려 자신의 이야기를 담고자 했고, 그 실험이 바로 〈바보들의 행진〉이었다.

하길종은 인기리에 연재되었던 최인호의 소설을 그대로 영화화하지 않고, 당시의 시대적 공기를 담아내기 위해 상당 부분을 각색했다. 다음과 같은 식이다.

> 그때 내가 떠올린 아이디어는 대학가의 풍속도를 캐리커처하면서 주인공 병태 이외에 또 한 명의 인물을 더 설정하자는 생각이었다. 병태가 최인호가 체험한 그의 대학 생활의 인물이라면 내가 겪은 대학생, 즉 영철이라는 인물을 설정하여 두 사람의 우정과 꿈을 그려보자는 발상

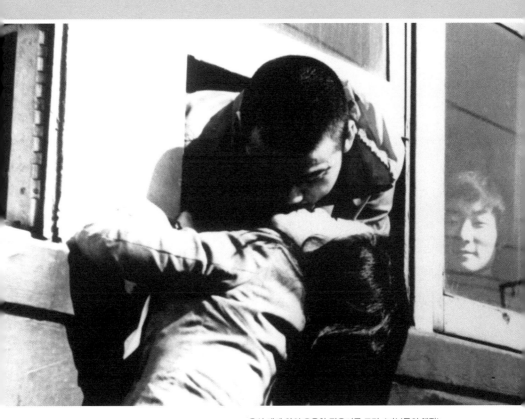

유신 체제 하의 우울한 젊은이를 그린 〈바보들의 행진〉

이었다. (…) 동해 바다로 가서 고래를 잡겠다고 떠나 결국 자살하고 마는 또 다른 청년의 이야기를 통해 오늘날 젊은이들의 꿈과 좌절, 그리고 현실을 묘사할 결심이 섰던 것이다.[1]

병태(윤문섭)와 영철(하재영) 두 청년은 미팅도 하고 고민도 겪지만, 병태는 군대로 가고 영철은 자살을 택한다. 그렇다면 여기서 물어야 한다. 왜 영철은 자살하는가? 먼저 가부장 중심의 수직적 구조의 사회에 영철이 도저히 적응하지 못했기 때문이다. 그가 자신을 병신, 쪼다라고 자학한 것처럼, 그 시대의 강한 아버지들 때문에 아들들이 할 수 있는 일이 없었기 때문이다.

영화 속에 등장하는 아버지 상은 두 가지이다. 첫째, 영철의 극중 아버지가 등장하는 장면을 보자. 학교로 찾아온 아버지는 검정색 고급 차에서 내리지도 않은 채 밖에 있는 아들에게 말을 건다. 당연히 둘 사이에서 정상적인 대화는 이뤄지지 않는다. 프레임 밖에서 아버지가 "뭐하고 있니?"라고 묻자 영철은 "서 있습니다."라고 답하는 식이다. 감독은 '얼굴 없는 기성세대와는 대화 자체가 불가능하다는 영철의 저항을 이렇게 재현한다.[2] 둘째, 학교에서 담배를 피우다가 영철이 교수(최남현)에게 뺨을 맞는 장면을 보자. 이 장면에서 영철의 뺨을 때리는 교수는 상징적인 아버지이다. 그는 기독교 이념을 바탕으로 세워진 대학에서 담배 피우는 학생을 지도하기 위해 뺨을 때린다고 말한다. 영철은 이에 대한 반항으로 (기독교의 논리대로) 왼뺨마저 때려달라고 했다가 거부당한 뒤, '한국적 스트리킹streaking'을 벌인다. 문명을 거부하는 히피들의 특권인 스트리킹이 그려짐으로써 영화는 저항 정신을 드러낸다.

실제 아버지와 상징적 아버지가 모두 아들과 대화 대신 훈육만 하려드는 상황이며, 실제 국가 또한 가족이나 종교, 학교 같은 이데올로기적 국가 기구ISA뿐 아니라 경찰, 군대 같은 억압적 국가 기구RSA를 총동원해 청년들을 억압한다. 장발 단속을 이유로 경찰은 거리의 학생들을 단속하고 구속하고 감금한다. 학교마저 폐쇄되었다. 이런 상황에서 새벽 통금을 어기고 헤매던 영철을 경찰이 구치소에 집어넣으려고 하자, 그는 오히려 경찰에게 "감사합니다."라며 역설적인 반응을 보인다. 이렇게 그 어디에도 출구 없는 이곳에서, 결국 영철은 자살을 선택한다. 1970년대 유신 체제는 나라를 종신 대통령 중심의 병영 국가로 만들어버렸다. 이 체제를 받아들일 수 없던 자유로운 영혼의 젊은이에게 자살은 필연이었다. 하길종은 이렇게 우울한 시대를 사는 슬픈 젊은이의 초상을 그려냈다.

2. 호스티스 영화와 가족[3]

새롭고 감각적인 작품을 형성했던 영화 집단 '영상시대'가 만든 영화 가운데 한 흐름을 만들었던 호스티스 영화는 그 파급력 때문에 가끔 비판의 대상이 되곤 한다. 이에 대해서는 여러 의견이 있을 수 있는데, 다음과 같은 평가는 유독 흥미롭다.

> 과연 이 시기 영화가 진짜 '저질'이었는지 다시 생각해보아야 한다. 여러 논란에도 불구하고 매년 멜로 장르가 영화 흥행의 수위를 차지했다는 점에서 그렇다. 1974년 〈별들의 고향〉(46만 명), 1975년 〈영자의 전성시대〉(39만 명), 1976년 〈여자들만 사는 거리〉(37만 명), 1977년 〈겨울여자〉(58만 명), 1978년 〈내가 버린 여자〉(37만 명), 1978년 〈속 별들의 고향〉(30만 명) 등 재개봉관을 즐겨 찾던 도시 하층민들의 공감대를 얻은

호스티스 멜로는 거의 매해 흥행 성공을 거두었다.[4]

물론 흥행에 성공했다고 그 시대의 영화를 긍정적으로 평가할 이유는 없다. 그럼에도 〈별들의 고향〉, 〈영자의 전성시대〉, 〈겨울 여자〉(김호선, 1977), 〈속 별들의 고향〉(하길종, 1977)이 지닌 작품성과 시대정신은 외면하기 어렵다. 어떻게 바라보든 이 영화들은 1970년대를 대표하는 영화에 속한다.

〈별들의 고향〉은 순진한 여성이었던 경아(안인숙)가 어떻게 남성들을 만나 타락해갔는지, 그래서 왜 자살할 수밖에 없었는지 감각적으로 그리고 있다. 자신을 사랑해주는 남자를 만나 순결을 잃었지만, 그 남자는 이내 다른 여자와 결혼해버린다. 전 부인의 흔적 때문에 경아와 결혼한, 상처喪妻한 중년 남성(윤일봉)도 경아가 아니라 사별한 부인과 닮은 그녀의 이미지를 원한 것이었기에, 그녀는 또다시 혼자가 된다. 마지막으로 홀로 살아가는 문오(신성일)를 만나지만, 그녀를 기다리고 있는 것은 자살이라는 파국이었다.

그런데 가족이라는 시선으로 이 영화를 바라보면 흥미로운 지점들이 있다. "부도덕함의 상징인 처녀성의 상실과 낙태는 파경의 원인이 되는데, 이는 더 이상 전통적인 가족을 이루지 못함을 의미"[5]한다. "순결한 남녀의 결합과 그로 인한 가족의 탄생은 근대적 건전한 가족과 건전한 사회의 기본이 되기"[6] 때문이다. 이런 맥락에서 보면, 이 영화는 그야말로 전근대적인 결혼관을 지닌 영화이자, 그런 시대를 반영한 영화라고 볼 수 있다.

물론 다음과 같이 해석하면 정반대의 결과가 도출되기도 한다. 이상하게도 경아는 가족을 구성하지 못한다. 직장 생활을 할 때에도 그녀에게는 가족이 없다. 단 한 번 가족을 이루었지만, 순결을 잃었다는 이유 때문에 다시 쫓겨난다. 이후 혼자가 된 그녀는 여러 남성을 전전하며 어느 곳에도 정착하지 못한다. 이렇게 보면 "1970년대에 가장 대중적으로 인기 있었던 호스티스 영화가 가족에서 이탈한 여성을 주인공으로 삼은 것도 가족 제도의 모순에 대한 비판"[7]이었으며, "동시에 이는 여성의 비극과 고통을 드러냄으로써 여성 관객의 감정 이입을 가능하게 했다."[8] 다시 말해, 가족에서 이탈한 여성을 주인공으로 설정했다는 그 자체—애당초 그 여성이 가족으로 편입될 수 없는 여성이었고, 당연히 한 번도 그녀를 가족으로 편입시키지 않음으로써—만으로도 그녀를 끝까지 가족의 품으로 들어가지 못하게 만들었다는 비판을 가능하게 만든다. 따라서 이른바 호스티스 영화들이란 여성을 순결을 잃는 상황으로 몰아넣은 뒤, 그녀를 비난하는 보수적인 가족 제도에 다시 비판을 가하는 매우 이중적인 전략을 시도한다고 볼 수 있다.

여기서 우리가 자세히 살펴봐야 할 인물이 있다. 바로 문오라는 인물이다. 그는 혼자 살고 있다. 〈속 별들의 고향〉에서 병에 걸린 문오는 혼자 죽는다. 즉 가족이 없다. 왜 그에게 가족이 없는지 영화에는 설명이 되어 있지 않다. 물론 영화에 설명이 되어 있지 않다고 그 이유를 알 수 없는 것은 아니다. 〈별들의 고향〉의 문오는 근대화의 속도에 밀려난 인물이고, 1960년대 후반에 등장한 모던 시네마의 남성과 그 궤를 같이 하는 인물이다. 때문에 문오는 "독재 권력에 의해 추진된 위로부터의 근대화, 즉 개발 독재의 과정은 과잉된 남성성을 보여준다고 할 수 있다. 여기에 처한 개인은 피로와 권태와 좌절감을 갖게 되고 스스로를 무능력자라고 생각하게 된다. 이 영화에서 문오가 보여주는 태도가 바로 이것이다."[9] 그래서 그의 행동은 "부르주아적 가부장제의 억압에 대한 저항으로서 창녀를 동정하는 데카당의 오랜 관습을 드러낸 것으로, 여기서 창녀와 예술가가 주류의 영토에서 추방당한 자로서의 유대를 형성한다."[10] 그들은

〈바보들의 행진〉의 병태와 영철과도 상통한다(이런 캐릭터는 〈거울 여자〉에서 반복된다).

　〈영자의 전성시대〉는 〈별들의 고향〉과 비슷한 궤적을 그리면서도 결정적으로 다른 길을 간다. 순결을 잃은 경아와 영자(염복순)는 호스티스의 길을 걷는다. 그런데 영자는 마지막에 가정을 이루고 경아는 자살한다. 왜 이런 차이가 나는 것일까? 그것은 경아에게는 없었던 창수(송재호)라는 지극히도 다정한 남성이 영자에게는 존재했기 때문이다. 신기하게도 〈여자들만 사는 거리〉도 마찬가지다. 고아원에서 자라 술집에서 일하는 근옥(유미나)에게는 그녀를 지독히도 아끼는 남성이 존재한다. 흥미롭게도 영화에서 두 남성의 역할을 송재호라는 한 배우가 맡았다. 그는 두 영화에서 영자와 근옥과 동침하지 않고, 끊임없이 그녀들을 교육하고 도와주려 한다(심지어 창수는 영자를 씻겨준다). 영자는 창수의 그런 마음을 이해하고, 그를 떠나 다리가 불편한 남자와 가정을 이루어 살게 된다. 근옥도 과거를 뉘우치고 호텔 청소를 하면서 새로운 삶을 만들어간다. 영화에서 임신할 수 있도록 병원에서 치료를 받는 장면도 이와 관련이 있다. 결국 여성은 아이를 낳아 가정을 이뤄야 한다는 점을 암시하는 장치다.

　이런 시각에서 보면 〈겨울 여자〉는 매우 혁신적인 영화이다. "타락한 사회에서 순결한 여성과의 사랑을 통해 훼손된 세계를 복구하는 것이 근대적 멜로드라마의 공식"[11]이라면, 〈겨울 여자〉는 이 공식을 제대로 따라가다가 어느 순간 멀어져버린다.

　스토커처럼 이화(장미희)를 사랑하던 남자와의 낭만적인 사랑은 아름다웠다. 그런데 육체적 사랑이 이뤄지려는 순간 이화는 이를 거절하고, 남성은 그 충격으로 자살한다. 이후 이화는 트라우마를 지닌 채 살아갈 수밖에 없게 되었는데, 이를 벗게 해준 대학생마저 군대에서 사고로 죽는다. 이제 이화는 일상적인 사랑에 대한 갈망을 아예 포기해야만 할 것

순결을 잃었기 때문에 정상적인 결혼을 할 수 없었던 여성의 비극을 그린 〈별들의 고향〉

같다. 우연히 재회한 학창 시절의 선생님(신성일)―〈별들의 고향〉의 문오처럼 "1960~70년대 경제 발전만이 최고의 선이었던 시대를 통과한 남성의 피로감을 여실히 보여주는"[12] 인물이다―과 사랑에 빠지지만, 그녀는 그와의 결혼을 거부한다. 〈별들의 고향〉에서 순결을 잃어버렸기 때문에 정상적인 결혼을 할 수 없었던 경아와 달리, 〈겨울 여자〉에서 이화는 아무런 신경도 쓰지 않고 스스로 결혼을 거부하고 다른 길을 걸어가는 것이다. 이는 분명한 영화상의 발전이다. 가족과 함께 집에서 곱게 자랐고 사회에서도 상류층에 속한 이화의 캐릭터를 경아나 영자, 근옥의 캐릭터와 단순하게 등치시킬 수는 없지만, 그럼에도 영화는 성과 가족에 대한 시각이 과거보다 개방적이 되었음을 여실히 보여준다.

　1970년대 중후반이 되면 경아나 영자 같은 이농 처녀들은 보다 고급화된 매춘 전선으로 진출한다. 〈O양의 아파트〉, 〈나는 77번 아가씨〉(박호태, 1978), 〈꽃순이를 아시나요〉(정인엽, 1978), 〈26×365=0〉(노세한, 1979) 등의 영화에 룸살롱이라는 새로운 형태의 소비 공간이 나타났고, 그녀들은 이곳에서 호스티스로 변신한다. 그러나 세련된 화장과 화려한 옷으로 몸을 감추었지만, 그녀들은 여전히 가난한 부모의 약값과 남동생의 학비를 벌고, 사랑하는 남자에게만은 순정을 다하는 가련한 존재들일 뿐이었다.[13] 다시 말해 그녀들은 경아나 영자보다 더 자본주의화되어 성을 팔았지만, 여전히 자신의 욕망 때문에 섹스하지 않는다. 욕망을 채우기 위해 여성이 섹스를 하는 장면은 1980년대가 되어야 등장한다.

　1970년대 중후반에 등장한 호스티스 영화는 여성의 아픔을 스크린에 고스란히 녹여냈다. 그러나 감각적인 영상을 덧입혀 강제적으로 순결을 잃는 여성들의 고난을 관음증적 시선 속에 노출시켰다. 호스티스 영화의 이러한 이율배반은 비판의 대상이 되었다. 성의 상품화를 고발하려고 재현했지만, 그것이 곧장 관음의 목적이 되어버린 것이었다. 결국 호스티스 영화는 "가부장제 옹호와 남성성 복원 등 주요 가치들을 권력과 공유했다."[14]는 비판을 받아야 했고, 그것은 유신이라는 절대 독재 시대의 다른 차원을 보여주는 장치가 되었다.

3. 새마을 영화와 동원된 여성

1970년대 중반, 상경한 여성들이 순결을 잃고 성 상품으로 전락한다는 호스티스 영화 반대편에 그와는 전혀 다른 여성(어머니) 상을 담은 영화가 등장했다. 호스티스 영화는 도시가 배경이라면, 근면한 여성이 가난한 시골로 와서 마을을 일으킨다는, 이른바 새마을 영화는 시골이 배경이다. 전자가 야박한 도시 자본의 생리와 그와 연관된 성 상품화의 희생양들을 그려냈다면, 후자는 시골의 오래된 관습과 괴팍함을 극복해내는 과정을 그리고 있다.

임권택이 연출한 〈아내들의 행진〉(1974)은 유신판 〈상록수〉(신상옥, 1961)이고, 〈쌀〉의 여성 버전이다. 외진 마을에 시집온 새댁(윤미라)은 가난한 주민들을 설득해 불모지를 개간하고 마을을 살기 좋게 만든다. 무엇보다 타성에 젖은 패배주의를 깬다. 뿐인가. 간첩도 일망타진한다. 〈어머니〉(임원식, 1976)는 이보다 더 가혹한 내용이다. 슬하에 이미 다섯 남매를 둔 상이군인(이순재)과 결혼한 여성(윤연경)이 가정도 헌신적으로 돌보고, 마을의 일―둑을 쌓고 물을 끌어들여 개간하는 일―도 척척 해낸다.

이 영화는 병영 국가가 여성을 어떻게 동원하는지 여실히 보여준다. 도시와의 격차로 발생한 농촌의 불만을 오히려 농촌의 책임으로 돌리면서 이를 극복하기 위해 농촌이 어떻게 달라져야 하는지, 특히 여성이 어뗗게 변해야 하는지 역설한다. 이는 일제 강점기의 친일 영화가 여성을 그리던 방식과 정확하게 일치한다. 즉 여성은 현모양처와 총후 부인의 역할을 동시에 해내야 했고, 이는 그야말로 국민 국가가 원하는 여성상이었다.

이런 억척스런 여성상은 사실 1960년대 영화에도 이미 존재하고 있었다. 박상호 감독의 〈또순이〉(1963) 같은 영화가 대표적이다. 생활력이 강한 여성의 대명사가 된 인물을 그린 이 영화는 새마을 영화의 여성과 분명 깊은 관련이 있다. 다음을 보자.

> '또순이'는 한국 멜로드라마에 일반적으로 등장하는 청순가련형 여주인공들과는 달리 매우 억척스럽고 자기주장이 강하다. 그뿐만 아니라 장사 수완이 좋아서 동대문 시장의 내로라하는 장사치는 물론 사기꾼조차 그녀 앞에서는 꼼짝을 못한다. 이러한 또순이의 캐릭터는 경제 근대화의 흐름 속에서 자수성가의 의지가 불타올랐던 1960년대 초 대중의 희망을 반영하고 있다.[15]

〈또순이〉 이후에도 경제력 강한 억척네를 묘사한 이런 경향의 영화는 이어졌다. 여주인공이 나태한 생활에 빠져 있는 시집 식구들을 다그쳐 성실하고 부지런한 사람으로 바꿔놓는 새마을 영화인 〈쥐띠 부인〉(곽정환, 1972)이나, 역시 의협심으로 재벌과 맞서 싸우는 어느 판사 아내의 내조담인 〈판사 부인〉(강대선, 1972) 등으로 연결되다가 마침내 새마을 영화로 업그레이드된다.[16] 새마을 영화란 생활력 강한 아내의 이야기를 새마을 운동과 연관시켜 업데이트한 것과 다르지 않다.

여기서 우리는 호스티스 영화와 새마을 영화에 대해 생각해보아야 한다. 두 영화는 여성을 다루고 있지만, 한 영화는 여성을 성적인 대상으로 전시하고, 다른 영화는 여성을 사회의 일꾼으로 호명한다. 이 차이는 어디서 오는 것일까? 다음을 보자.

이 시기의 영화를 보면 모성과 대비되는 여성 서사의 한 축이 바로 매춘부, 창녀, 호스티스 등으로 나타나기도 했는데, 가정에 안주하는 현모양처, 새로운 마을을 만들려는 모성에 대비되는 거리에 내놓은 여자들, 즉 기생, 호스티스, 창녀들로 대변되는 서사는 과도한 성을 노출시키는 요부 형, 창녀 형이 대부분이었다. 그러나 이러한 영화들에서도 결국엔 가족을 떠난 여성이 고통을 겪고 삶의 여정이 비극적 결말로 마무리된다는 점에 전통적 가족 윤리를 재확인하는 것이었다.[17]

가만히 생각해보면 새마을 영화와 호스티스 영화는 구성과 결말이 비슷하다. 가령 〈어머니〉와 〈영자의 전성시대〉의 서사는 놀랍도록 비슷하다. 고난에 처해 있던 여성이 이를 극복해낸다는 단순한 스토리다. 호스티스 영화는 주인공이 가정을 이루어 집으로 돌아오면 안정적인 삶이 보장됐고, 그렇지 않으면 자살로 생을 마감해야 했다. 때문에 "장르적으로 호스티스 멜로물들은 주인공의 비극성을 강조함으로 사회의 모순을 드러내는 진보성을 보이지만, 반대로 국가가 강제한 강력한 프레임에 갇혀 안정의 영역으로 되돌아가는 보수성이 더욱 커진다."[18]

4. 하이틴 영화의 국가 이데올로기

새마을 영화가 뻔히 드러나는 목적 때문에 흥행에 실패했다면, 하이틴 영화는 수렁에 빠진 1970년대 한국 영화계에 한줄기 빛과 같았다. 경제 개발이 가속화되어 1970년대부터 그 성과가 가시화되면서 중고생의 주머니 사정도 차츰 좋아져 그들을 타깃으로 한 영화가 등장한다. 바로 하이틴 영화이다.

속칭 '진짜 진짜 시리즈'와 '얄개 시리즈'로 크게 구분되는 이 영화는 고교 시절의 우정과 이성 교제 이야기를 유쾌하면서 아련하게 그리고 있는데, 내부를 들여다보면 국가 이데올로기와 결합하고 있는 지점을 확인할 수 있다. 가령 '진짜 진짜 시리즈'의 경우 "유신, 충효, 신성한 결혼, 순결 이데올로기처럼 국가 이데올로기와 가부장적 이데올로기가 결합되어 상호작용하고 있다."[19] 시리즈의 시작이라고 할 수 있는 〈진짜 진짜 잊지마〉(문여송, 1976)에서는 오프닝이 남녀 학교의 학도호국단 장면을 잡고 있고, 영화 중간에서 다시 한 번 이를 길게 강조한다. 여주인공 정아(임예진)의 아버지(문오장)를 퇴역 군인으로 설정해 그로 하여금 건실한 청년상을 강조하게 만든다. 언니(홍세미)의 남자는 고교 시절에 만났지만 월남전 때문에 헤어졌다가 재회한, 아버지의 부하였던 사람이다. 담임선생님도 미래 세대인 제군들이 국가를 위해 일하야 한다고 직접적으로 훈시를 한다. 이렇게 영화는 국가 이데올로기를 끊임없이 강조한다.

'얄개 시리즈'는 좀 더 직접적으로 근대화와 반공을 이야기한다. 가령 〈고교 얄개〉(석래명, 1976)의 한 장면을 보자. 어느 날 학교에 나오지 않은 호철(김정훈)의 옥탑방에 두수(이승현)가 찾아온다. 호철은 두수에게 이렇게 말한다.

저 장관을 이루는 고층 건물들이 어떻게 이루어질 수 있었겠니? 모두의 피와 땀이 이루어낸 기적이야. 난 비탈진 언덕길을 오르내리면서도 한 번도 힘들다고 생각한 적이 없었어. 발길은 가볍고 마음은 늘 무럭무럭 자라지. 난 열심히 공부해야 해. 어서 자라야지. 그리고 저 많은 빌딩 속에 뛰어들어 주인공이 돼야지. (…) 그 풍요한 내일의 세계를 이룩하려면 학생 시절에 열심히 공부하는 거야.

얄개들의 장난어린 에피소드들로 이어지던 영화는 중반을 넘어서면서부터 국가를 위해 열심히 공부하는 것이 청소년의 의무라는 이데올로기를 반복해서 주장한다. 그래서 "두수가 벌이는 얄개 짓은 근대화를 향한 욕망 이면의 욕망, 즉 속도의 지연이나 질서로부터의 일탈 욕망과 접속한다. 하지만 그 욕망의 위험성은 웃음을 통해 완화되고, 결국에는 두수의 변화를 통해 기존 질서에 대한 찬미로 봉합되면서 편안한 쾌락으로 전화"[20]되고 만다. 이런 편안한 웃음의 전략 때문에 당시 학생들은 이 영화를 즐겨 볼 수 있었고, 당국도 검열에서 쉽게 이런 영화를 통과시켰다. 때문에 "당시 제작자들은 검열 통과와 우수 영화라는 두 마리 토끼를 잡을 수 있는 하이틴 영화에 집중"[21]했다. 실제로 우수 영화 선정에서 하이틴 영화는 단골손님이었다.

요약하자면, 하이틴 영화는 고교 시절의 첫사랑과 학생들의 우정을 극화했지만, 그 안에는 국가 이데올로기와 가부장적 이데올로기가 교묘하게 녹아 있었다. 이를 통해 하이틴 영화는 유신이라는 절대적 가부장이 국가를 지배하는 시대적 정서를 자연스럽게 담아내면서 그것을 합리화하는 역할을 했다. 확장하자면 하이틴 영화의 가족은 가부장 중심의 가족이고, 사회 역시 마찬가지였다. 이런 인식 아래 고교생은 탈선마저 규율된 교육 안으로 들어와야 했다. 이런 분위기는 다시 충효의 이데올로기를 담은 영화의 정책적 양산으로 연결되었다. 다음을 보자.

> '효'의 가치에 대한 강조는 또한 '반공 이데올로기'와 '발전 이데올로기', '안정 이데올로기', '자유민주주의 이데올로기'와 맞물리는 충의 가치와 연관해서 '충효'를 강조하는 민족/가족 드라마 영화들의 양산과 연결되는데, 가족에 대한 사랑은 국가와 민족에 대한 사랑과 맞물려 들어가고, 특히 충의 윤리를 강조하는 사극 영화들, 예컨대 정부나 그 산하 단체들이 만든 〈성웅 이순신〉, 〈난중일기〉 등의 영화와 맞물리면서 전통적 가족주의와도 연결된다. 특별히 1970년대의 국책 영화는 가족을 보다 적극적으로 옹호하였는데, 이들 영화에서 가족은 성장 이데올로기를 기반으로 한 제3공화국 지배의 정당화 기제로 나타나기도 하였다. 즉 반공과 계몽으로서의 새마을 운동은 모성으로 재구성되는 여성과 맞물리게 되는데, 〈어머니〉(1976)의 희생적 모성으로 가정이 유지된다는 전형적인 서사 위에 경제적 자립이라는 새마을 운동의 슬로건을 주장하고 있으며, 〈옥례기〉(1977)에서는 전통적인 효에 기반한 희생적 며느리와 아내의 전형을 만듦으로써 가족의 경제적 자립을 이끌고 출산과 교육이라는 재생산의 영역에 여성을 위치시키고 있다.[22]

유신 시절은 영화를 통해 정권이 자기 이데올로기를 선전하려는 노력이 가열荷烈하던 시기였다. 남북 대결이 극단화되면서 남북한은 공히 체제 경쟁에 골몰할 수밖에 없었는데, 이로부터 영화가 자유로울 순 없었다. 국가 정책을 담고, 국가주의 이데올로기를 내장해야 했다. 이때 남한의 영화들은 충효 이데올로기와 가족 이데올로기에 토대를 두고, 건전한 가장이 있는 가정이 세포처럼 모여 사회를 만들고, 그 사회가 국가를 이루는 모습을 그려내곤 했다. 전반적으로 이러한 분위기 아래서 호스티스 영화가 타락한 여성에게 처벌을 내리고, 새마을 영화가 여성을 동원하며, 하이틴 영화가 청소년을 이념적으로 교육하는 건 의아할 것이 없었다.

제 7 장

1980년,

성애 영화의 등장

해방 이후부터 이천년대 전후까지 영화에 재현된 가족 그리고 사회

1980년대는 1980년 5월 18일로 시작된다. 1980년대는 신군부와 뗄 수 없는 관계에 있다는 말이다. 쿠데타로 정권을 장악한 후 민중의 시위에 피의 학살로 답한 철권통치 세력은 영화에 대해 단 하나의 부분에서만 관대했다. 바로 성의 검열 부분이었다.

해제된 통금과 더불어 영화는 에로물의 전성시대를 열어갔다. 영화 속 여성은 더욱더 관음중의 대상이 되어갔고, 심야 극장이 만들어지면서 이런 경향은 더욱 심화되었다. 긍정적으로 보면 억압적이었던 성을 해방시켰다고 할 수 있고(그래서 많은 에로 영화의 성적 주체는 여성이었고), 부정적으로 보면 영화 속 여성의 성적 해방은 내용과 달리 남성 관객의 관음중을 충족시키기 위한 것이었다.

가령 "〈애마 부인〉, 〈여자가 두 번 화장할 때〉, 〈길고 깊은 입맞춤〉, 〈뽕〉과 〈어우동〉 등은 가정과 국가의 구성원으로서 무성無性의 존재가 아닌, 욕망의 주체로서 여성을 그려내고 있다는 점에서 그 자체로 가부장제 질서에 대한 도발적 위반이며, 권위주의에 대한 도전"[1]이라는 평이나 "1970년대 호스티스 영화와 달리, 여성은 가난 때문에 혹은 남자 때문에 몸을 파는 수동적인 입장이 아니라, 자신의 욕망 때문에 사회의 도덕률을 넘어서는 능동적인 욕망의 실천자들"[2]이라는 평은 전자에 속한다. 반면

"80년대 에로틱 멜로드라마들이 재현하는 시간과 공간은 〈영자의 전성 시대〉, 〈별들의 고향〉 등 70년대 호스티스물이 보여주었던 사회적 약자 들에 대한 연민과 관심조차 제거한, 현실에서 철저하게 유리되고 탈색된 공간"[3]이라는 평은 후자에 속한다. 1980년대 성애 영화에 그려진 여성은 1970년대의 호스티스 영화 속 여성과는 성적 주체 차원에서 분명 차이가 있지만, 이를 긍정적으로 보기 어려운 이유도 바로 여기에 있다.

1980년대에는 이장호와 같은 감독들이 〈바람 불어 좋은 날〉(1980), 〈바 보 선언〉(1983) 등을 연출하며 새로운 리얼리즘 영화의 가능성을 추구했지 만, 이상하게도 관객들은 〈애마 부인〉(정인엽, 1982) 시리즈로 대표되는 에 로 영화 흐름에 전반적으로 빠져 있었다. 〈감자〉(변장호, 1987), 〈뽕〉(이두용, 1985) 같은 문예물도 '야한' 영화로 만들어졌고, 〈무릎과 무릎 사이〉(이장호, 1984), 〈색깔 있는 남자〉(김성수, 1985) 같은 제목의 영화가 스크린을 지배했 다. 뿐만 아니라 1970년대 호스티스 영화의 속편들이 줄을 이어 개봉했다.

1980년대에는 1970년대 후반 흥행에 성공한 작품들의 '속편 제작'이 성 행하기 시작했다. 〈속 내가 버린 여자〉(1980), 〈속 병태와 영자〉(1980), 〈별 들의 고향 3〉(1981), 〈속 26×365=0〉(1982), 〈속 영자의 전성시대〉(1982), 〈겨울 여자 2〉(1982) 등이 그러한 속편 영화들이다. 1983년부터 두드러 진 현상은 속편보다는 '시리즈' 제작이 강하다는 것이다. 〈애마 부인〉은 1982년부터 1996년까지 총 13편이 만들어졌다. 1980년대에는 총 제작 편수의 약 10퍼센트를 '시리즈 영화'(속편과 리메이크 포함)가 차지하고 있 었고, 그 시리즈물의 대부분이 에로물이었다는 사실로, 1980년대 한국 영화는 '에로틱 멜로 시리즈'의 시대라 불러도 과언은 아니었다.[4]

전두환 군부 정권이 '박정희 유신의 속편'이라는 것을 영화계는 직관적으로 알고 있었던 것일까? 전두환 정권은 광주 학살의 피의 기억을 스크린에서는 불타는 살 냄새로 지우려고 계획했던 것일까? 그러나 "70년대의 영화들이 상품화된 형태로나마 성의 사회적 의미에 개입하고 고찰하는 일면을 보여주었다면, 80년대 영화들의 에로티시즘은 섹슈얼리티의 사회성을 부정, 혹은 은폐하며 폐쇄된 공간에서 중산층 여성의 나르시시즘적 섹슈얼리티를 진열하기 급급하다."[5] 최소한의 사회성마저 결여된, 그야말로 여성 스스로의 나르시시즘적 섹슈얼리티의 영화적 나열은 때마침 불어온 심야 극장 열기와 맞물려 엄청난 파괴력을 발휘했다.

이 시절 극장을 지배한 외화도 상당 부분 에로틱한 영화였다. 〈람보 First Blood〉(테드 코체프Ted Kotcheff, 1982)나 〈코만도Commando〉(마크 L. 레스터 Mark L. Lester, 1985) 같은 하드 바디hard body의 남성이나 남성의 관음증을 자극하는 여성이 등장하는 영화들이었다. 그야말로 '야한 영화들의 천국'이었다. "이 시기 멜로 영화에는 과도한 성욕을 지닌 여성, 가족 문제를 도외시한 채 개인의 욕망에 충실한 여성, 기존의 남성 사회에 강한 문제 제기를 하는 여성이 등장하기 시작했다."[6] 그러나 이런 여성은 여성 주체를 그리기 위한 것이 아니라 남성 관객에게 보일 색다른 대상으로서 여성을 재현했을 뿐이다. 이 장에서는 1980년대 에로 영화를 통해 당시 남성들의 시각이 어떻게 영화를 지배하고 있는지 분석할 것이다.

1. 〈애마 부인〉의 등장, 또는 획기적인 사건

정말이지 획기적인 사건이었다. 1982년 2월 6일 서울극장에서 심야로 개봉한 〈애마 부인〉에 대한 관객들의 반응은 정말 대단했다. 관객들이 너무 많아 극장의 유리창이 깨졌을 정도였고, 이후 13편까지 제작되었으며, 2016년에도 〈애마 부인 2016〉(김미연, 2016)이 개봉되어, 여전히 이 시리즈는 현재 진행형이라고 할 수 있다. 이렇게 말할 수 있겠다. 1980년대 에로 영화의 시작은 〈애마 부인〉이었으며, 모든 1980년대의 에로 영화가 〈애마 부인〉을 넘어서려고 했다고. 도대체 그 무엇이 〈애마 부인〉의 폭발적인 반응을 이끌었던 것일까?

지금 〈애마 부인〉을 보면 대단한 그 무엇이 있다고 하기는 어렵다. 비정한 남편을 버리고 집을 나가는 아내의 이야기도 아니고, 자신의 성 본능에 충실한 여성 이야기도 아니며, 관음증을 자극하는 볼거리로서 새로운 장면들이 등장하는 것도 아니다. 먼저 영화의 내용을 소개해야 할 것 같다.

> 이애마는 과실치사로 복역 중인 남편 신현우를 2년째 매주 면회 간다. 남편의 외도로 괴로웠던 애마는 주위의 권고에도 이혼을 결심하지 못한다. 면회를 다니다가 미술학도 김동엽을 만나 진실함을 느낀다. 어느 날 애마는 같은 아파트의 옛 애인 김문오를 만나 불륜의 정사를 갖는다. 하지만 변태적인 김문오의 행위를 견디지 못하고, 동엽을 만나 순수한 사랑을 나눈다. 현우는 이혼을 제기하는데, 시골집에 있던 애마에게 동엽이 찾아와 함께 프랑스로 갈 것을 약속한다. 그러나 약속한 그날 현우가 특사로 출감하고, 동엽에게 가던 애마는 부부의 굴레에 묶여 현우를 마중한다.[7]

유부녀의 사랑 이야기라는 측면에서 이 영화는 필연적으로 〈자유부인〉과 비교된다. 춤바람이 나서 젊은 남성과 동침 직전까지 갔지만 반성하고 다시 돌아온 〈자유부인〉의 주인공과 달리, 〈애마 부인〉의 애마(안소영)는 옛 애인 김문오(하명중)와 원치는 않았지만 관계를 맺었고, 젊은 예술가(하재영)와는 진실한 사랑의 관계를 맺는다. 하지만 "그녀는 응징당하지도 않았으며, 굴욕적으로 가정으로 돌아가지도 않았다."[8] 어떻게 보면 이 부분이 〈애마 부인〉이 지니고 있는 가장 중요한 지점인지도 모른다. 오히려 그녀는 면회를 가서 남편(임동진)에게 이혼을 요구한다. 남편은 부인의 뜻을 알면서도 쉽게 받아들이지 못한다. 1970년대에 만들어진 〈별들의 고향〉에서 순결을 잃었기 때문에 정상적인 가정을 꾸릴 수 없었던 여성들이 비련의 주인공으로 등장했던 서사에 비하면 장족의 발전이라고 하지 않을 수 없다.

그렇다면 〈애마 부인〉은 진정으로 여성의 성 해방을 다룬 영화일까? 그렇게 보기에는 분명 무리가 있다. 먼저 섹스를 다루는 장면만 봐도 그렇다. 철저하게 남성적 응시의 대상으로, 남성의 욕망의 대상으로 애마는 시각화되었다. 즉 "애마라는 시각적 도상은 물신화를 통해 스크린 속의 여성을 안전하게 소유하려는 남성 욕망의 대응물"[9]이다. 이 영화가 엄

여성의 성 해방을 내세우면서 실은 남성의 관음증을 충족시킨 〈애마 부인〉

청난 대중적 인기를 끌었던 가장 큰 이유도 센세이셔널한 영상 촬영에 있었을 것이다. 그때껏 접해보지 못했던 과감한 노출이 영화 속에 그려졌다. 게다가 영화 홍보 시에 여주인공 안소영의 특정 부위를 거론하거나 포스터에 사용하는 등, 철저하게 남성들의 관음증을 자극했다.

원론적으로 말해서, 영화에 그려진 애마의 성性을 두고 여성의 성 해방을 그렸다고 보기는 어렵다. 당장 옛 애인에게 강간당하는 장면을 보자. 밤에 홀로 있는 애마는 성욕을 이기지 못해 자신의 몸을 만지며 말을 타고 달리는 장면을 환상으로 본다. 아마 성적 판타지를 이렇게 표현했을 것이다. 이 장면에 이어 옛 애인이 애마를 강간하는 장면이 등장하는데 잠시 저항하던 애마는 바로 반응하고, 두 번째 관계에서는 아예 환상으로 본, 말을 타는 장면이 분할 화면 속에서 이어진다. 이처럼 강간당하던 여성이 성적 쾌감을 느낀다는 설정은 지독히도 남성적인 것이다. 이뿐만이 아니다. 이 영화가 당시 대중들을 크게 자극했던 것은 속에 아무것도 입지 않은 여주인공이 성행위를 연상시키는 포즈로 승마하는 영상 때문이었는데, 문제의 영상이 바로 이 장면에 사용되었다. 그러니까 결국 영화는 여성이란 대상을 지켜보는 남성의 성적 욕망에 충실하게 제작되었다고 봐야 한다.

이 영화는 에로티시즘을 표방하지만 에로티시즘을 탐구하지 않은 채, 가정의 소중함만을 남겨놓는다. '금기와 위반'이라는 장치 속에서 표현되는 인간 주체의 자유 의지와 고뇌 대신에 병적인 일탈 행위만이 부각된다. '진정한 성의 해방'을 부르짖으면서 영화는 시작하고 결말을 맺으려고 하지만, 여성의 섹슈얼리티를 남성 욕망으로 전시하면서 여성의 성이 해방되어야 한다고 주장할 뿐이다. 이 영화에서 여성의 정신적·물리적 체험은 남성의 시각과 그 울타리 안에서만 다루어진다. 이

지점에서 '주류 영화의 여성 형상은 여성을 재현하는 것이 아니라, 가부장의 심리 욕구를 재현하는 것'이라는 지적은 정확하게 들어맞는다.[10]

박정희의 유신 시대만큼이나 억압적이었던 전두환 정권 시절, 스크린에 그려진 여성의 벗은 몸은 대중들의 관심을 다른 곳으로 돌리게 하거나 순간적인 위안을 주는 것에 그치게 함으로써 결국 체제 안정에 기여했다. 여성은 남성의 욕구를 충실히 따르는 존재라는 것을 영화는 결말로 제시한다. 끝내 애마는 남편에게로 돌아간다. 내러티브상으로는 그녀가 남편에게 돌아갈 하등의 이유가 없다. 미술학도와 프랑스로 유학 가서 새로운 삶을 시작해야 한다. 하지만 가부장적 구조 속에 있었던 한국 사회는 그녀가 다시 가장에게 돌아오도록 강요했고, 영화는 이를 수용했다. 바로 이 결말 때문에 남성들은 안심하고 영화를 볼 수 있었(을 것이)다.

이후 등장한 수많은 〈애마 부인〉의 아류들은 대부분 철학도 없이 다만 여성의 방탕한 성을 전시하거나 남성의 관음증을 자극하는 것에 그쳤다. 때문에 이 시기가 오히려 가부장제의 철권 시대라는 것을 거꾸로 증명했다. 에로 영화 속의 여성은 오직 남성의 관음의 대상이니까. 그래서 "〈애마 부인〉은 표면적으로는 강력한 가부장제의 윤리를 역설하면서 이면에는 욕정을 참지 못하는 여주인공을 통해 외설을 보여주는 모순적인 영화"[11]라는 평을 받아야 했다.

2. 이장호와 배창호의 에로 영화들

1980년대의 한국 영화계는 누가 뭐래도 이장호와 배창호, 두 감독이 호령하던 시절이었다. 두 감독이 손만 대면 영화는 흥행에 성공했고 연이어 최고 기록을 갱신했다. 오죽하면 당시 배창호 감독에게 '한국의 스필버그'라는 별칭이 붙었을까? 오랜 공백을 가졌던 이장호도 1980년대에 다시 전성기로 접어들었다. 그런데 1980년대에 만들어진 이장호와 배창호의 영화를 꼼꼼히 살펴보면, 그들의 필모그라피가 의외로 다양하다는 것을 알 수 있다. 멜로드라마, 가족 드라마, 사극, 스포츠 영화, 코미디 등 다양하다.

1980년대의 영화는 이전 시기의 영화와는 분명한 변별점을 지니고 있었다. 가령 "이 시기 멜로 영화에서 특기할 만한 점은 1960~1970년대에 대중에게 강력하게 호소되던 가족 멜로드라마 양식을 찾아보기 힘들다는 점이다. 또한 이 시기 멜로 영화에서 가장 결핍되었던 요소가 로맨티시즘이라는 점 역시 특징적이다. 〈기쁜 우리 젊은 날〉, 〈겨울 나그네〉, 〈이장호의 외인구단〉 등을 제외하고는 대부분 선정적이고 자극적인 성인 취향의 멜로물이 대중의 욕망에 강하게 어필되었다."[12] 왜 그랬던 것일까? 범위를 좁혀 이장호와 배창호로 한정해보자.

이장호는 1980년대 초반 〈바람 불어 좋은 날〉 같은 강한 리얼리즘 경향의 영화, 〈바보 선언〉 같은 정치적 모더니즘 경향의 영화를 동시에 만들었고, 배창호는 〈꼬방 동네 사람들〉(배창호, 1982) 같은 리얼리즘 영화, 〈그해 겨울은 따뜻했네〉(배창호, 1984) 같은 가족 드라마를 만들었는데, 특이하게도 두 감독은 로맨티시즘에 입각한 영화를 많이 만들지 않았다. 시대가 강퍅했기 때문에 그런 영화를 만들 여유가 없었던 것일까? 아름답고 품위 있는 로맨티시즘 영화를 한 편씩 만들었던 감독들이 에로 영화도 그렇게 만들었다는 것은 또 어떻게 봐야 할까? 1980년대 영화계를 이끌었던 두 감독은 관음증을 영화 속에 녹여놓은 〈무릎과 무릎 사이〉와 〈적도의 꽃〉을 만들어 에로 영화의 흐름에 동석했다.

이장호는 〈무릎과 무릎 사이〉 이전에도 〈어둠의 자식들〉(이장호, 1981)

이라는 에로틱한 영화를 만들었지만, 〈어둠의 자식들〉은 호스티스 영화를 잇는 이야기임에도 〈별들의 고향〉보다는 〈영자의 전성시대〉에 가까웠다. 낭만성을 걷어내고 리얼한 분위기에 치중하면서 골목 안의 삶에 다가서려 한 것이다.

그러나 1980년대를 대표하는 에로 영화 가운데 한 편은 제목마저 지독히 선정적인 〈무릎과 무릎 사이〉이다. 영화는 〈애마 부인〉과 비슷하게 여성의 성 충동과 억제에 관한 이야기를 다룬다. 〈애마 부인〉이 여성의 성 충동을 부인을 통해 전시하는 것이라면, 〈무릎과 무릎 사이〉는 여대생을 통해 전시한다. 영화는 연인 관계인 두 주인공의 분명하게 대비되는 캐릭터를 그려나간다. 바로 서양 악기인 플롯을 연주하는 자영(이보희)과 동양 사상을 선호하는 조빈(안성기) 간의 대비. 자영의 집은 양옥이고 부모들도 모두 양복을 즐기는 등 서구적 생활을 선호하지만, 조빈은 한옥에 살면서 국악과 판소리에 매력을 느끼는 청년이다.

문제는 자영에게서 발생한다. 외모가 탁월한 그녀에게는 치명적인 약점이 있는데, 누군가의 손이 무릎에 닿는 순간, 성적 흥분에 휩싸여 스스로 통제할 수 없게 된다는 것이다. 이 때문에 결국 그녀는 친구에게 강간당하고, 시골로 요양을 가서도 청년들에게 집단 강간을 당한 뒤 자살을 시도한다. 자영의 성적 충동은 그의 가족 때문에 생겼다. 어린 시절 서양인이 그녀에게 플롯을 가르칠 때 무릎에 자극을 주어 그곳이 성감대가 되었고, 이를 보호하기 위해 어머니는 여성의 도리를 지나치게 강조했다. 아버지는 젊은 시절 외도를 해 현재 어머니와 부부 관계를 나누지 않는다. 이 모든 사정이 그녀를 그렇게 만들었다.

영화는 이장호 감독이 직접 분한 의사의 말로 결말을 대신한다. 한국인에게 맞지 않는 서구의 옷을 입어 그렇게 되었다는 것이다. 결국 영화는 서구 문물과 동양 정신 가운데 후자에 손을 들어주면서 사태를 간단히 정리해버린다. 동양 정신의 우월함을 강조하기 위해 서구적 성의 문란함을 전시했다고 할 수도 있다. 그러나 한편으로는 이 역시 남성 중심의 관음증을 충족시키기 위해 여성의 성적 욕망을 왜곡되게 재현한 측면이 강하다.

이장호가 1980년대에 만든 영화들인 〈어둠의 자식들〉, 〈바람 불어 좋은 날〉, 〈바보 선언〉 등이 이후 만든 〈무릎과 무릎 사이〉, 〈어우동〉(이장호, 1985) 등과 성이라는 측면에서 어떻게 연결되는지 살펴보는 것도 흥미롭다. 이장호는 분명 리얼리즘적 경향의 영화와 에로틱한 대중 영화를 이분법적으로 만들었지만, 양분된 것처럼 보이는 영화들은 결국 성이라는 차원에서 서로 만나고 있다. 리얼리즘과 대중성이 만나는 지점에서 전자의 경향을 높이 평가하면 성의 해방을 영화적으로 그린 것이 되고, 후자의 입장에서 비판하면 남성 관객의 관음증적 시선으로부터 자유롭지 못한 영화가 되고 만다. 이 아슬아슬한 경계를 1980년대의 이장호는 넘나들었다.

배창호가 만든 거의 유일한 에로틱한 영화인 〈적도의 꽃〉(1983)은 기본적으로 알프레드 히치콕 감독의 〈이창Rear Window〉(1954)을 떠올리게 하는데, "엿보기에 대한 본격적인 탐구물이라기보다는 초반의 관음증을 자극하는 화면 수식에 비해 후반부는 순수한 사랑을 강조하는 감상주의로 귀결된다."[13] 아파트에 홀로 살고 있는 M(안성기)이 맞은 편 아파트에 살고 있는 오선영(장미희)을 관찰하다가 그녀가 유부남 사업가의 정부라는 사실을 알게 된다. 그는 지켜보는 것을 넘어 그녀에게 전화를 하거나 아파트에 몰래 침입하기도 하면서, 그녀와 주변 남자들과의 관계를 파멸로 치닫게 만든다. 그러다 진실한 M의 사랑을 선영이 받아들이려하자 돌연 M은 그녀를 시험한다. 그러나 도덕 교과서 같은 남성을 받아들일 수 없는 선영은 결국 자살하고, M은 후회를 한다는 내용이다.

영화에서 먼저 눈에 들어오는 것은 고립되고 외로운 공간으로 시각화된 아파트다. M은 하는 일 없이(글을 쓰고 사진을 촬영하지만, 이는 돈 버는 행위와 무관하다) 아버지가 보내오는 돈으로 생활한다. 선영도 찾아오는 남자와 섹스 하는 것을 제외하면 달리 하는 일이 없다. 결국 둘은 가족조차 구성하지 못하는 파편화된 개인들이다. M은 스스로 가족에서 벗어난 인물이고, 선영은 가족을 이루려 하지만 그럴 수 없는 인물이다. 이렇게 〈적도의 꽃〉은 고독과 쓸쓸함의 정서, 그리고 몰래 사랑을 키우지만 관음증을 가진 남자의 심리와 약을 먹고 자살을 기도하는 여자의 심리를 그려낸다. 1970년대 영화 속 남성들 가운데 근대화에 뒤처져 세상에 적응하지 못한 채 종내 자살을 선택한 낭만주의자들이 있었다면, 1980년대에 만들어진 이 영화는 아예 근대화된 세상을 거부하고 자기 안에 유폐된 인간을 그려냈다.

배창호가 이 영화를 만들었다는 건 참으로 의외다. 그는 〈기쁜 우리 젊은 날〉(배창호, 1987)처럼 지극히도 낭만적인 사랑을 다룬 감독이었다. 에로 사극이 범람하던 시기에도 그는 〈황진이〉(배창호, 1986)라는 롱테이크 스타일이 유려하게 빛나는 영화를 만들었고, 〈꿈〉(배창호, 1990)이라는 심오한 주제를 적절히 스크린에 옮겨 놓았다. 〈황진이〉와 〈꿈〉은 에로스의 요소가 강해 충분히 시류에 편승할 수 있었음에도 배창호는 그렇게 하지 않았다. 그런 배창호가 〈적도의 꽃〉 같은 영화를 만든 것은 이해하기 어렵다.

〈무릎과 무릎 사이〉와 〈적도의 꽃〉에는 공통점이 존재한다. 가족으로부터 해를 입고 성적 피해의식에 휩싸여 있다가 그것을 깨려 한 여성이 자살을 시도한다는 것과, 유부남이나 다른 남성과 관계를 이어가다가 자신을 이해해주는 진실한 사랑을 만나지만 그 사랑이 버거워 자살하는 여성이 있다는 점이다. 두 영화 모두 도덕주의로 귀결되는데, 여기서 가족은 자살의 원인으로 작용하고, 문제 해결에도 아무런 도움이 되지 못한다. 이장호와 배창호가 그린 에로틱한 영화에서 가족은 짐이 되거나 아예 존재하지 않는다.

가족에 대한 엄격한 이데올로기가 해체되는 양상이 두드러지게 드러
난다. 사랑은 가족 안에서 보장되는 것이 아니라, 사회적으로나 이데
올로기적으로 고립된 한 인간 대 인간의 일대일 관계 속에서 드러나며,
가족의 문제는 후경으로 밀려난다. 가족 내 관계 속에서 갈등이 양산
되는 것이 아니라, 한 인간 개체의 욕망 문제가 전면으로 드러나게 되
는 것이다.[14]

1980년대 한국 영화에서 가정을 평안하게 그리거나 가족이 제대로 된
기능을 수행하는 장면을 보기는 매우 어렵다. 영화가 가족 간의 관계에
서 개인의 욕망을 다루는 것으로 바뀌었기 때문이다. 핵가족을 넘어 고
립된 개인이 영화 속에 그려지기 시작한 것이다.

이제 가정은 구성원을 위로하거나 정서적 안정을 줄 수 있는 공간이
아니다. 두 영화에서도 여주인공은 성적으로 타락하거나 성폭력의 피해
자이지만, 보호나 위로를 받는 대신 결국 자살로 치닫는다. 더구나 그런
장면을 감독은 지독히도 관음증적으로 지켜본다. 물론 그런 시선으로 에
로티시즘을 표현하는 게 부정적이라는 의미는 아니다. 그러나 에로티시
즘에 대한 깊이 있는 탐구로 연결되지 않고 도식적인 세계에 머물면서 관
음증으로써 대중을 동원하려 한다면, 마땅히 그런 영화는 비판받아야 한
다. 어떻게 보면 두 영화는 초반에는 관음증에 의존하다가 후반에는 도
덕주의로 흘러버린다. 어쩌면 이것만이 1980년대 영화가 취할 수 있는
유일한 태도였는지도 모른다. 아쉽게도 1990년대로 접어들자 두 감독의
전성기는 막을 내린다.

3. 에로 사극의 범람

이상하게도, 아니면 당연하게도 1980년대가 되면서 '에로 사극' 장르가 등장했다. 굳이 시대를 거스를 것도 없이 당대가 배경인 에로 영화만으로도 성에 대한 영화적 탐닉은 이미 포화 상태에 있었기 때문에 이 현상이 이상하기도 하고, '전 국토가 에로화'된 시기가 시기이니만큼 현재에서 다루지 못한 이야기를 사극을 통해서는 더 편하게 할 수도 있었기 때문에 당연하기도 하다. 과거를 배경으로 삼으면 검열이라는 현실적 문제에서 쉽게 벗어날 수 있고, 또 과거를 통해 현재를 유추하게 만들 수도 있으니 제작사로서는 그리 나쁘지 않은 선택이라고 생각했을 수도 있을 것이다.

에로 사극의 대명사가 된 〈어우동〉, 〈뽕〉, 〈변강쇠〉(엄종선, 1986) 등은 비슷한 시기인 1985년과 1986년에 제작되었다. 환언하면 1980년대 중반이 바로 에로 사극이 집중적으로 만들어진 전성기라는 의미다.

이 가운데 가장 먼저 개봉한 〈어우동〉은 이장호 감독의 작품이다. 〈무릎과 무릎 사이〉를 연출했던 이장호는 다시 안성기와 이보희를 주연으로 어우동이라는 역사상의 실제 인물을 영화에 구현했다. 내용은 파격적이다. 반가 출신이지만 "기생이 된 어우동은 계급 제도와 남녀 불평등에 대한 분노를 원동력으로 삼아 자신의 성을 무기로 지배 계급의 남성을 자신의 치마 아래로 굴복시키고, 조롱을 넘어 희롱한다."[15] 이렇게만 보면 조선이라는 국가의 기틀을 뒤흔드는 대단히 파격적인 내용이라는 것을 알 수 있다. 사회 모순을 고발하기 위해 몸소 기생이 되어 권문세가와 왕까지 농락한 여성을 그려냄으로써, 표면적으로는 사회의 위선을 신랄하게 비판하는 것이다.

하지만 〈어우동〉은 비판의 방식으로 성적인 저항만을 택했고, 그 저

여성의 성적 저항과 관음증 사이에서 길을 잃은 〈어우동〉

항의 영화적 표현은 순전히 관음증의 시선에만 의존했다. 어우동의 정사 장면은 이를 지켜보는 남성의 시선을 의식했음이 역력했다. 관객들은 조선의 기틀을 흔드는 어우동의 저항을 보는 것이 아니라 자신의 성적 판타지를 충족시켜주는 그녀의 육체와 섹스, 그리고 성적인 일탈을 구경할 뿐이다. 이 영화에 대한 비판은 여기서 발생한다.

나도향 원작의 〈뽕〉 역시 대표적인 에로 사극 가운데 하나다. 남편이 많은 날 집을 비우기 때문에 몸을 팔아 하루하루 연명해야 했던 안협네(이미숙)와, 그녀와 하룻밤을 보내려는 수놈들의 경쟁이 희화화되어 그려진다. 영화의 쾌락 포인트는 안협네와 남성들이 벌이는 대부분의 정사 신에 있지만, 영화의 흥미 포인트 역시 안협네가 어떻게 남성들을 농락해 자기 목적을 달성하는가에 있기 때문에, "외설스러울 수밖에 없는 이야기를 전개하면서 해학적인 톤, 서정미 넘치는 영상, 경쾌한 리듬의 백뮤직 등으로 원색적인 삶의 육향肉香을 다소나마 중화시켰다."[16]라는 평가를 받기도 했다.

그런데 영화의 시대적 배경이 일제 강점기다 보니, 마을의 모든 남자들이 안협네와의 섹스에만 매몰된 것처럼 가볍게 그리기 어려워 풍자적인 방식을 택했고, 마지막에 그녀의 남편이 독립군이라는 암시를 주면서 끝을 맺는 무리수까지 두었다. 물론 "마을 사람들은 매일같이 질펀한 노동과 섹스의 향연을 벌임으로써 지극히 폐쇄적이고 억압적인 일제 치하의 암울함을 떨쳐버리고 마을 전체를 카니발의 장으로 만들었다."[17]라고 해석할 수도 있지만, 그렇게 보기에는 영화에 드러난 육체의 전시와 섹스로의 집중도가 지나치게 높다. 카니발적 분위기를 만들기 위해 축제를 벌이는 것은 이해하겠지만, 그 주된 방편이 성적 관음이라는 점에서 영화적 한계가 뚜렷하다는 것이다. 안협네의 남편을 독립군으로 암시하는 것 역시 받아들이기 쉽지 않은 설정이다.

〈변강쇠〉는 성을 마치 만화 장르에서처럼 희화화한다. 옹녀(원미경)라는 여성과 잠자리를 같이 한 남성은 모두 복상사로 죽고 만다. 그렇게 마을에서 장정들이 사라져버리자 사람들은 그녀를 내쫓는데, 남다른 정력을 지닌 변강쇠(이대근)가 쫓겨난 그녀와 함께 살게 된다. 여기까지 내용만으로도 거의 만화 수준에 이르렀음을 알 수 있다. 이는 성의 유희인가, 일상적 농담의 반영인가, 아니면 억지웃음인가? 질문을 바꾸어보자. 1980년대에 이런 설정으로까지 성을 그려야 했을까? 그러나 성에 관한 갖가지 담론이 영화화되는 1980년대 중후반이 되면, 에로 사극도 그 상상력이 정점을 찍으면서 서서히 쇠락하기 시작한다.

그런데 이상한 점은 변강쇠와 옹녀가 만나 살림을 차리는 순간, 갑자기 영화가 리얼리즘으로 귀환해버린다는 것이다. 노름만 하는 변강쇠는 무책임한 남편이 되고, 어떻게든 살아가려는 옹녀는 가련한 여인이 되어버린다. 풍자의 재미가 일순 사라지고 현실의 고통이 개입되다가, 영화는 변강쇠가 자기 잘못을 뉘우치고 성실해지려는 순간, 마을의 장승을 뽑아 장작으로 사용했다가 죽고 만다는 이야기로 끝을 맺는다. 이야기가 여기까지 도달하면, 영화는 참으로 기괴하다 이르지 않을 수 없다.

지금까지도 〈변강쇠〉는 풍자 영화의 정점에 위치해 있고, 그 자체로 풍자와 모방의 대상이 될 정도로 영화는 이슈가 되었지만, 그럴수록 관객들은 어이없는 웃음을 지을 수밖에 없다. 풍자의 대상이나 풍자의 목적이 정확하지 않기 때문이다. 성에 엄격했던 조선 사회를 정조준했어야 하는데, 또한 그 목표가 1980년대 사회와 어떻게 연결되는지 제대로 설명했어야 하는데, 〈변강쇠〉는 모두 실패하고 말았다. 그리고 이렇게 성적 판타지에 흠뻑 젖어 있던 관객들에게 리얼리즘으로 현실을 직시하도록 만든 두 감독, 장선우와 박광수가 등장하면서 에로 영화의 붐은 점점 시들어갔다.

〈어우동〉, 〈뽕〉, 〈변강쇠〉 모두 성을 단순히 관음증의 시각으로만 관찰한 영화는 아니다. 성을 수단으로 억압적인 현실에 저항하거나, 관객들을 카니발의 현장으로 안내하거나, 탁월한 풍자와 해학의 방식을 실천했다. 이렇게만 보면, 신군부가 철권 통치하던 1980년대에 에로 사극은 적어도 영화가 다뤄야 할 지점을 정확하게 파악하고 있었다. 에로티시즘의 분위기가 만연했던 시대의 분위기와 에로 사극은 적절히 조우하고 있었던 셈이다. 그러나 이 세 편의 영화들은 성을 스크린에 전시하는 작업역시 게을리 하지 않았다. 노골적으로 말하면, 성적 검열 완화에 힘입어, 성으로 저항하는 내용을 그리면서 실제로는 스크린에 여성의 육체와 그녀들의 섹스를 전시하기 바빴다. 〈어우동〉은 그것을 극중 관음증의 시선으로 계속해서 보여주었고, 〈뽕〉은 그것을 카니발의 시선으로 가리려고 했으며, 〈변강쇠〉는 저항의 방향마저 잃게 만들었다.

이런 1980년대와 비교해서 1990년대에 사극이 유난히 적게 만들어진 이유도 짐작해볼 수 있다. 제작비 차원을 떠나 과거를 통해 담아낼 이야기 자체가 부족해졌고, 과거를 통해 현실을 돌아보게 할 사유 역시 부족해졌으며, 무엇보다 현실에서 해야 할 이야기가 무척이나 많아졌기 때문이다. 1990년대가 되면, 임권택 같은 일부 감독을 제외하고 사극은 철저히 변방의 장르로 다뤄지게 된다. 에로 영화도 비디오 가게로 직행하면서 극장에서는 자취를 감추기 시작한다.

제 8 장

아이엠에프 시기,

가부장 옹호의 물결

가부장제의 일방적인 흐름에 제동이 걸린 것은 아이엠에프 구제금융 시기였다. 가부장이 경제의 중심이 되어 사회와 가정을 이끄는 무한 성장이 영원하리라고 믿었던 꿈이 산산조각나면서 가부장제의 폐해를 비판하는 영화들이 나타난 것이다(이 흐름은 다음 장에서 다룬다). 하지만 가부장제의 위력은 하루아침에 사라지지 않았다. 죽은 남편이 아내의 마음을 움직이는 〈편지〉(이정국, 1997)와 죽어가는 아버지에 대한 이해와 가족 간의 화해를 그린 〈아버지〉(장길수, 1997)가 등장하더니, 바람피우는 아내를 살해해서라도 가부장의 권위를 회복하고야 마는 〈해피 엔드〉(정지우, 1999) 등으로 이어졌다. 진보적인 영화 단체에서 활동하던 정지우가 〈해피 엔드〉를 연출했다는 점에서 새삼 가부장제의 뿌리가 참으로 깊다는 생각을 해본다.

1980년대 후반 박광수와 장선우 감독이 등장해 사회성 강하고 개성 있는 연출을 보여줬지만, 이들이 완고한 가부장제를 지속시킨 영화의 흐름을 깨지는 못했다. 그러다 사회가 전반적으로 민주화되면서 가부장제에 대한 비판의 분위기가 조금씩 형성되고 있었는데, 그 찰나에 아이엠에프 시기가 도래하면서 영화는 다시 가부장을 살려야 한다는 방향으로 급격하게 선회한다.

이때 만들어진 영화들의 공통점을 한 마디로 요약하라면, 비록 가부장의 힘은 예전과 달라졌지만, 여전히 그들의 영향력은 존재한다는 것이다. 이는 이 시기에 눈에 띄게 나약해진 가부장의 모습을 역설적으로 재현하고 있다고 할 수 있다. 현실에서 나약해진 가부장을 영화에서는 조금이라도 굳건한 존재로 그리려는 노력이 있었던 셈인데, 이런 노력은 거꾸로 이 시대가 얼마나 보수적인지, 보수화된 안정을 갈구할 정도로 경제적 토대가 얼마나 나약해졌는지 짐작할 수 있게 한다.

이 시기에 만들어진 영화에서 먼저 눈에 들어오는 건 더 이상 강한 남성이 등장하지 않는다는 점이다. 1960년대 초반 영화에서처럼 세대교체를 갈구하는 젊은 세대도 없고, 1960년대 중후반 영화에서처럼 확고한 가부장도 등장하지 않는다. 영화에 등장하기 시작하는 남성들은 나약하고 불안정하다. 이렇게 "허약하고 불안정한 남성성은 〈편지〉(이정국, 1998), 〈약속〉(김유진, 1998), 〈8월의 크리스마스〉(허진호, 1998) 등 이른바 남성 멜로를 통해 남성적 비극의 형식으로 등장한다. 전통적으로 멜로가 '여성적 장르'로서 여성이 겪는 고통과 상실감을 통해 통절함을 불러일으켰다면, 새롭게 등장한 남성 멜로는 비극적 운명이나 물리적인 죽음을 무기력하게 받아들일 수밖에 없는 남성들의 고통을 그려낸다."[1]

이 세 편의 영화에서 남성은 강하지 않다. 〈편지〉의 남편은 죽고, 〈약속〉의 연인은 자수해 감옥에 들어가고, 〈8월의 크리스마스〉의 주인공은 죽는다. 남성은 육체의 죽음을 피할 수도 없고, 감옥으로 들어가는 비극을 막을 수도 없다. 이에 비해 여성은 강단 있고 강하게 그려진다. 〈편지〉의 아내는 죽은 남편을 기억하며 홀로 아이를 키우고, 〈약속〉의 여인은 깡패 두목인 연인을 리드하는 강인함을 지니고 있으며, 〈8월의 크리스마스〉의 여성은 적극적으로 사랑을 향해 나아가며 성장한다.

1. 아버지의 죽음,
   그러나 희생의 메타포

당시 대중적으로 엄청난 흥행을 거둔 〈편지〉를 보자. 주인공 환유(박신양)는 대학원생 정인(최진실)을 우연히 만나 사랑하고 결혼한다. 그러나 수목원 관사에서 꿈같은 신혼을 보내는 중 악성 뇌종양이라는 사실을 알게 된다. 결국 환유는 세상을 등지고, 그가 떠난 뒤 슬픔에 빠져 있는 정인에게 환유의 편지가 도착하는, 믿기 어려운 일이 발생한다. 이는 사실 실의에 빠져 있을 정인을 위해 환유가 미리 써놓았던 편지였다. 마침 정인은 자신이 임신했다는 사실도 알게 되면서 생의 욕망을 되찾게 된다. 영화의 엔딩은 환유의 무덤에서 아이와 함께 환유를 추억하는 정인의 모습이다.

〈편지〉에 그려진 환유는 부드럽고 자상한 남성이다. 비오는 날, 우산을 들고 버스 정류장까지 아내를 마중 나가 데려오고, 몸이 피곤해 세수조차 버거워하는 아내의 발을 씻겨준다. 역사에 비치해 둔 화분을 정인이 환한 얼굴로 가져가는 걸 보고 계속 화분을 갖다 놓는 세심함도 있다. 아픈 몸을 이끌고 역으로 마중 나가 첫 강의를 한 정인에게 축하의 말도 건넨다. 1980년대 한국 영화 속 남성은 이렇지 않았다. 여성을 성적 대상이나 관음증의 대상으로 바라보는 거친 시선의 소유자들이었다. 〈편지〉에 와서야 남성은 부드러워졌다. 이런 환유가 죽자 정인은 제대로 먹지도 못하고 자살까지 생각하게 된다. 하지만 환유의 편지를 받고 살아갈 이유를 회복한다.

영화 속 환유는 아이엠에프 시기 남한 사회의 가부장에 대한 '환유'가 되어버린다. 그들은 비록 경제적으로는 힘을 잃고 나약해졌지만, 사라지지 않고 환기되면서 여전히 그 영향력을 발휘한다. 이것이 영화에서 환

한통의 편지로 이어진 영원한 사랑

최진실 & 박신양

편지
the letter

감독 이정국

자상한 남편의 등장 그러나 죽어서도 영향력을 발휘하는 가부장의 존재를 그린 〈편지〉

유가 죽었지만 죽지 않고 여전히 생존하는 이유다. 그는 오히려 죽었기 때문에 추모의 대상이 되어 받들어진다. 다시 말해 영화 속에서 가부장은 죽지만 실제로는 죽은 것이 아니다. 이런 영화와 현실의 다른 점이라면, 영화처럼 현실의 가장들이 모두가 다 그렇게 부드럽고 자상한 존재는 아니라는 것뿐이다. 현실에서는 그렇지 않은 가장을 자상하고 부드럽게 형상화함으로써, 영화는 그들을 기리고 애도하며 그들의 뜻을 따라야 한다고 말하고 있는 셈이다.

〈아버지〉는, 이미 제목에서 알 수 있는 것처럼, 좀 더 직접적으로 아버지의 입장에서 사건을 재현한다. 영화의 주인공이라고 할 수 있는 아버지(박근형)는 무능하고 가족에게 무관심한 존재다. 가족들은 당연히 그를 좋아하지 않는다. 그는 우연히 의사인 친구를 통해 자신의 생명이 5개월밖에 남지 않았다는 사실을 알게 된다. 그는 이 사실을 가족에게 알리지 않고 홀로 삶을 정리하기로 결심하지만, 괴로움 때문에 술에 의지하다가 가족과 더욱 멀어지게 된다. 그러다 가족들에게 부담을 주지 않기 위해 집을 나가버린다.

영화 속 아버지는 무능하고 게다가 곧 죽게 되었다. 이것은 경제상의 호시절이 막을 내리면서 가부장의 권위가 추락하는 시기의 영화적 재현이며, 가족에게 무관심했던 가부장이란 존재 자체의 종말을 의미하는 것이기도 하다. 그러나 영화는 가족에게 버림받다시피 한 아버지를 가족이 포용하고, 다시 서로 화해하는 서사로 나간다. 아버지가 가족을 위해 살아왔다는 것을 가족이 이해해야 한다고 말한다. 이런 설정은 아이엠에프 시기의 사회적 분위기와 정확히 일치한다. 당시에 남편의 기를 살려야 한다는 사회적 운동이 벌어졌을 정도니, 이런 영화(와 원작 소설)가 팔릴 수 있었던 것이다. 결국 〈아버지〉의 아버지는 〈편지〉의 환유와 마찬가지로 죽어가지만, 가족들의 이해를 바탕으로 자신의 삶을 인정받게 된다. 죽어가는 아버지를 미워하던 가족이 다시 그를 끌어안는 서사를 통해 나약한 아버지를 사회가 구해야 한다는, 보수적인 메시지를 담았다고 할 수 있다.

〈가족〉(이정철, 2004)에도 이런 흐름은 강하게 그려져 있다. 죽어서라도 이뤄내야 하는 가족 서사 복원의 중심에는 예의 아버지가 있다. 나쁜 친구들과 어울리다가 교도소까지 다녀온 딸(수애)은 새롭게 살아가려 하지만, 예전에 어울리던 질이 좋지 않은 친구들 때문에 그것이 쉽지 않다. 아버지(주현)는 열 살 된 동생에게 나쁜 영향을 줄 수 있다며 한번 어긋난 딸을 신뢰하지 않는다. 영화는 아버지와 딸의 불신을 갈등의 출발로 설정해놓은 뒤, 이를 풀어나가는 방식으로 서사를 진행한다. 끝은 이들의 불신이 이해로 거듭나는 것이다.

결정적으로 아버지는 자신을 그토록 미워하던 딸을 대신해 희생한다. 그럼으로써 영화는 딸이 아버지를 기리게 만들어놓는다. "아버지의 실명失明이 결국 어린 시절 딸의 실수로 비롯된 것이었음이 밝혀지고, 설상가상으로 아버지는 불치병에 걸렸음이 밝혀진다. 그리고 딸을 대신해 조폭을 죽이러 가고 마침내 장렬한 최후를 맞음으로써 폭력적 가부장적 가족 제도의 남성 주체는 기막힌 방식으로 희생자로 전환된다."[2] 그가 희생자로 전환되었기 때문에 남아 있는 자들은 그를 기려야 한다.

〈편지〉, 〈아버지〉, 〈가족〉의 남편이나 아버지는 모두 사라진다. 더구나 죽음이라는 극도로 비극적인 설정을 통한 것이었으니, 남아 있는 자들은 애도하고 추모해야 한다. 이는 경제가 추락하면서 폭력적인 가부장 제도 쇠락해감을 역설한 것일까, 아니면 가부장제는 끝을 고했지만 죽어버린 가부장을 추모하면서 기억해야 한다고 역설하는 것일까? 영화를 보면 후자의 느낌이 강하다. 〈편지〉의 죽은 남편은 생의 의욕을 잃었던 아내가 재혼하지 않고 아이를 키우며 살게 만들고, 〈아버지〉의 아버지는 자신의 병을 알리지 않고 집을 나갔지만 끝내 가족들의 이해를 바탕으로 서로 화해하며, 〈가족〉의 아버지는 자신이 죽음으로써 가족을 살려낸다. 가부장은 쉽게 죽지 않는다. 그리고 죽더라도 여전히 영향력을 발휘한다. 이 영화들은 이 사실을 증명한 셈이다.

2. 바람난 아내를 살해하는 남편

죽어버린 가부장의 권위를 다시 살리려고 아내를 끔찍하게 살해하는 영화가 있다. 이 시기 개봉작 가운데 가장 많은 논란을 불러일으킨 〈해피엔드〉가 그것이다. 영화는 당시까지 존재했던 남성과 여성의 상을 재현하는 통념을 뒤집는다.

첫 장면에서 깔끔하게 차려입은 한 커리어 우먼이 등장한다. 그녀는 소실점 저 너머에서부터 관객의 눈으로 걸어들어온다. 그리고 정부情夫의 원룸을 찾아가 그와 격렬한 섹스를 나눈다. 이들의 섹스가 끝나면 화면엔 또 다른 남성이 등장한다. 양복을 말끔하게 차려입은 그는 헌책방에서 멜로 소설을 읽고 있다. 책방 주인의 구박을 무시하면서까지 책 읽기에 깊이 몰입한 그는 눈물을 글썽이기도 한다. 그는 첫 장면에 등장했던 보라(전도연)의 남편 민기(최민식)다. 세련된 커리어 우먼인 아내와 헌책방에서 궁상을 떠는 남편의 모습을 직접 대조하면서 영화는 갈등 상황을 만들어낸다. 보라의 공간은 그녀가 운영하는 학원과 정부의 집, 그리고 가족이 있는 집이고, 남편의 공간은 집과 헌책방, 탑골 공원이다. 주로 머무는 공간에서부터 두 사람은 차이가 난다. 쉽게 말해 유능한 아내와 무능한 남편이라는 구도를 만들고 있는 셈이다.

영화는 통상적인 남편과 아내의 역할을 바꾸어버렸는데, 이 설정이 가능했던 토대가 바로 두 주인공의 경제력 차이다. 남편은 실직했고, 아내가 돈을 번다. 보라는 민기에게 정말 전업 주부가 되려면 가스 불은 자신이 아니라 민기가 꺼야 한다고 말한다. 그러나 민기가 같은 아파트에 사는 후배와 함께 장을 보고 드라마 이야기를 나누는 것이 보라는 영 탐탁지 않다. 그래서 "당신이 아줌마야? 드라마나 보게?"같은 짜증 섞인 핀잔이 잦다. 민기는 돈 좀 번다고 너무 유세를 떤다며 불평하지만, 기울어진 힘의 균형추를 다시 맞출 수 없다는 것을 스스로 알고 있다. 여기서 의아한 부분은 보라는 일범(주진모)과 바람을 피우면서도 당당하다는 것이다. 민기는 애를 키우고 집안일을 도맡아 하면서도 보라에게는 물론 다른 사람들에게도 당당하지 못하다. 고정된 성 역할 안에서 남성과 여성을 평가하는 사회에서 고개 숙인 남성들은 할 수 있는 것이 없다는 것을 영화는 이런 식으로 재현해놓았다.

선정성 논란을 불러온 영화 속 섹스 신을 보면, 보라의 캐릭터를 이해할 수 있다. 일범은 섹스 과정에서 보라를 흥분시킨다. 이런 일범에게 보라는 친절해서 좋다고 말한다. 일범은 보라가 바라는 것을 알고 있으며, 그녀를 리드할 수 있다. 반면 영화에서 딱 한 번 등장하는 보라와 민기의 섹스에서는 민기의 일방적인 몸짓만 존재할 뿐, 보라는 이에 전혀 감응하지 못한다. 결국 몇 번 격렬하게 몸짓하던 민기는 곧장 쓰러지고 만다. 섹스란 사랑하는 이와의 교감이건만, 보라는 이런 민기와 전혀 교감하지 못한다. 따라서 그녀가 일범과 외도하는 이유는 명확해진다. 이때껏 한국 영화에서 여성의 외도 이유를 이처럼 선명하게 제시한 적은 거의 없었다. 물론 이들의 섹스를 관음의 시선으로 그려낸 것은 비판받아야 하지만, 적어도 남성이 아니라 여성이 순수하게 자신의 성적 욕망을 충족시키기 위해 외도하는 것을 그린 영화는 찾아보기 어려웠다.

섹스에서와 마찬가지로 일상에서도 보라와 민기는 서로 교감하지 못한 채, 생활은 결국 비극으로 치닫는다. 보라는 일범과의 일탈이 처음에는 만족스러웠지만, 점차 일범이 보라에게 집착하면서 이 관계가 부담으로 다가온다. 경제력을 잃어버린 민기가 보라에게 짐이 되는 것과 마찬가지로, 일범은 또 다른 측면에서 보라에게 짐이 된다. 보라의 이중생활은 결국 '모성 이데올로기'에 발목이 잡힌다.

보라의 외도를 알게 된 민기는 이후 집안일을 아예 하지 않는다. 대화도 없다. 보라가 집안일을 하면서 민기의 눈치를 보며 대화를 시작한다. 이 자리에서 민기는 보라에게 "난 당신이 우리 연이한테 좋은 엄마였으면 좋겠어."라고 말하며 직접적으로 그녀가 집으로 돌아오길 원한다. 하지만 보라는 일범의 집착 때문에 아이에게 수면제를 탄 분유―심지어 여기에 죽은 개미가 섞여 들어가 있는 것도 모르고―까지 먹이고 그를 만나러 나가야만 했다. 한편 민기는 열이 치솟는 아이를 병원에 데려갔다가 돌아오는 길에 집 앞에서 서로 끌어안고 있는 이 둘을 목격한다. 즉각 민기는 이 사태에 대한 단죄를 결심하고 행동에 옮긴다. 그리고 가부장의 자존심을 되살리려고 한다. 결국 이 영화에서 모성 이데올로기는 여성을 응징하는 도구가 되어버린다. 그래서 〈해피 엔드〉는 "쾌락에 대한 여성의 향유를 직설적으로 재현했다는 점에서 진보적 성격을 잡지만, 그녀의 윤리 의식을 모성과 연결시킴으로써 다시 후퇴"[3]하고 만다.

민기는 일범이 보라를 죽인 것처럼 상황을 만들고 자신의 알리바이도 꾸민다. 그리고 "민기는 일범의 칼로 보라를 죽인다."[4] 칼이 남근의 상징이라는 점에서 이 장면은 매우 흥미로운데, 이를 황혜진은 두 가지 의미로 해석했다. "하나는 거세를 스스로 치유할 수 없는 남성의 비극적 선택이라는 것이고, 또 다른 해석은 자신을 쾌락으로 이끌었던 남근에 의해 죽음을 당하는 여성이라는 은유와 맞닿아 있다." 즉, 거세된 남성이 타인의 성기로 아내를 죽인다는 해석과, 정작 본인의 욕망을 만족시켜주던 그 정부의 성기에 여성이 살해당한다는 해석이 동시에 존재한다.

조등弔燈이 등장하는 마지막 장면은 논란이 되었다. 먼저 "무심히 조등을 바라보던 보라가 그것을 잡으려고 손을 내미는 장면은 보라가 자신의 죽음을 받아들이는 것의 상징적 표현"[5]이라는 해석이 있었다. 또한 "보라가 살해됐음에도, 여전히 아파트 베란다에서 한가롭게 담배를 피워 물고 있는 상상적 장면으로, 노란 장례등과 함께 가부장제의 죽음을 암시하는 바로 그 장면으로 가시화된다. 바로 가부장제의 해피 엔드(행복한 종언)"[6]라는 해석도 있다.

두 해석은 정반대의 입장에 서 있다. 가부장제라는 존재의 인정과 종언이라는 점에서 그렇다. 이 장면을 해석하기 위해서는 영화의 맥락을 살펴봐야 한다. 이어진 장면은 홀로 남겨진 민기의 모습이다. 그는 앞으로 잘 살 수 있을 것인가? 경제적 능력도 없는 그가, 그래서 아내의 경제력에 의존했던 그가 어린 연이를 데리고 앞으로 어떻게 살아갈 것인가? 다음을 보자.

이 영화는 불륜을 통해 사랑의 본질과 결혼 제도를 비판하고는 있지만, 위기 속에서 가부장제 이데올로기가 어떻게 작동하는지 보여주고 그것을 강화하는 결말을 택함으로써 결과적으로 경제 위기의 불안감에서 벗어나기 위한 집단적 상황 윤리에 갇히게 된다. (…)
일상으로 돌아온 후 민기가 보이는 마지막 장면에서의 고개 숙인 모습, 앞으로 펼쳐지게 될 녹록치 않은 미래는 그 강화의 의도가 그리 성공적이지 않다는 것을 시사하는 것일 수도 있다. 오히려 변화하는 시국 속에 해체되는 가정에 대한 불안감을 감출 수 없는 남성의 모습, 동시에 전통적인 가부장제 가족은 파괴되었지만 그것을 대체할 수 있는

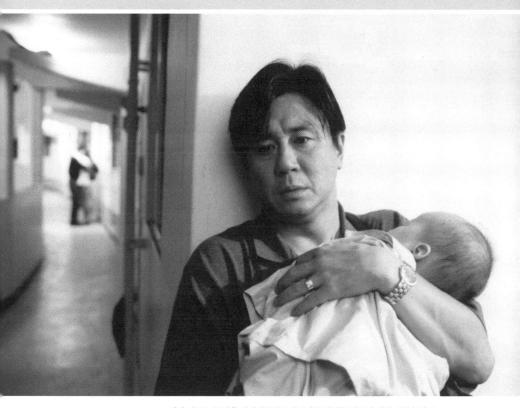

바람 피우는 부인을 살해해서라도 가부장의 권위를 세우려 했던 〈해피 엔드〉

가치 체계가 부재하는 한국의 현실을 보여주기도 한다.[7]

죽은 보라가 상상적인 장면에서 담배를 유유히 피우고 있는 모습은 정작 보라의 죽음이 아니라 연약한 기반의 가부장제의 죽음을 상징적으로 보여준다고 할 수 있다. 물론 이를 두고 감독의 얄팍한 의도가 담긴 편집이라고 할 수도 있지만, 남겨진 가부장은 더 이상 난국을 타파할 수 있는 능력이 없으므로, 곧 무너질 것이다. 영화의 제목이 '해피 엔드'인 것도 민기의 살해가 성공했다는 점에서 '해피'한 것이 아니라, 경제력을 비롯해 여러 능력을 지닌 아내를 살해함으로써 가부장 역시 사회적으로 살해당할 것이라는 점에서 '엔드'인 셈이다.

〈해피 엔드〉는 〈정사〉보다 1년 늦게 개봉했지만, 그 세계관은 더 반동적이라는 비판을 면하기 어렵다. "〈정사〉가 서현을 통해 전근대적 억압의 현실에서 탈근대적 상상의 세계로 나아간 반면, 〈해피 엔드〉는 보라를 통해 탈근대적 현실에서 전근대적 억압의 세계로 회귀"[8]한 측면이 분명히 존재하기 때문이다. 알다시피 〈정사〉에서 서현은 안정적인 가정을 버리고 집을 나온다. 그것도 남편이 다 용서하겠다는 말을 뒤로 한 채, 미래에 대한 보장도 없이, 아이마저 버리고 홀로 비행기를 타고 떠난다. 이에 비해 〈해피 엔드〉의 보라는 바람을 피웠다는 이유 때문에 모성 이데올로기에 갇혀 살해당한다.

3. 그러나 무기력한 가부장의 재현

이 시기에 그려진 가족은 조폭 코미디(《가문의 영광》(정흥순, 2002) 시리즈)에서
처럼 풍자의 대상이 되기도 하고, 〈집으로…〉(이정향, 2002)에서처럼 원시
적인 안식처이자 상상의 공간으로 존재하기도 했다. 그러나 많은 영화들
이 경제적인 위기를 가부장의 위기로 인식하면서 가부장의 존재를 다시
호출해냈다. 예컨대 이와 비슷한 방식으로, 즉 "가족 변화를 가족의 위기
로 인식하며 그 해체된 전형적 가족을 다시 봉합하여 가족 이데올로기를
공고히 하는 영화들"9로는, "〈태극기 휘날리며〉, 〈우리 형〉, 〈가족〉, 〈주
먹이 운다〉 등"10을 들 수 있다. 이 영화들에서는 아버지가 존재하지 않
아 형이 아버지의 역할을 하거나, 경제력을 상실한 아버지가 먹고 살기
위해 온갖 노력을 다해야 한다. 아니면 가족의 문제를 해결하기 위해 자
기 목숨마저 바쳐야 한다. 문제는 이런 노력들을 통해 결국 가족 이데올
로기가 다시 공고화되었다는 것이다.

물론 이제 더 이상 과거처럼 강한 가부장을 그린 영화는 만들어지지
않는다. 이제 그런 시대는 분명 지나갔다. 전도된 성 역할과 치정 복수의
내용을 담은 〈해피 엔드〉 이후, 무력해진 부성이 왜소하게 영화에 재현
되는 건 드문 일이 아니었다. 가정에서 생계 부양의 책임을 부여받았던
남성들이 그 역할을 제대로 해내지 못할 때, 이는 곧 가부장들의 쇠락을
의미했다. 이 쇠락의 캐릭터들은 〈해피 엔드〉의 민기, 〈플란다스의 개〉
(봉준호, 2000)의 윤주(이성재), 〈베사메무쵸〉(전윤수, 2001)의 철수(전광렬), 〈인
어공주〉(박흥식, 2004)의 진국(박해일) 등으로 이어진다. 〈가족〉의 아버지 역
시 한때 촉망받는 엘리트 경찰이었으나 지금은 한쪽 눈을 잃고 생선이나
다듬으면서 근근이 살아가는 아버지다. 〈주먹이 운다〉(류승완, 2005)에서
태식(최민식)은 한때 아시아 게임 은메달리스트였지만, 도박과 공장 화재

로 가진 것을 모두 날린 후, 지금은 생계를 위해 길거리에서 매 맞는 복서 일을 하고 있다.[11]

이제 가부장은 나약하다. 그 옛날 〈미워도 다시 한 번〉에서처럼 바람을 피우고도 가부장으로 군림하던 아버지는 더 이상 영화에 등장하지 않는다. 여성을 성적 대상으로 파악하면서 오로지 남성의 시선 안에 여성을 가두던 강고한 남성들도 마찬가지다. 그럼에도 가부장은 영화 속에서 완전히 소거되지는 않았는데, 이것이 가능해질 때까지는 그리 오랜 시간이 필요치 않았다. 그들은 가족 희극 영화의 김승호처럼 세대교체가 아닌 다른 방식으로 사라진다.

제Ⅲ부

2000년대 이후
영화에 재현된
가족 그리고 사회

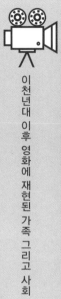

제 9 장

2000년을 전후한 시기,

가부장의 위기

성급하게 성장하던 한국 경제는 아이엠에프의 금융 구제를 받으면서 급속히 무너졌다. 영원히 이어질 것 같던 경제 호황은 어느 순간 멈추었고, 속도전의 근대화는 그 한계를 여실히 드러냈다. 이와 함께 경제력이 전제되어야만 했던 가부장의 지위도 급격히 추락했다. 아직 죽지 않았을지는 모르지만, 가부장이 집을 완전히 통제하던 시기는 지나갔다.

〈정사〉와 〈밀애〉(변영주, 2002)에서 아내들은 다른 남자와 바람을 피운다. 누구보다 자식을 사랑하고 남편도 부족한 것 없이 잘해주지만, 아내들은 바람을 피운다. 〈정사〉에서 주인공이 시댁 제삿날 정부情夫와 섹스하고 집으로 돌아오는 장면은, 유교적 가부장제를 정면으로 반박하는 장면이다. 〈밀애〉에서 정부가 죽었음에도 남편과 결합하지 않고 혼자서 꿋꿋이 살아가는 모습은 여성의 자아실현을 이야기하는 매우 인상적인 장면이다.

이렇게 남편의 손에서 벗어나 자기 삶을 살아가는 여성의 모습은 곧 이어지는 영화에서 더욱 확대된다. 〈스캔들-조선남녀상열지사〉(이재용, 2003, 이하 〈스캔들〉)을 보라. 조선의 유교 사회를 정면에서 비판한다. 한걸음 더 나가면 여성들의 복수가 시작된다. 〈여자, 정혜〉(이윤기, 2005)에서 정혜(김지수)는 자신을 성폭행했던 고모부를 찾아가 복수하려다 결국 머

뭉거리고 마는데, 〈친절한 금자씨〉(박찬욱, 2005)의 금자씨(이영애)와 〈오로라 공주〉(방은진, 2005)의 여주인공(엄정화)은 살인이라는 극단적인 행위를 통해 남성들의 폭력에 정면으로 대항한다. 이 장에서는 〈정사〉나 〈밀애〉, 〈여자, 정혜〉, 〈오로자 공주〉 등을 분석하면서 어떻게 여성이 주체적으로 살아가려 하는지 살펴볼 것이다.

1. 드디어 성공한 여성의 반란, 〈정사〉

확실히 1990년대 후반은 남한 사회의 변화를 실감하게 하는 시기였다. 그중 하나가 이혼율의 증가와 출산율의 저하이다. 이 두 지표는 불평등한 젠더 관계를 더 이상 수용하지 않으려는 여성들의 새로운 선택과 행동의 결과에 기인한다고 평가받는다. 요컨대 자신의 정치·사회적 권리는 물론, 자아실현과 개인의 행복을 추구하려는 경향이 증가하면서 여성들은 더 이상 아내와 엄마, 딸과 같은 가족 내 지위로 자신을 규정하길 원치 않고 있다. 이러한 변화는 가족주의로 대별되는 한국의 가족 문화 전반에 걸쳐 크고 작은 갈등을 낳고 있으며, 결과적으로는 가부장적 섹슈얼리티와 가족 문화의 변화에 대한 요구와 연계되어 있다.[1]

한 마디로 요약하면 '여성의 반란'으로 규정할 수 있겠다. 어머니, 아내의 역할에 머물면서 가정에만 있지 않겠다는 것이다. 자신들도 자아실현을 하겠다는 분명한 의도의 발현이다. 사람은 태어난 이상 모두 자아실현을 위해 살아야 한다. 행복 추구권은 남성에게만 존재하는 게 아니다. 아이를 낳아 키우는 것을 자아실현의 한 방식이라 생각했다면 그대로 실행하면 되지만, 그것이 목적이 아니었을 때 여성은 그에 대해 많은 고민을 해야만 한다. 자기가 하고 싶은 일을 하면서 살아가는 남성에 비해 여성은 절대적으로 불리한 환경에서 놓여 있기 때문이다. 하지만 점차 여성의 권위가 신장되면서 가정에만 국한된 여성의 역할을 과감히 벗어던지는 영화들이 등장한다. 그 시작이 바로 〈정사〉였다.

〈정사〉는 무척이나 충격적인 내용을 담고 있다. 감히 주장하건대 〈정사〉 이전에 이런 영화는 없었다고 해야 한다. 일제 강점기에 만들어진 〈미몽〉에서 여주인공은 자살을 반성의 기제로 삼으면서 삶을 마감했고, 1950년대에 제작된 〈자유부인〉에서 여주인공은 남편에게 눈물로 용서를 구한 뒤에야 집으로 돌아올 수 있었다. 1980년대에 개봉한 〈애마 부인〉에서도 여주인공은 다시 남편에게로 돌아갔고, 〈정사〉보다 1년 뒤에 만들어진 〈해피 엔드〉에서 여주인공은 남편에게 살해당하고 말았다. 한국 영화사에서 일탈한 여성은 한결같이 뉘우치면서 집으로 돌아오거나 죽음을 맞아야 했다.

그런데 〈정사〉에서 여성은 아이마저 버린 채 집을 나가버린다. 강남의 부유한 환경을, 그것도 남편이 용서한다고 했음에도 버리고 나와 버린다. 이것은 참으로 놀라운 변화이다. 왜 서현(이미숙)은 안정된 생활을 버리고 집을 나온 것일까? 영화의 한 장면을 보면 그것을 알 수 있다.

아버지…… 기억나세요? 옛날에 약주 하시고 들어와서는 지나가는 말처럼…… 서현아, 너는 정말로 사랑하는 사람이 생기면 절대로 놓치지 말아라. 남 생각 말고, 너만 생각해라. 이기적으로…… 그러셨던 거. (눈물이 흐른다) 왜 그런 말 하셨는지 알아요. 아버지도 그런 사람이 있으셨었죠? 저…… 어떡하죠? (고개를 숙이고 읊조리듯) 바보같이…… 바보같이…… (숨을 한 번 더 내쉬고 천천히 아버지를 보며) 사랑하는 사람이 생겼어요. 처음으로…… 태어나서 처음으로…… 바보같이 이제야…… 어떡

하죠, 아버지? 저 그 사람을 너무 사랑해요. 너무 사랑해서 겁이 나요.[2]

의식이 없는 아버지의 병실에서 서현이 독백하듯 아버지와 대화하는 장면이다. 이때 서현은 아버지의 손을 꼭 잡은 채 울고 있다. 서현은 부모의 말을 잘 따르는 장녀였고 모범생이었다. 그래서 자신이 하고 싶은 것보다 부모가 시킨 일, 집안의 평안을 위한 일을 먼저 알아서 했다. 아마 결혼도 사랑이 있어 한 것이 아니라 결혼할 나이가 되고 집안에서 결혼을 원해서 했을 것이다. 그런데 그런 그녀에게 '처음으로' 사랑하는 사람이 생겼다.

우인(이정재)을 만나기 전까지 서현은 "가부장제 이데올로기가 작동하는 전근대적인 가치 체계가 요구했던 현모양처의 전형"[3]이었다. 살림 잘하고 내조 잘하는 아내, 아이에게 꼭 필요한 어머니, 어머니의 역할을 대신하는 언니 등이 그녀에게 주어진 역할이다. 무엇보다 그녀는 이 역할들을 잘 해내고 있다. 서현의 집에 온 우인이 서현의 남편에게 행복하냐고 묻자, 남편은 어항을 가리키면서, 어항 속 물고기들은 때가 되면 먹이를 넣어주고 물을 갈아주기 때문에 걱정 없이 산다고, 행복은 그런 것 아니냐고 말한다. 카메라가 어항을 비출 때, 투명한 어항 너머로 주방에서 일을 하는 서현이 잡힌다. 감독은 서현이 어항 속의 물고기처럼 인위적인 삶을 살고 있다고 강조하고 있는 것이다.

이렇게 보면 서현은 수동적인 삶을 살아가는 사람이다. 스스로 무엇을 한다기보다 만들어진 환경에 순응하면서 살아가는 사람이다. 그런데 "지배하려는 사랑의 관점에서 보면 수동적인 여성은 완벽한 욕망을 불러일으키는 대상이다. 서현이 매혹적인 이유가 바로 여기에 있다. 외적인 아름다움에 조응하는, 결코 스스로의 의지가 아니지만, 보호받고자 하는 몸짓에의 끌림……."[4]

그렇다면 우인은 하필 약혼녀의 언니인 서현에게 사랑을 느낀 것일까? "우인은 권위적인 아버지 밑에서 어려서 죽은 형의 몫까지 감당해야 했던 아픔을 지닌 남자다. 가부장제 이데올로기가 남성에게 강요했던 '장남'으로서의 역할에 짓눌려 있던 우인은 아직 미국에서 돌아오지 않은 약혼녀 지현의 언니 서현과 함께 자신의 결혼 준비를 하면서 그녀에게 '연정과 모성'의 사랑을 느끼게"[5]되었던 것이다. 즉, 어머니로서의 사랑과 보호해주고 싶은 연정이 동시에 있었다. 서현의 남편은 돈도 잘 벌고 문제도 일으키지 않는, 사회적 통념으로 볼 때 평범한 사람이지만, 그렇다고 매력적인 사람도 아니다. 그런 남편과 별다른 애정 없이 습관처럼 아이를 키우면서 살아가는 것이 서현의 삶이었다.

우인이 처음 접근했을 때 거부하던 그녀는 우인과 관계를 나눈 뒤 걷잡을 수 없는 일탈의 길을 걷게 된다. 무엇보다 시댁에서 제사를 지내는 도중 몰래 택시를 타고 빠져나와 오락실에서 우인과 섹스를 하는 장면은 충격적이다. 제사는 유교적 예식의 상징과도 같다. "유교식의 제사에 대한 긍정은 과거에 대한 숭배, 씨족(가문) 이기주의의 긍정, 양반과 상민을 차별하는 신분제에 대한 긍정 따위를 그 효과로 불러온다."[6] 이에 대한 부정은 제시된 모든 것을 부정하면서 여성의 정체성을 찾는 길로 이어진다. 요컨대 남성 중심의 신분제와 혈연주의를 중시하는 과거를 부정하는 것이다.

두 성인 남녀의 유희는 애들 놀이터나 마찬가지인 오락실에서 벌인 섹스뿐만이 아니었다. 참관 수업 때문에 아이의 학교에 갔던 서현은 갑자기 그가 보고 싶어졌고, 전화로 그를 학교로 불러낸다. 그리고 과학실에서 그와 섹스를 나눈다. 애들 학교에서 정부와 정사를 치른다는 건 어머니로서의 역할을 포기하는 행위와 같은 것이다. "시댁을 뛰쳐나와 오락실에서 나눈 섹스가 가부장적 질서에 대한 반발이었다면, 아들을 외면하고 과학실에서 나누는 섹스는 모성 신화로부터의 탈주"[7]이다.

모성 이데올로기로부터 벗어난 여성이 등장하는 〈정사〉

우인과의 관계를 알게 된 지현은 서현의 집 어항을 깨버린다. 떨어져 나온 물고기가 바닥에서 퍼덕거린다. 마침내 서현은 인위적인 행복에서 벗어나 제대로 된 삶을 살겠다는 결심을 하게 된다. 그녀는 아이마저 버려둔 채 집을 나온다. 길고 길었던 모성 신화로부터 한국 영화가 벗어나는 결정적 순간. 심지어 헤어질 땐 아이도 등장하지 않는다. "서현의 가출은 기존의 멜로드라마에서 '여성의 희생'이라는 '뿌리 깊은 관행'에 저항하는 사건"[8]이고, 가부장제로부터의 탈출이며, 모성 이데올로기로부터의 해방이다.

〈정사〉를 연출한 뒤 얼마 지나지 않아 이재용 감독은 김대우 작가와 〈스캔들〉이란 또 한편의 영화를 찍는다. 프랑스 원작 소설—위험한 관계 Les liaisons dangereuses—를 조선의 상황으로 각색한 작품이다. 〈정사〉가 유교적 가부장제를 제대로 비판하는 영화라면, 〈스캔들〉은 그 본원의 시대인 조선으로 돌아가 정면에서 체제를 비판하고 해부하는 영화이다. 엄숙해 보이는 세도가의 정부인 조씨 부인(이미숙)은 남자들을 유혹하는 것이 낙이고, 조씨 부인의 사촌인 조원(배용준)은 과거에 급제했지만 관직은 마다한 채 여인을 탐닉하는 것에만 집중하고 있다. 세도가의 제사를 모시는 영화의 첫 장면에서 조원은 한 여성과 섹스를 하고 있다. 엄숙한 제례 공간에서 벌어지는 섹스라니, 첫 장면에서부터 이 영화가 조선 사회를 정조준하고 있다는 점을 알 수 있다.

두 사람의 일탈은 놀랍다. 조씨 부인은 규중의 깊은 방으로 남성을 끌어들여 놀아나고, 조원은 정절녀를 타깃으로 삼아 작업을 추진한다. 뿐만 아니다. 조씨 부인과의 슬하에 자식이 없는 유 대감이 소옥(이소연)을 소실로 들이려 하는데, 그 소실을 조원이 범해주기를 바란다. 그러나 결국 이들의 행각이 들통 나자 조원은 자살하듯이 죽고, 조씨 부인은 조선을 떠난다.

영화가 보여주는 것은 명백하다. "18세기 조선을 지배하는 양반 계급의 화려함과 풍요로움이 얼마나 허황된 것이었는지를. 조원과 조씨 부인이 아무리 섹스와 불륜을 통하여 현실을 조롱한다 해도 그들은 그 시스템 안에 갇혀 있는 '죄수'일 뿐"[9]이라고. 〈정사〉와 마찬가지로 이 영화에서도 일탈을 감행한 여성은 나라를 떠나야만 한다. 그간 경쾌하게 진행되던 영화는 이렇게 여성의 일탈을 용인하지 않는 암울한 사회에 대한 암시를 던지며 막을 내린다.

그렇다고 유교적 가부장제에 대한 이 영화의 비판 의식이 숨을 죽이는 건 아니다. 유교적 가부장제 사회에 대한 영화의 도전은 두 갈래로 진행된다. 첫째, 유교적 가부장제 윤리 체계가 체화되어 있는 정씨 부인(전도연)으로 하여금 그 가치 체계로부터 벗어나게 하는 것이다. 수절하고 있는 정씨 부인은 "남녀가 반상의 구분도 없이 모여" 있는 천주교 집회에 참여함으로써 조선의 가치를 깨뜨리고, 나중에는 조원과 사랑에 빠짐으로써 수절도 거부한다. 둘째, 중인인 소옥이 유 대감과 결혼하여 결국에는 안방을 차지함으로써 이 영화적 설정은 봉건적 계급 질서에도 도전한다. 더구나 소옥이 임신한 아이가 조원의 핏줄이라는 점에서 남성 중심의 혈통을 유지하려고 소실을 들인 유 대감의 기획은 근본적으로 차단된다.[10] 이렇게 영화 속 사회는 조금씩 바뀌어가고 있었다.

2. 〈밀애〉와 〈남과 여〉의 파격적인 여성 주체

변영주 감독은 다큐멘터리를 만들면서 페미니즘 입장을 고수했던 연출자다. 제국주의 폭력이 어떻게 식민지의 피지배자, 특히 여성을 성적으로 학대하고 수탈했는지 〈낮은 목소리〉(1995, 1997, 1999) 삼부작으로 고발하며 추적했다. 그런 변영주가 만든 극영화가 〈밀애〉(변영주, 2002)다. 영화는 여주인공의 내레이션으로 시작된다.

> 내 이름은 이미혼이다. 대학을 졸업하던 해 과 선배와 결혼했고 딸 하나를 낳고 별 탈 없이 8년 동안 살아왔다. 나는 집안 살림과 가족의 뒷바라지에 애썼고 남편은 그런 나를 사랑했다. 우린 그렇게 사이좋게 늙어갈 준비가 되어 있었다. 2000년 12월 24일 한밤중에 그 여자가 찾아왔을 때까지, 나는 내 삶이 이대로 평온하게 언제까지 계속될 거라 믿고 있었다.

미혼(김윤진)의 독백으로 시작된 영화는 미혼의 사진을 촬영하는 장면으로 끝난다. 그러니까 영화는 평온한 일상이 깨지기 직전의 미혼의 고백에서 시작해, 그가 남편과 헤어진 뒤 당당히 홀로 살아가는 모습을 보여주는 것으로 끝을 맺는다. 영화는 그 사이 미혼이 삶을 찾아가는 과정, 즉 자아 정체성 찾기와 홀로서기를 다루고 있다고 할 수 있다.

미혼의 일상이 무너진 것은 남편이 바람을 피웠기 때문이다. 이에 큰 상처를 입고 안정을 찾지 못하던 미혼은 시골 병원 정신과 의사 인규(이종원)를 만나면서 이상한 게임을 하게 된다. 그 게임은 불륜이다. 그래서 영화의 "내러티브 구조가 먼저 룰을 위반한 남성의 '이유 없는 불륜'에 대하여 피해를 당한 여성이 '이유 있는 불륜'으로 맞대응하는 형식으로 이루어져 있다."[11]고 볼 수 있다. 하지만 이는 영화적 서사를 지나치게 단순화한 결론이다. 영화는 미혼의 맞대응이 아니라 스스로 삶을 찾아가는 과정에 방점이 찍혀 있다.

미혼의 자아 찾기라는 입장에서 영화를 보면, "기존 가족 형태를 유지하려는 단계, 기존 가족 형태를 파괴하려는 단계, 독립하려는 단계로 변화가 진행"[12]된다고 할 수 있다. 내레이션에서 드러나듯이, 미혼은 가정을 유지하려고 했었다. 하지만 불륜을 저지른 남편이 여전히 가부장적 사고로 가족을 유지하려 하자 미혼은 결국 그를 떠나게 된다. 영화에서 가장 폭력적인 장면 가운데 하나는 미혼의 불륜 사실을 알게 된 남편이 그녀를 바닷가로 끌고 가 폭행하면서 절대 헤어져주지 않고 평생 함께 살면서 괴롭힐 것이라고 말하는 장면이다. 이후 미혼은 인규와 함께하면서 집으로 들어가지 않는다. 미혼이 인규를 만나면서 처음부터 가정을 파괴할 생각은 아니었다. 그러나 남편의 폭력, 인규의 죽음으로 이어지는 일련의 사건을 겪으면서 그녀는 아이마저 버리고 오롯이 자신의 길을 간다.

여기서 인규라는 인물이 중요하다. "미혼은 인규와의 관계를 지속해 가면서 비로소 자기 안의 정체성을 찾아가는 경험을 하게 된다. 비로소 자신의 몸을 통해 생동하는 삶을 인식하는 것이다. 이때 미혼의 몸은 정체성을 자각하는 공간으로 작용한다."[13] 몸을 통해 정체성을 자각한 미혼은 인규가 죽은 뒤 독립해 살면서 사진을 찍는다. "영화는 미혼이 인규와의 특별한 날 입었던 '붉은 원피스'를 입고 사진관에서 사진을 찍으며 끝나게 된다. 그의 웃음을 기억하며 붉은 원피스를 입고 사진을 찍는 행위는 과거의 '특별한 날'을 현재까지 유지시키고자 하는 의도가 내포되어 있다."[14] 그러나 인규의 캐릭터는 불완전하며 파악하기가 쉽지 않다. 왜 인규라는 극단적 회의주의자가 미혼을 사랑하게 되었는지, 그리고 왜 죽어야만 했는지 분명치 않다. 미혼이 자아를 찾기 위해 인규가 죽어야만 했다면, 그 영화적 인과성은 빈약하다고 하지 않을 수 없다.

〈정사〉와 마찬가지로 〈밀애〉가 놀라운 것은 모성 이데올로기를 노골적으로 비판했다는 점이다. "모성 이데올로기에 대한 반발은 가정의 해체뿐만 아니라 사회 체제의 붕괴를 야기할 수 있다는 점에서 도발적이다."[15] 미혼과 인규가 처음 만난 장소인 폐가에 얽힌 사연도 의미심장하

여성의 자아 찾기를 그린 영화 〈밀애〉

게 읽힌다. 대낮에 외간 남자와 정사를 벌이던 며느리가 이를 본 시아버지를 낫으로 죽인 곳이 바로 그 폐가이다. 이런 곳에서 두 주인공이 만났으니 둘의 사랑이 모성 이데올로기로부터 이탈할 수 있었던 것이다. 이와 대조적으로 미혼과 정서적 공감을 나누며 연대감을 구축하고 있던 쉼터 여성은 폭력적인 남편을 피해 도망 다니면서도 아이를 키운다. 심지어 그녀는 정부까지 두고 있지만 아이를 버리지 않는다. 따라서 〈밀애〉에서 극단적으로 모성 이데올로기를 밀어붙였다고 보기는 어렵고, 현저히 약화되었다고 말할 수 있는 수준 정도다.

2015년에 개봉한 〈남과 여〉(이윤기, 2015)도 〈정사〉와 〈밀애〉의 흐름을 이어가고 있다. 여주인공 상민(전도연)은 아이가 다니는 헬싱키 국제 학교에서 기홍(공유)을 만나게 된다. 아이들의 캠프에 동행했다가 오두막에서 하룻밤을 보낸 이들은 이름도 모른 채 헤어졌지만, 8개월 후 서울에서 재회한다. 각자 전문직이고 중산층인 이들에게는 문제가 있었다. 상민의 아이는 자폐가 심하고, 기홍의 부인은 정신적으로 건강하지 않다. 이런 상황에서 기홍이 삶에서 힘이 부칠 때마다 상민을 찾게 된다. 자폐아를 키우면서 일도 해야 하는 상민은 기홍이 부담스럽지만, 일상에서 상처받은 기홍은 상민에게 적극적으로 다가간다.

영화의 결정적인 장면은 기홍이 상민에게 호텔로 오라고 할 때이다. 아내가 늦은 밤 집을 나가는 것을 이상하게 여긴 상민의 남편이 이 밤에 왜 나가냐고, 혹 남자라도 생겼냐고 농담처럼 말할 때, 상민은 남자 생겼다고 진담으로 말하고 나가버린다. 상민은 아이에 대한 남편의 무관심, 벅찬 육아, 직업의 고단함 등으로 삶에 지쳐 있었다. 이 모든 것을 이해하는 따뜻한 남자 기홍에게 가기로 결심한 것이다. 그러나 여기서 문제가 발생한다. 정작 기홍은 자신의 가족을 버리고 상민과 함께 살 준비가 되어 있지 않았다. 그는 상민과의 쾌락을 통해 일상의 어려움을 넘기고자 했을 뿐이었다. 결국 상민이 기다리는 호텔 앞에 왔으면서도 기홍은 눈물을 흘리면서 들어가지 않고 발걸음을 돌린다.

〈남과 여〉는 불륜을 대하는 남성과 여성의 자세를 대조하듯 세밀히 보여준다. 육아 부담이 여성에게 집중되고 있는 상황에서 여성이 가정을 버릴 각오로 불륜을 행한다면, 남성은 그 정도의 각오를 하지 않는다고 영화는 말한다. 홀로 된 상민은 핀란드로 떠난 기홍(의 가족)을 보러 핀란드로 가서도 그에게 말을 하지 못한다. 기홍이 가족과 평안하게 식사를 하는 모습을 보고 감히 그 가정을 깨뜨리면 안 된다고 생각한 것이다. 이 사실을 알게 된 기홍도 상민을 찾으러 가지만 그는 가정을 포기할 생각이 없다. 결국 상민만 홀로 길거리에 남겨졌다. 집으로 돌아갈 수도 없고 기홍과 함께할 수도 없는 그녀는 작은 방에서 홀로 살아간다. 여기서 우리가 그녀에게 미래가 있는지 잔혹하게 물을 수는 없지만, 그녀는 솔직했고 그 솔직함으로 앞으로도 살아갈 것이다. 〈남과 여〉는 불륜을 대하는 남녀의 입장 차와 육아를 비롯해 가사 노동이 누구에게 의존하고 있는지 세심하게 재현하고 있다.

여성이 사랑을 시작할 때는 모든 것을 건다. 그녀들은 자식, 가정, 평온한 일상까지 포기할 준비가 되어 있다. 여성이 불륜을 시작할 때에도 모든 것을 버릴 각오가 되어 있다. 이 말을 다르게 하면, 그만큼 여성은 절박하다는 의미이다. 여성으로 국한된 자리에서 주어진 역할만 수행하면서 살아갈 수 없다는 인식이 갑자기 찾아온 사랑이라는 감정을 통해 드러나는 것이다. 그래서 여성의 사랑은, 특히 어머니의 사랑은 무섭다.

3. 여성들의 복수, 그 잔혹한 현장

〈정사〉나 〈밀애〉처럼 여성들이 가부장적 질서를 파괴하고 모성 이데올로기마저 버리면서 집을 뛰쳐나오는 영화가 있는 반면, 여성이 직접 이와 대결하는 영화들도 있다. 〈여자, 정혜〉와 같은 영화가 그렇다. 〈여자, 정혜〉는 여성의 감수성이 잘 드러난 섬세한 영화이다. 우편 취급소에서 일하는 정혜(김지수)의 일상은 지독히도 단순하다. 일이 끝나면 직장과 가까운 집으로 돌아와 텔레비전 홈쇼핑으로 물건을 사고 주워온 고양이를 키우는 것이 전부이다. 다른 생활은 전혀 없다. 그녀는 사람들을 만나지도 않는다. 정혜는 왜 이렇게 되었을까?

영화의 플래시백 장면은 정혜가 열다섯 한창 예민하던 시기에 고모부에게 성폭행을 당했음을 알려준다. 이는 어린 정혜가 감당하기 어려운 일이었고, 창피해서 입 밖으로 꺼내서는 안 되는 일이었다. 심지어 어머니는 여자가 단정하지 못해 그런 일을 당했다며 오히려 정혜를 꾸짖었다. 어린 정혜는 이 일로 정신과 치료를 받아야 했고, 그 후 정혜의 삶은 정지되어버렸다.

정혜는 예민하다. 구두 가게에서 남자 직원이 구두를 신기느라 그녀의 발을 만져도 기분이 나쁘다. 이런 정혜에게 정상적인 사회생활은 쉽지가 않다. 원고를 보내러 우편 취급소에 드나드는 젊은 작가(황정민)와 사랑의 감정을 키우지만, 이 역시 쉽게 진행되지 않는다.

결국 정혜는 상처의 근원으로 파고든다. 상처의 뿌리와 만나야만 제대로 살아갈 수 있다고 생각했기 때문일 것이다. 그녀는 칼을 들고 고모부를 만나러 간다. 그러나 노쇠해버린 고모부는 정혜에게 사죄를 한다. 결국 정혜는 그를 찌르지 못한다. 마음속으로 수십 번 행했던 복수이지만, 그녀는 칼을 떨어뜨리고 만다. 남성 중심의 가부장적 사회에서는 피해자인 여성에게 복수마저 쉬운 일이 아니다. 다시 그녀는 현실로 돌아가야 한다.

반면 〈친절한 금자씨〉의 금자는 너무도 당당하게 복수를 감행한다. 스무 살에 옥에 갇혀 13년을 복역한 뒤 출소한 금자는 자신을 감옥에 가게 만든 백 선생(최민식)을 처단한다. 감옥에서 사귄 이들이 금자의 복수를 돕는다. 백 선생은 자신이 저지른 유괴와 살인을 금자가 한 것처럼 꾸며 그녀가 대신 감옥에 가게 만들었었다. 뿐만 아니라 금자가 감옥에 간 이후에도 많은 아이들을 유괴해서 살해했다. 금자는 그 피해자 가족들과 복수를 함께한다. 줄거리만 보더라도 〈여자, 정혜〉와는 너무도 다른, 마치 초현실주의 영화처럼 보인다.

〈친절한 금자씨〉에서 눈여겨봐지는 지점은 금자가 경찰의 도움 또는 방조 아래 피해자의 가족들과 직접적인 방법으로 백 선생에게 복수를 한다는 설정이다. 다르게 말하면, 아버지의 질서라고 할 수 있는 법의 판결에 심판을 맡기지 않고, 사적私的 복수를 감행했다는 점이다. 이제 "대중들은 눈에는 눈, 칼에는 칼, 살인에는 살인이라는 율법을 즐길 수 있게 된다."[16] 가부장적 질서 하에서 남성의 폭력이 언제든지 가능하다면, 그에 대한 피해자들의 육체적이며 직접적인 복수도 얼마든지 가능하다는 걸 보여주고 있는 셈이다. 이는 가해자 남성에 대한 강력한 경고이다.

〈오로라 공주〉도 〈친절한 금자씨〉와 비슷한 방식으로 사적 복수에 관한 영화이다. 다만 〈친절한 금자씨〉가 비현실적인 느낌을 준다면, 〈오로라 공주〉는 미스터리 장르로 설계되었음에도 꽤나 현실적이다. 연이어 발생한 살인 사건 현장에서 시신 옆에는 항상 오로라 공주 스티커가 붙어 있다. 사건을 담당한 오 형사(문성근)는 시시티브이 흔적을 남긴 정순정(엄정화)을 보고 범인임을 직감한다. 순정이 연쇄 살인마가 된 것은 여섯 살 난 어린 딸이 성폭행을 당한 뒤 살해되었기 때문이다. 순정의 전 남편인 오 형사가 이 문제를 해결하지 못하자 잔혹한 방법으로 딸의 죽음과 관련된 이들을 살해하기 시작한 것이다. 한 마디로 영화는 "자식을 살리기 위해(혹은 복수하기 위해) 파괴를 자행하는 모성"[17]을 생생하게 전시한다.

유괴 사건이 일어난 바로 그날 아이를 데리러 가지 못하도록 상황을 만든 이들을 순정은 하나씩 처단한다. 마침내 딸을 죽인 범인을 정신 이상자로 둔갑시켜 정신 병원으로 보낸 변호사를 죽이고, 그곳에 수감된 범인까지 죽임으로써 그녀의 복수는 끝이 난다. 〈친절한 금자씨〉가 피해자 가족이 함께 복수를 하는 것이라면, 〈오로라 공주〉의 순정은 혼자 복수를 감행한다.

〈오로라 공주〉와 〈친절한 금자씨〉의 여주인공은 살인이라는 극단적 행위를 통해 남성적 폭력에 정면으로 대항한다. 이런 경향은 〈오로라 공주〉, 〈친절한 금자씨〉 외에도 〈세븐 데이즈〉(원신연, 2007), 〈김복남 살인 사건의 전말〉(장철수, 2010), 〈돈 크라이 마미〉(김용한, 2012), 〈피에타〉(김기덕, 2012), 〈성실한 나라의 앨리스〉(안국진, 2015), 〈비밀은 없다〉(이경미, 2016), 〈널 기다리며〉(모홍진, 2016) 등의 영화로 이어졌다. 이들 영화들은 경향 상 '여성 복수극' 또는 '모성 복수극'이라고 묶어 지칭할 수 있을 것 같다. 모두 복수를 주제로 다루기 때문에 복수극이고, 대부분 어머니가 자식의 복수를 하는 내용이기 때문에 '모성' 복수극이라고도 할 수 있다는 것이다. 물론 복수를 실행하는 여성이 어머니에 국한된 것은 아니지만, 다른 여성들도 가족을 지킨다는 목적 하에 복수를 행한 것이라 크게는 모성의 맥락을 벗어나지 않는다. 물론 넓게 보면 '여성 복수극'이다.

이 영화들에서 흥미로운 것은 아버지가 등장하지 않거나 등장해도 무능하거나 오히려 가족을 해치는 악인이라는 점이다. 〈오로라 공주〉의 아버지는 형사지만 딸의 살해도 막지 못하고 범인도 잡지 못한 무능한 형사이고, 〈김복남 살인 사건의 전말〉과 〈비밀은 없다〉의 아버지는 뜻하지 않게 딸을 죽이게 되며, 〈널 기다리며〉의 딸은 죽은 아버지의 복수를 행한다. 이 영화들은 아버지를 부재하게 만들거나 무능하고 악하게 그림으로써 대결 구도를 명확히 설정한다. 즉, 아버지들의 상황이 이토록 지리멸렬하기 때문에, 폭력이 횡행하는 사회에서는 연약한 어머니(여성)가 자식의 복수를 감행해야 한다는 것이다.

당연히 이런 경향의 영화는 스릴러 형식을 취한다. 스릴러 장르가 선택된 "이유는 우리 사회의 취약성을 반영한 것이면서 감각적이고 자극적인 것에 길들여진 관객들의 기호를 반영"[18]하기에 걸맞은 장르가 바로 스릴러이기 때문이다. 분명 영화들은 '남성을 중심으로 돌아가는 사회'에서 여성이 폭력에 취약하다는 사실을 보여준다. 그래서 여성들도 익숙한 남성들처럼 극단적인 방식을 택해 복수한다. 문제는 여기서 발생한다. 여성이 남성처럼 지극히 폭력적으로 사적인 복수를 행한다는 점을 발전으로 볼 것인지(더 이상 참을 수 없는 극단의 선택이라는 점에서), 퇴행으로 볼 것인지(결국 남성과 같은 단점을 지닌 존재가 돼버린다는 점에서)의 문제다. 이는 관객의 선택에 달려 있는데, 현재 필자는 아무래도 전자의 입장을 지지하는 편이다.

이 부분에서 짧게라도 2017년에 논란이 되었던 '여혐 영화'에 대해 언급해야 할 것 같다. 일부 평론가들이 영화 〈브이아이피〉(박훈정, 2017)에서 여성의 타살을 영화적 구경거리로 만들면서 이유 없이 여성을 죽이고, 더 나아가 아무도 여성의 죽음에 대해 책임을 지거나 죄책감을 느끼지 않는다고 평가했다. 그러면서 영화가 남성들의 연대만을 돋보이게 했다고 평했다. 나름대로 일리 있는 지적이기도 하지만, 한편으로는 치우친 지적이라는 생각이 든다. 후자의 입장에서 생각해봐야 할 영화들이 바로 모성 복수극이다. 즉, 여성이 직접 나서 잔혹한 폭력으로 복수하는 영화들의 정반대편에 이른바 여혐 영화들이 존재하는 것이다. 그렇다면 여혐 영화의 한계를 넘어서기 위해 여성들이 그토록 잔혹하게 복수하는 것을 적극 옹호해야 할 것인가? 이 물음에 어떻게 답하는가에 따라 여혐 영화에 대한 입장은 달라질 것이다.

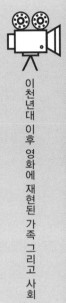

제 10 장

가부장의 죽음

한국 영화에서 가부장을 확실하게 살해한 영화는 〈바람난 가족〉(임상수, 2003)다. 이 영화에서부터 가부장의 억압 하에 있던 가족 구성원은 풀려나 자유를 누릴 수 있게 되었다. 유교적 가부장제에서 발생한, 가부장에 의한 가정의 수직적 억압은 이제 더 이상 통용되지 않는 시대가 되었다. 가부장은 죽거나 이혼당해 갈 곳이 없다. 아들은 죽은 아버지의 자리를 이으려 하지만, 오히려 자신의 아들을 죽인 원인 제공자가 되면서 이혼당하고 만다. 이에 비해 여성들의 연대는 풍부하다. 그 흔한 고부 갈등이 이 영화에는 등장하지 않는다. 그동안 고부 갈등이 남성을 봉양하기 위한 여성간의 억압적 장치로 기능했지만, 가부장이 사라진 이 영화에서는 더 이상 필요가 없다. 한마디로 〈바람난 가족〉은 억압적인 가부장이었던 남성이 죽음을 고한 영화이다. 이 장에서는 〈바람난 가족〉을 세밀히 분석하고, 정윤철 감독의 〈좋지 아니한가〉(2007)가 또한 어떻게 가장을 그리고 있는지 고찰할 것이다.

1. 〈바람난 가족〉의 주체적 여성들

〈바람난 가족〉은 영화의 시작 부분에서 두 인물을 단도직입적으로 소개한다. 한 명은 영작(황정민)이고, 다른 한 명은 호정(문소리)이다. 영화는 영작을 먼저 소개한다. 도로에 개가 한 마리 죽어 있다. 영작이 탄 차가 다가오더니 갑자기 멈춘다. 그는 어쩔 줄 몰라 하다가 손으로 개를 치운 뒤, 정부에게 걸려온 전화를 받고 거짓말을 한다. 한국전쟁 때 학살당한 이들의 발굴 현장에서 유골을 수습하던 그는 우연한 사고로 유골이 있는 구덩이로 미끄러져 들어간다. 두 에피소드를 모아보면, 영작은 죽음과 깊은 관련이 있음을 알 수 있다. 부모 세대의 죽음, 그 부정적 유산을 해결할 수 있는 사람은 그가 아니라는 점과, 게다가 그가 부모 세대의 악습인 거짓과 가까운 사람이라는 점까지 유추해볼 수 있다. 결말에서 영작은 거짓말 때문에 자신의 아들을 죽게 만들고, 이후 폭력을 행사했다가 아내에게 이혼을 당하는 신세가 된다.

이어 영화는 호정을 소개한다. 자전거를 타던 호정이 경사지고 굽은 길을 내려가다가 아이들과 부딪힐 뻔 한다. 이때 그녀 스스로 넘어져서 아이들을 다치지 않게 만든다. 이 짧은 에피소드를 해석하면, 그녀는 타인을 배려하는 사람이다. 특히 이 설정은 나중에 아들이 죽은 후 거짓말 했던 남편을 버리고, 그녀가 다시 임신하게 될 것이라는 암시까지 준다. 그녀는 집으로 돌아와 기다리던 시어머니(윤여정)를 지하철까지 데려다준다. 시어머니가 가고 난 뒤, 아들이 자신이 입양아인 것을 할머니도 아느냐고 물을 때 창피한 것이 아니니 가슴을 펴라고 말한다. 그녀는 당당하다.

두 설정에서 "영작의 멈춤이 타자에 의한 어쩔 수 없는 것인데 반해, 그리고 죽어 있는 짐승에 의한 것이었다면, 호정은 자발적으로 어린이들이 다치지 않게 하기 위해 스스로 넘어"[1]졌다. 영작은 정부에게 거짓말을 하지만, 호정은 아들에게 입양한 사실을 정직하게 말한다. 영작은 죽음과 대면하지만, 호정은 죽음에서 살아나도록 한다. 영화에서 영작은 마음을 쉽게 열지 않는다. 술을 마시고 괴로워하지만 정작 왜 괴로워하는지 알 수가 없다. 아버지(김인문)에게도 어머니에게도 심지어 아내에게도 속마음을 쉽게 털어놓지 않는다. 정부에게는 속마음을 꺼내놓지만 결국 그녀에게서는 버림을 받는다. 이에 비해 호정은 가족들을 두루 살핀다. 심지어 바람피우는 남편도 이해하고 죽어가는 시아버지도 간호하고 바람난 시어머니도 응원한다. 〈바람난 가족〉에서 가장 큰 갈등은 가부장의 피를 물려받은 영작과 그것을 넘어서려는 호정의 대결이지만, 중심은 언제나 호정이다.

때문에 인물 관계망은 호정을 중심으로 연결된다. 호정과 영작, 호정과 시아버지, 호정과 시어머니, 호정과 아들이 연결되어 있고, 이들의 사이는 좋다. 그러나 호정을 벗어난 관계망은 매우 거칠고 불편하다. 영작과 아버지, 영작과 어머니도 편치 않고, 아버지와 어머니도 불편하다. 호정을 제외한 셋이 한 가족이었고 호정이 이 집의 며느리로 왔음을 고려하면, 분명 이 집의 관계는 이상하다. 이 가운데 가장 편한 사이는 호정과 시어머니 병한이다. 전통적인 고부 관계라면 가장 불편해야 할 두 사람이 아이러니컬하게도 가장 좋은 관계를 유지하고 있다.

여기서 우리는 이 집안의 불편이 전통적인 가부장제의 폐해 때문에 발생했다는 것을 알아야 한다. 할아버지와 함께 월남한 아버지 창근은 할아버지를 돌보지 않는다. 심지어 할아버지가 죽었다는 것도 알지 못한다.[2] 그리고 본인의 몸도 죽어가고 있다. "영작의 아버지가 토해내는 '더러운 피'는 의미심장한데, 간이 해독 작용을 못하고 있다는 의사의 진단은 한국의 근대화 과정에서 간의 기능을 해왔다고 자임하는 남성 주체들에 대한 현재의 진단이다."[3] 실패한 음악가인 그는 가정을 제대로 돌보지 않았고 아내와 사이도 좋지 않다. 병한의 말에 의하면, 둘은 15년 동안 섹스도 하지 않았다.

영작은 그런 아버지를 좋아하지 않는다. 아버지의 피가 자신에게 튀었을 때 영작은 강한 거부감을 보인다. 직접적인 상징인 피가 자신에게 영향을 미치지 않기를, 즉 아버지의 '더러운 피'가 자신에게는 없기를 바라는 것이다. 아마 수인이 자신의 피를 받은 아들이 아니라 입양한 아들이기 때문에 다정다감하게 대할 수 있었을 것이다. 이에 비해 피로 얽히지 않은 호정은 세 사람을 모두 포용할 수 있다. 여기서 피는 가부장제의 부정적인 측면을 노골적으로 재현한다.

흥미롭게도 호정과 관계를 맺는 고등학생 지운(봉태규)의 집은 가부장제가 존재하는 곳이다. 지운의 집은 겉보기에는 성공한 집으로 보이지만 속은 '곪아터졌다.' 아버지는 고집불통의 '꼰대'이고 아들은 아버지를 꼭 닮은 '리틀 꼰대'이다. 학교에도 가지 않고 아버지 말도 듣지 않는다. 아버지를 거부할 때에는 아버지가 그에게 어린 시절 사용했을 것 같은 과격한 폭력을 휘두르거나 자해를 한다. 지운의 어머니는 그런 남편을 떠나 낭만적인 도시인 파리에 있다. 어머니 없이 서울에 남겨진 상처를 호정이 달래준다. 어머니의 역할도 하고 연인의 역할도 하면서 호정과 지운은 가까워진 것이다.

〈바람난 가족〉에서 빼놓을 수 없는 것이 섹스이다. 영화 제목이 이미 섹스를 노골적으로 드러내고 있으니 내용 분석에서도 빠질 수 없다. 영화의 섹스는 크게 호정의 섹스, 영작의 섹스, 병한의 섹스로 구분할 수 있다. 먼저 호정의 섹스를 보자. 영화에서 호정은 영작과 한 번, 지운과 한 번 섹스한다. 영작과의 섹스에서 호정은 오르가즘에 도달하지 못해 섹스가 끝난 뒤 영작이 보는 앞에서 자위를 해버린다. 그러면서 포인트가 없어진 것 같다고 고백한다. 호정은 친구와의 전화 통화에서도 섹스에 대한 고민을 토로한다. 결혼 전에는 다양한 사람들과 섹스를 했지만 결혼 후에는 오히려 섹스를 안 한다고 고백하듯이 말한다.

영작과의 섹스에서 오르가즘에 도달하지 못하던 호정은 의외로 지운과의 섹스에서는 오르가즘에 도달한다. 적극적으로 지운을 리드하던 그녀는 거의 울듯이 신음하며 희열에 도달하는데, 그 섹스 이후 그녀는 집을 나와 버린다. 결국 호정과 영작은 문제가 있었던 것이다. "그녀에게 섹스란 그것을 통한 자기에의 배려가 완전한 자아와의 만남으로 이어지는 매개적인 것이다."⁴ 때문에 그녀는 더 이상 어머니의 역할, 며느리의 역할을 하지 않고 자신의 길을 간다.

영작은 정부인 연(백정림)과 섹스를 한다. 영화에서 둘은 세 번 섹스한다. 영화 초반 연의 집에서 하는 섹스, 섬으로 밀월여행을 가서 하는 섹스다. 둘의 섹스는 정열적이고 강하다. 그러나 부정적으로 보면, 이들의 섹스에는 정상적이지 않은 그 무엇인가가 있다. 첫 섹스와 두 번째 섹스에서 엎드린 영작 위에 연이 엎드려 섹스를 하는데, 이 자세는 성교가 되지 않는 체위다. 연은 너무 좋았다고 말하지만, 영작은 와인을 마시며 낮에 본 해골 얘기를 꺼낸다. 섹스를 하고 있지만 서로의 생각은 다른 곳에 있는 것이다. 세 번째 섹스는 매우 강렬하다. 섹스 도중 영작은 연의 얼굴에 침을 뱉고 연에게 구강 섹스를 강렬하게 요구한다. 영작은 고민을 섹스로 풀려는 것이고, 그 쾌락에만 매달려 있다. 영작에게 섹스는 마음속 공허를 채우려는 마약과 같은 것으로, 그가 자주 취하는 술과 다르지 않다. 연이 떠나자 허무함을 이기지 못한 영작은 사무실 직원을 찾아가지만, 다음날 그가 느끼는 자괴감은 엄청나다.

병한의 섹스는 영작과 연의 첫 섹스 직후에 등장한다. 전체적으로 볼 때 서사 상 이른 시점이고, 그 묘사도 바람난 아들의 것과 비교된다. 남편은 병원에서 죽어 가는데, 아내는 정부와 호텔에 있는 상황이라니…….

그녀는 자신을 정당화하기 위해 죄의식을 느낄 필요가 없다고, 자기 몸이 원하는 대로 사는 것이 인생이라고 말한다. 영화에서 유일하게 상징적으로 처리한 섹스 신이 병한과 정부의 섹스이다. 둘은 와인을 마시고 춤을 추면서 서로의 고민을 이야기한다. 이 둘은 나이를 먹어서인지, 인생을 경험해서인지 우아하고 고상하다. 병한은 남편이 죽은 뒤 아들과 며느리에게 자신은 애인이 있다고, 15년 만에 섹스도 했다고, 생에서 처음으로 오르가즘도 느꼈다고 말한다. 그래서 진짜 어른이 되었다고, 내 인생 내가 책임지는 것이라고, 인생 솔직하게 살아야 한다고 말한다. 이때 호정은 병한을 응원하지만, 영작은 귀를 막아버린다. 며느리인 호정이 가족 구성원의 모든 사정을 이해하고 포용하는 사람이라는 것을, 정작 아들은 외면하고 있다는 것을 보여주고 있는 것이다.

가족 구성원 모두가 바람이 났지만 남성의 바람은 쾌락에 치우친 반면, 여성의 바람은 솔직함과 보호 본능의 표현이라고 할 수 있다. "구세대인 시어머니 병한과 신세대인 호정이 바람피우는 의도는 다를 수 있지만, 결혼 제도와 가족 제도에 구속받지 않고 개인적인 행복과 가치를 추구하는 것은 당대 기혼 여성의 욕구와 가치 세계를 반영"[5]한 것이라는 해석이 그래서 가능하다. 따라서 이 영화는 "여성을 적극적으로 욕망을 실현하는 주체로 설정하여 여성의 주체성에 대하여 성찰하고, 더불어 여성의 사회적 역할이 확대됨에 따라 가족 형태의 변화 즉 전통적인 가부장적 가족 제도가 붕괴되었음을 시사한다. 여기서 가부장적 가족 제도의 붕괴는 곧 남성 권력의 몰락을 뜻한다."[6]

이 영화에서 이해하기 힘든 부분은 영작과 호정이 섹스는 하지만 친자식이 없다는 점이다. 왜냐하면 둘 가운데 누구도 불임이 아니기 때문이다. 영작과 섹스한 연도 임신을 했고 이후 중절 수술을 받는다. 지운과 섹스 후 아이를 가진 호정은 집을 나와 버린다. 그렇다면 영작과 호정은

가부장제의 죽음을 그린 〈바람난 가족〉

왜 아이를 가지지 못하고 입양한 것일까? 아니, 입양할 정도로 아이를 좋아하는 이들이 왜 임신을 하지 못한 것일까? 보건대 가부장제의 폐해를 끊으려는 영화적 노력이 이런 설정을 낳은 것은 아닐까? 만약 이 해석이 정당하다면, 임신한 호정은 영작과 헤어져야 한다. 든든한 우군이었던 병한이 떠난 마당에 영작과 함께 살아갈 이유가 없는 것이다. 게다가 영작은 수인을 죽게 만든 장본인 아닌가!

섹스가 새로운 잉태를 향한 몸짓이라면, 그 반대편에는 죽음이 있다. 〈바람난 가족〉에는 의외로 많은 죽음이 등장한다. 영화 첫 장면이 개의 죽음이며, 아버지 세대의 가부장제는 그가 영화 속에서 죽음으로써 파멸을 맞는다. 한국전쟁에서 기인한 죽음들이 여전히 해결되지 못한 채 고통의 씨앗을 품고 있기에, 그 전쟁을 겪은 아버지 세대의 죽음은 더욱 쓸쓸해 보인다. 영화에 재현된 죽음을 세부적으로 분석해보면 다음과 같다.

하나는 변호사인 영작이 관여하고 있는 한국전쟁 때 묻힌 유골의 발견, 영작의 자동차 앞에 놓인 개의 시체, 다음은 입양아 수인의 죽음, 영작의 아버지의 죽음, 그리고 직접 나오지는 않지만 아들과 손자도 모르게 죽어간 영작의 할아버지의 죽음, 마지막으로 수인을 죽인 알코올 중독자 우체부의 자살이 있다. 아버지의 죽음과 할아버지의 죽음으로 대변되는 가부장제의 계승과 무너짐, 그리고 학살이란 역사적인 죽음으로 상징되는 전통적인 의미의 가부장적 질서의 해체, 그리고 호정이 애정을 쏟던 입양아의 죽음은 가족해체의 실마리로 보인다. 이렇게 시공간적으로 가족의 해체를 부추기는 역사적·사회적 요소를 감독은 부각시키고 싶었던 걸까? 위선적인 가부장제로 거짓 포장된 가정과 가족의 운명은 결국 파멸의 씨앗을 배태하고 있다는 걸 얘기하고 싶었던 걸까?[7]

영화에서 죽음은 가부장의 죽음과 가부장제의 죽음, 가부장제가 불러온 폭력의 죽음, 이로 인한 가부장제의 해체로 해석할 수 있다.[8] 그렇기 때문에 가부장의 피를 물려받은 영작은 호정에게 버림받는다. 무엇보다 그는 호정에게 폭력을 행사했고, 아들의 죽음에 원인을 제공했다. 호정은 이러한 가부장의 상징인 영작에게서 스스로 벗어난다. 그래서 영화 막바지에서 "호정은 영작이 나간 자리에다가 밀대질을 한다. 마치 영작의 흔적을 지워버리려는 듯, 오랜 시간 군림한 한국 사회의 남성 권력을 완전히 밀어버린다. 이는 남성 권력의 완전한 종말을 암시하는 것일 수도 있겠다."[9] 하지만 한편으로 이는 지나치게 낭만적인 엔딩이다. 가령 "대걸레질을 열심히 해야만 간신히 아이를 키우며 먹고 살 수 있는 가능성이 높다."[10]고 해석될 여지가 있는 것이다. 개봉 당시 평론가들도 호정의 선택을 두고 의견이 엇갈렸었다. 하지만 영화 전개상 호정은 독립해야만 한다. 그 집에서 나와 자신만의 길을 가야만 한다.

극중 영작이라면 불평이 있을 수 있다. 그는 바람을 피웠다가 거짓말 때문에 응징을 받았지만, 호정과 병한은 응징되지 않는다. 두 여성은 남성들 앞에서 자신 있게 자신의 욕망을 표현하고, 먼저 가부장을 떠나버린다. 이를 어떻게 이해해야 할까?

〈바람난 가족〉은 "가부장제 중심에 서 있는 남성을 제외하고 여성만을 응징하던 기존의 관습을 벗어나 있으며 가부장제의 권위와 가족 지상주의라는 체제 유지적 가치에 전복적 성향을 보이고 있다."[11] 그래서 이 영화는 사랑해서 아이를 낳고도 몸소 키우지 못하고 유부남의 집에서 떨어져 키우며 아픔을 감내해야만 했던 여성들의 고통을 극복했다고 할 수 있다. 이 영화를 통해 여성들은 〈미워도 다시 한 번〉의 비극을 비로소 넘어설 수 있게 된 것이다. 이제 여성은 혼자 아이를 키우고, 가장이 될 수도 있다. 이렇게 〈바람난 가족〉은 가부장제가 무너지면서 억눌려 있던 여성이 자신의 삶을 찾았다고 말한다. 가족 모두 바람이 났지만, 살아남은 건 여성뿐이다.

〈바람난 가족〉은 〈처녀들의 저녁 식사〉(1998)에 상당 부분 닿아 있다. 솔직히 말하면 임상수 감독은 〈처녀들의 저녁 식사〉를 통해 이미 여성들의 반란을 실험해보았고, 이를 바탕으로 다소 파격적인 내용인 〈바람난 가족〉을 만들었다고 할 수 있다.

〈처녀들의 저녁 식사〉는 세 여성이 주인공이다. 인테리어 디자이너로 성공한 사업가 호정(강수연), 대학원생 순(김여진), 호텔 웨이트리스 연(진희경)이 그들이다. 29살 동갑인 이들의 성적 취향과 결혼관은 서로 판이하다. 호정은 독신주의에 여러 남성들과 즐기기만을 원하는 쪽이고, 순은 결혼은 하지 않되 아이는 키우고 싶어 하고, 연은 결혼해 안정적으로 살고 싶어 한다. 이 영화의 다양한 성적 취향과 지향을 통해 "여성의 성은 결혼과 감정의 볼모에서 해방되어 욕망의 대상으로 지각되고 숭배되는 성적 주체성의 표지로 승격"[12]된 것이다.

그러나 영화에서 처녀들의 이러한 성적 욕망은 채워지지 못한다. 호정은 간통죄로 잡혀 들어가고, 사업도 망해 프랑스로 이민을 떠난다. 순은 연의 애인과 하룻밤을 보낸 뒤 아이를 갖지만, 사고로 유산하고 만다. 연은 연인과의 연애에 지쳐 다른 남자를 사귀지만 곧 헤어진다. 이들은 자신들이 원하는 것을 성취하지 못했다. 이 인물 가운데 연이 〈바람난 가족〉의 호정과 비슷하다. 둘은 섹스에 대한 욕망이 있다. 남자 친구나 남편에게서는 오르가즘을 느끼지 못한다. 특히 연은 친구들에게 자신의 성적 판타지를 이야기한다. 그것은 자신이 리드해서 섹스를 하고 오르가즘도 느끼는 것이다. 이 말을 다르게 풀이하면, 연은 연인과 숱한 섹스를 하면서도 아직 오르가즘을 느끼지 못했다는 소리다. 〈처녀들의 저녁 식사〉의 마지막 장면에서 연은 마침내 오르가즘을 느끼는데, 그 장면은 〈바람난 가족〉의 호정과 지운의 섹스 장면과 거의 흡사하다.

〈처녀들의 저녁 식사〉에서 임상수는 세 여성의 성적 취향은 우리나라에서 아직 이루기 어렵다고 말하는 것 같다. 즉, 가부장제 전통이 유난히 강한 이 땅에서 여성들이 자유롭게 남성들과 섹스를 하고, 아버지가 누구인지도 모르는 아이를 낳아 결혼도 하지 않은 채 기르며, 여성 스스로의 리드로 오르가즘까지 느끼며 섹스하는 것은 사실상 불가능하다. 그런데 이 모든 한계를 〈바람난 가족〉은 넘어서버린다. 병한과 호정은 자신이 원하는 남성과 섹스를 하고 오르가즘을 느꼈다. 호정은 홀로 아이를 키울 것이다. 다만 〈처녀들의 저녁 식사〉의 호정처럼 〈바람난 가족〉의 호정은 남성 편력이 많지는 않다. 이 차이를 두고 가부장제 해체와 여성 주체에 대한 영화적 표현의 전진이냐 후퇴냐를 논하는 것은 큰 의미가 없어 보인다. 중요한 것은 〈처녀들의 저녁 식사〉의 실패가 〈바람난 가족〉의 성공으로 이어졌다는 점이다. 그 사이에 우리 사회에서 엄청난 진전이 있었는지, 아니면 임상수의 세계관이 변화했는지 살펴보는 작업은 필요할 것 같다.

2. 불구의 아버지를 포용하는 가족, 〈좋지 아니한가〉

〈바람난 가족〉이 가부장을 죽임으로써 가부장제를 끝내는 영화라면, 〈좋지 아니한가〉는 불구가 되어버린 아버지를 가족이 이해하고 감싸는 내용이다. 영화는 코미디 스타일로 전개되지만, 매우 깊이 있는 내용을 담고 있다. 〈바람난 가족〉이 섹스를 다루지만 매우 진지한 영화인 것과 같은 이치이다. 영화 속 가족은 매우 황당하다. 선생이지만 성적인 불구가 되어버린 아버지 심창수(천호진), 권태기에 빠져 새로운 연애를 하고 싶은 어머니(문희경), 이 집에 얹혀사는 소설가 지망생 이모(김혜수), 전생에 왕이었다고 생각하는 아들 심용태(유아인), 역시 두뇌가 정상으로 보이지 않는 딸 심용선(황보라) 등이 한 가족을 이루고 있다.

영화에서 주요 갈등은 아버지에게서 비롯된다. 성불구로 부인에게 구박당하는 심창수는 비 오는 날 아픈 여학생을 여관에 데리고 가 쉬게 했다가 파렴치한으로 오해를 산다. 소문이 퍼지자 사람들은 모두 그에게 손가락질한다. 가족들도 아버지를 아버지로 대하지 않는다. 부인도 마찬가지다. 여기서 아버지가 불구라는 설정은 〈바람난 가족〉에서 아버지가 죽어가는 것과 같다. 이 시대의 아버지란 아버지로서의 제 역할을 못하는 존재다. 이제 가부장은 죽어가거나 불구가 되었다. 더구나 영화에서 아버지는 직업마저 고등학교 선생이다. 그야말로 '꼰대'의 조건을 모두 갖추었다. 그런 꼰대가 죽어가고 있거나 죽음을 고하고 말았다. 이런 상황에서 아내는 젊은 사람에게 연정을 품고 있다. 심지어 새로운 연애를 꿈꾼다. 이 얼마나 부조리한가! 더욱 가관인 것은 아들이 심창수의 자식이 아니라는 것이다. 결혼했을 때 아내는 이미 임신을 한 상태였다. 그 사실을 알고도 심창수는 지금의 아내와 결혼을 했고, 아이도 키웠다. 그런데 성불구가 되자 아내는 노골적으로 남편을 구박한다.

집에서도 학교에서도 아버지는 권위가 없다. 이런 그가 가족들과 함께 저녁에 강가로 산책을 간다. 이제 동네 사람들은 그 가족을 대놓고 무시한다. 이 상황에서 가부장이 죽어버린다면 영화는 〈바람난 가족〉과 같은 길을 가게 될 것이다. 부인이 바람이 나서 남편을 버려버린다면 그 역시 마찬가지다. 그러나 영화는 다른 길을 간다. 다음을 보자.

이 가족은 '안 좋은' 가족일까, 아니면 이만하면 괜찮은 가족일까? 이 것이 영화의 제목인 〈좋지 아니한家〉가 담고 있는 질문이다. 영화 내내 모래알처럼 따로 놀던 다섯 식구가 막판에 외부의 적을 만나 단 결하지만, 상식적인 '화해'나 '관계 회복'의 드라마가 이 영화의 관심사 는 아니다. '단결'의 계기는 '집에서 기르던 개(애견 용구, 그는 아들 용태와 딸 용선과 같은 돌림자를 쓰고 있다)'이다.

그 '단결'은 가족 아닌 것을 가족으로 연장시키는 새로운 모럴에서 시작된다. 폐쇄적이고 배타적인 '가족 이해의 자기 확인'이 아니라, 개 방적이고 포함적인 '가족의 확대'에 의해서 이루어지는 새로운 단결과 연대, 그것은 또 한 번의 새로운 '가족의 탄생'이다. '남의 씨'인 용태가 창수를 아버지라고 불러도 괜찮은지는 새삼 확인할 필요가 없지 않 한가?[13]

개 때문에 벌어진 싸움에서 가족은 단결한다. '개싸움'처럼 엉망인 상 황이지만, 가족 구성원들은 자기 가족을 감싸고 편든다. 여기서 이기고 지는 것은 중요하지 않다. 마침내 아내는 사람들 앞에서 당당하게 남편은 불구라고 고백해버림으로써 남편의 범죄 가능성을 일축해버린다. 동네 사람들 모두가 심창수가 불구라는 사실을 알게 되는 불행에 빠져드는가 싶지만, 다른 한편으로는 그동안의 비방과 음모에서 벗어날 수 있는 계기 가 된다. 이것은 심창수의 행인가 불행인가? 가부장의 죽음인가 부활인 가? 혹은 이 집은 '좋지 아니한 家'인가? 이 집의 단결은 좋지 아니한가?

〈좋지 아니한가〉는 죽어버린 가부장을 살리려고 하지는 않는다. 그렇 다고 확인 사살을 하는 영화도 아니다. 권위적인 과거의 가부장이 죽은 자리에 새로운 가장이 등장한다. 그 가장은 가족을 함부로 대하지도 않 고, 자기 '아들이 아닌 아들'에게 불만을 드러내지도 않는다. 자기 피의

상징적으로는 죽었지만 생물학적으로는 죽지 않은 아버지를 그린 〈좋지 아니한가〉

정통성을 강조하지 않으며, 부인의 의견을 존중한다. 그래서 결국 가족들의 단결을 이끌어낸다. 특이하게도 남편의 직계인 삼촌이 아니라 부인의 직계인 이모가 이 집에 함께 살면서 식구食口가 되는 것도 이 사실을 증명한다. 이렇게 이 영화는 가부장제가 무너진 뒤 새로 등장한 가족이 모계 중심으로 이동하고 있다는 상황을 보여주고 있다. 이제 아버지는 힘이 없다. 이제 아버지는 "상징적으로는 이미 죽었으나 생물학적으로는 죽지 않은 상태로 등장"[14]할 뿐이다.

제 11 장

이천년대 이후 영화에 재현된 가족 그리고 사회

첫 번째 대안 가족,

여성 공동체

또는 대모 가족

가부장이 죽었으니 이제 기존의 가족을 해체하고 새롭게 대안 가족을 구성해야 한다. 하지만 넘어야 할 산들이 많다. 먼저 우리에게는 이른바 '정상 가족 이데올로기'라는 것이 존재한다. 혈연관계와 정상적인 혼인 과정을 통해서 일반적으로 부모와 자식으로 구성된 제대로 된 가족이 탄생할 수 있다는 인식이다. 그렇지 않은 가족은 비정상 가족으로 구분된다.

그러나 이미 "한 부모 가족, 재혼 가족, 맞벌이 가족, 무자녀 부부 가족, 별거 가족, 동거 가족, 동성애 가족, 독신 가족 등 가족의 구성과 형태는 다양해지고 있으며, 기존의 신화화된 정상 가족 이데올로기로 폄하하던 비정상 가족의 흐름이 확대되고 있다."[1] 여기에 일인 가족, 비혈연 가족까지 등장하고 있는 실정이다.

이렇게 다양한 형태의 가족들이 구축되는 가운데 한국 영화가 모색하는 대안 가족 중 가장 먼저 눈에 들어오는 것은 여성 공동체 또는 대모 가족이다. 그 시초가 〈처녀들의 저녁 식사〉에서 잠시 선보였다가 이후 영화들에서 점차 두드러진다. 〈싱글즈〉(권칠인, 2003)는 가부장 없는 여성 연대를 이야기하고, 〈쇼킹 패밀리〉(경순, 2006)는 남성 중심적 꼰대를 해부하면서 엄마와 딸로 구성된, 자발적인 비혼모 가족을 그려낸다. 〈다섯은 너무 많아〉(안슬기, 2005)에서는 마침내 본격적인 대모 가족이 등장하고, 〈차이나타운〉(한준희, 2015)에서는 남성보다 남성 역할을 더 잘 해내는 대모가 등장한다.

1. 〈싱글즈〉의 낙관,
여성 공동체의 가능성

〈처녀들의 저녁 식사〉에서 세 처녀들은 한집에서 살아간다. 호정은 여러 남성들과 프리섹스를 즐기는 사람이고, 연은 결혼을 꿈꾸는 순정파라면, 순은 결혼은 하지 않고 아이를 키우고 싶어 하는 비혼족이다. 순이 연의 연인과 하루를 보낸 결과 임신을 하게 되면서 그녀는 자신의 생각을 행동으로 옮긴다. 세 여성이 서로의 고민을 솔직하게 토로하는 이 공간은 기본적으로 여성 공동체, 나아가 대모 가족의 분위기를 만들어낸다. 하지만 순은 지리산 등반 도중 폭우에 휩쓸리면서 유산을 하고 만다. 대학원생이던 그녀는 스트레스가 쌓이면 산으로 가서 자연의 아우라를 경험하며 치유 받곤 했었다. 그런 그녀가 역설적으로 자연 속에서 계획의 실패를 체험하게 되는 셈이다. 임상수 감독은 비혼모의 현실이 결코 녹록치 않다는 사실을 이런 설정을 통해 재현해냈다.

〈싱글즈〉에서는 여성들의 연대가 드디어 성공한다. 영화에는 네 명의 인물이 등장한다. 다소 소심한 성격의 나난(정진영), 워킹우먼에 자유연애주의자인 동미(엄정화), 순진하고 착한 정준(이범수), 나난을 사랑하는 수헌(김주혁) 등이 그들이다. 나난과 동미, 정준은 초등학교 동창인데, 흥미롭게도 동미와 정준은 같은 집에서 살고 있다. 돈이 부족해 둘이 같이 산다고 하지만 남녀가 함께 옥탑방에 살면서 서로에게 아무런 감정이 없다는 설정은 쉽게 이해하기 어렵다. 〈싱글즈〉라는 제목처럼 결혼하지 않은 이들은 부지런히 연애를 한다. 가령 동미는 많은 남성들을 집으로 데려오고, 정준은 나이가 어리지만 영악한 여성과 사귀고 있다. 사랑하는 사람에게 차인 동미가 이 집에 자주 놀러와 셋은 자연스럽게 어울린다. 셋은 모두 직장인이다. 아직 결혼을 하지 않았기에 작은 집에서 살아가는 직장인.

회사에서 열심히 일하지만 나난과 동미는 여성이라는 차별을 받는다. 나난은 디자인 회사에서 외식 매장으로 발령이 나고, 동미는 자신이 준비한 프로젝트를 팀장에게 뺏기고 성적으로도 괴롭힘을 당한다. 나난에게도 끊임없이 성적으로 괴롭히는 과장이 있다. 수헌이 대신 이를 폭력으로 응징해주면서 나난은 서서히 자신감을 되찾는다. 동미는 팀장에게 망신을 주고 난 뒤 과감하게 회사를 그만두고 자기 사업을 시작한다. 이렇게 보면 〈싱글즈〉는 사회에 만연한 성적 차별을 고발하고, 여성들의 자립을 이야기하는 영화라고 할 수 있다. 여기까지는 잘 만들어진 여성 영화의 모습이다.

하지만 〈싱글즈〉는 이 지점에서 멈추지 않는다. 애인에게 차인 정준을 위로하던 동미는 그와 하룻밤을 보내고, 임신을 한다. 수헌은 나난에게 함께 뉴욕으로 가서 디자인 공부를 하자고 제안한다. 이렇게 영화는 새로운 선택의 갈림길에 들어선다. 이제 동미와 나난은 어떤 결정을 내릴 것인가? 놀랍게도 동미는 정준에게 임신 사실을 알리지 않고, 아이를 낳아 키우기로 결심한다. 나난은 수헌과 결혼하지 않고 남아서 직장을 다니겠다고, 그리고 동미가 낳는 아이의 아빠가 되어주겠다고 선언한다. 영화 제목인 〈싱글즈〉는 이렇게 완성된다. 또한 동시에 새로운 가족도 탄생한다. 〈싱글즈〉는 긍정적인 평가를 받을 수 있었던 까닭이 여기에 있다.

동미는 우연한 계기로 갖게 된 아이를 그 아이의 아빠인 정준에게 알

여성 공동체의 가능성을 제시한 〈싱글즈〉

리지 않은 채 싱글맘을 선택한다. 동미는 아이를 빌미로 정준을 붙잡아 결혼에 골인하여 사회에서 인정하는 보편적인 삶을 살 수 있음에도 불구하고, 정준을 떠나보내고 아직은 국내에서 비주류에 속하는 대안적 가정인 싱글맘 즉 '비혼모'를 선택한다. 〈싱글즈〉는 손쉽게 '싱글맘'을 선택함으로써 현실감이 다소 결여되었다는 문제점을 안고 있지만 기존의 전형적인 멜로드라마의 결말을 파괴하는 미혼모 아닌 비혼모의 선택을 보여줌으로써 정형성에서 탈피하여 다양한 부모 되기의 방식과 함께 대안적 가족 형태인 '독신'과 '비혼모'에 대한 긍정적인 시각을 관객들에게 보여주었다.[2]

이 부분에서 짚고 넘어가야 할 것은 "손쉽게 싱글맘을 선택함으로써 현실감이 다소 결여되었다"라는 지적이다. 정말 영화는 현실감이 결여된 선택을 하고 있는 것일까? 지적했듯이 동미와 나난은 직장에서 성 차별을 받고 있다. 영화는 그녀들을 통해 이미 공적 영역에 만연한 성 차별의 상황을 재현하고 있을 뿐이다. 세상이 이미 이러한데 스스로 가장이 되어 비혼모로 아이를 키우겠다는 결심을 비현실적이라고 단정할 수 있을까? 물론 차별로 인해 그만큼 여성만의 가족 구성이 어려워 보이기도 한다. 하지만 바로 그 이유 때문에, 차별을 경험한 이들이 폭력적인 남성 중심의 사회와 제도를 거부하면서 여성의 정체성을 찾아가는 영화라고 보아야 하지 않을까? 왜 그녀들이 연대할 수밖에 없었는지 우리는 영화를 보며 확인해야 한다.

물론 아쉬움은 있다. 정준이 가부장적 사고를 지닌 인물이 아니기에, 나난은 그와 결혼해서 살아갈 수도 있었을 것이다. 만약 그랬다면 이들의 결혼 생활은 이른바 개방 결혼처럼 남달랐을 것이다. "개방 결혼에서는 부부가 서로의 프라이버시를 존중하고 융통성 있는 역할 분담을 실시하며, 가족 생활에 있어서의 책임이나 권위를 동등히 분배하고 상호 신뢰하며, 개방적이고 정직한 대화를 나누며, 개방적인 동료 관계와 개인의 주체성을 추구한다."[3] 그러나 애인에게 차이고 지방으로 발령이 나서 고향으로 내려가는 정준에게 동미는 임신 사실을 알리지 않는다. 정준에게 부담이 되기 싫었기 때문이다. 결국 동미는 나난과 함께 여성 공동체를 형성해 아이를 키우게 될 것이다. 생물적 부모와 사회적 부모는 당연히 분리될 수도 있다.

2. 독립 영화의 리얼한 모습,
   〈쇼킹 패밀리〉

〈쇼킹 패밀리〉는 남성 중심적 꼰대 사회를 해부하는 다큐멘터리다. 영화의 제작 일지에 감독은 이렇게 적고 있다.

> 쇼킹 패밀리란 가족이라는 이름으로 개인의 존재를 망각하고 침해하
> 며 전통과 역사를 운운하며 국가와 사회가 해야 할 일을 가족이라는 이
> 름으로 떠맡게 한다는 걸 모르고 멍청하게 자본주의의 착한 포로가 되
> 어 결혼과 교육 등의 이유를 붙여 무작위 소비에 열을 올려주는 소위
> '정상 가족'의 이상에 동의하며 살아가는 모든 가족과 그 무리들을 일
> 컬어 하는 말이다.[4]

가족주의가 개인의 자유를 침해하기 때문에 이를 거부한다는 당찬 표
현! 감독은 가족주의에 빠져 살아가는 '정상' 가족들을 '쇼킹' 패밀리라고
칭했다. 그리고 쇼킹 패밀리에 맞서는 여성 공동체를 스스로 제시한다.
영화가 강조하는 가족의 문제점은 확고한 가부장적 가족주의에서 발생
한다. 이 체제 안에서 여성들은 자신을 망각한 채 피해자로 살아가도록
강요받기 때문이다. 이 영화는 여성들의 생생한 목소리(스스로의 경험과 생
활)를 통해 한국에서 여성으로 사는 일이 얼마나 고통스러운지─예컨대
딸이 얼마나 힘든 성장의 과정을 거쳐야 하는지, 결혼과 더불어 여성은
어떻게 인간으로서 대접 받기를 포기하게 되는지, 이혼 후 혼자 딸을 키
우는 것이 얼마나 힘든 일인지─보여준다.

카메라는 혼자 딸을 키우고 있는 여성 감독, 가족과 별거 중인 사진작
가, 홀로 생활하고 있는 여성 스태프의 뒤를 세심하게 좇으면서, 이를 통
해 한국 사회에서 가족주의가 얼마나 심각한 문제인지 증명해나간다. 재
혼한 경순 감독의 아버지는 동생의 결혼식에 이혼한 어머니가 오지 못하
게 한다. 경순 감독에게는 재혼한 어머니도 어머니이고 이혼한 어머니도
어머니이지만, 아버지는 이혼한 어머니는 어머니가 아니라며 결혼사진

도 찍지 못하게 한다. 부모가 이혼했기 때문에 시집살이를 하면서 끊임없이 욕을 먹어야 했던 사진작가는 자살을 시도하고서야 그 집에서 나올 수 있었다. 그러나 아직 법적으로 이혼을 하지는 못했다. 이혼하면 아이를 다시는 볼 수 없을 것이라는 시댁의 협박 때문이었다.

이렇게 직접 가족주의의 문제와 대면하는 그녀들은 영화를 찍으며 서로를 이해하게 되고, 기존의 가족주의를 극복할 새로운 형태의 가족주의를 주장한다. 그것은 남성이 없는 여성들만의 공동체이다. 가부장적 가족주의라는 권력의 역학 관계 속에서 상대적으로 억눌렸던 여성들에게 권력의 폭압이 사라지면서 자유가 찾아온다. 영화 속에는 참으로 특이한 장면이 등장하는데, 감독의 어린 딸이 사는 방의 풍경이다. 그 방은 온갖 낙서로 가득하고 전혀 정리가 되어 있지 않아 매우 지저분해 보인다. 그럼에도 감독은 딸에게 '그녀'라는 호칭을 사용하면서 그녀의 방이기 때문에 그녀가 편하게 살아갈 수 있도록 해야 한다며 그대로 둔다. 여성들만의 공동체란 자유분방하면서도 개성을 존중해주는 곳이란 점을 이런 설정으로 보여주는 것이다.

영화를 촬영하면서 구성한 네 여성의 공동체는 평안하다. "이 여성들은 개별 가족으로 존재하지만 동시에 서로를 이해해주고 지원해주는 정서 공동체이자 다큐멘터리를 함께 만들어가는 노동 공동체이기에, 기존의 가족이 아니라 공동체 가족이라는 이름으로 함께한다."[5] 때문에 이들은 연대할 수 있고, 그런 이들의 삶은 활력이 있다. 폭력으로 억압하지 않고 부드러운 심성으로 서로를 포용해주면서 그녀들은 풍족하고 서로를 이해하는 가정을 이룬다. 가정 폭력이나 사회적 폭력이 대부분 남성들에 의해 행해진다는 것을 생각하면, 이 영화가 그리는 가족이 얼마나 정서적으로 평안한지 이해할 수 있을 것이다.

3. 대모 가족의 탄생,
   〈다섯은 너무 많아〉

〈다섯은 너무 많아〉는 대중들에게는 그리 잘 알려지지 않은 영화이다. 김밥집에서 일하는 시내(조시내)는 일회용품을 신고해 돈을 벌려는 청소년 동규(최시형)에게 돌을 던졌다가 그가 정신을 잃고 쓰러지자 자신의 단칸방에서 같이 살게 된다. 하지만 내막은 집을 나온 동규가 갈 곳이 없어 시내의 집에 얹혀살기 위해 기억이 나지 않는다는 꾀를 부린 것이었다. 분식집에서 함께 일하던 조선족 처녀 영희(최가현)가 해고된 뒤 갈 곳이 없어 방황하고 있을 때에도 시내는 그녀를 자신의 단칸방으로 데려온다. 월급도 제대로 받지 못하고 해고된 영희의 사정을 알게 된 시내는 영희, 동규와 함께 분식집에 쥐를 풀어놓아 분식집을 망하고 만든다. 그런데 그 분식집의 사장(김도균)도 시내의 단칸방에 들어오게 된다. 사연인즉슨 사장 만수는 친구에게 돈을 떼여 영희에게 월급을 제때 줄 수 없었던 것이었다. 게다가 영희를 좋아해서, 돈을 주면 영희가 연변으로 떠나버릴까 봐 일부러 주지 않은 속내마저 있었다.

이렇게 급조된 단칸방 가족 구성원들은 시내를 중심으로 모였기 때문에 당연히 시내의 말을 따른다. 이른바 대모大母 가족이 형성된 것이다. 방이 좁을지언정 이들은 아기자기하게 재미있게 살아간다. 동규를 괴롭히는 청소년을 혼내주고, 영희와 만수가 살아갈 수 있는 터전을 제공한다. 시내의 애인이 시내에게 너무 착한 것 아니냐고 불만을 토로해도 시내는 답을 하지 않는다. 피 한 방울 섞이지 않았지만, "이 공동체 안에서 동규는 소통할 수 있게 되었고, 시내도 자신의 수고를 인정받게 되었으며, 영희와 만수는 좌절된 꿈을 위로해 줄 수 있는 관계를 만들었다."[6]

유심히 살펴볼 것은 이 영화 안에 기존의 가족 제도가 등장한다는 점이다. 동규에게는 어머니와 동생이 있다. 하지만 그의 집은 무척이나 가난했고, 동규는 그곳을 나와 거리를 떠돌다 집 나온 또래들과 어울린다. 그들은 동규에게 전혀 도움이 되지 못했고, 오히려 동규를 이용만 하려든다. 그런 친구들을 혼내주는 것이 시내의 식구들이다. 시내에게도 가족이 있다. 아들인 동생만 편애하면서 사치가 심한 시내의 어머니는 시골에서 올라와 시내에게 돈을 달라고 하지만, 시내는 매몰차게 거절한다. 고생해서 번 자신의 돈을 왜 가족에게 주어야 하는지 시내는 이해할 수 없다. 하지만 시내는 단칸방의 식구들에게는 화를 내지 않는다.

영화에서 기존의 가족 제도 대신 대모 가족이 등장한 이유는 간단하다. 기존의 가족 제도가 제 역할—예컨대 동규의 양육—을 해내지 못하기 때문이다. 또한 기존의 가족주의가 여성을 차별하고, 경제적으로 한 구성원에게 지나치게 의존하기 때문이다. 반면 시내를 중심에 둔 대모 가족의 구성원들은 다르다. 만수와 영희는 붕어빵을 팔아 생계를 유지하고, 결국 돈을 벌어 단칸방에서 나가고, 출산도 한다. 동규 역시 가정으로 돌아간다. 시내도 원양어선을 타고 떠났던 애인이 돌아오면 그와 결혼해서 살아갈 것이다. 이렇게 보면 〈다섯은 너무 많아〉는 대모 가족을 완벽하게 형상화한 영화는 아니지만, 그럼에도 불구하고 이 영화가 지니고 있는 장점은 분명하다.

비록 단출한 형태이지만, 이 영화는 대모 중심의 가족을 제대로 그려낸다. 자상하고 인자한 여성 중심의 가족이 혈연 중심의 가부장 가족보다 훨씬 부드러운 가족 제도라는 것을 보여준다. 한국 가족이 유난히 책임감을 강조하거나 구성원들에게 부담을 지우는 이유 가운데 하나는 그것이 가부장 중심이기 때문이다. 아버지는 가족의 중심이 되어야 하니 괴롭고, 장남은 그것을 이어받아야 하니 두려우며, 어머니는 남성 중심의 구조에서 모든 뒷일을 감당해야 하니 고통스럽다. 영화는 이런 구도를 깨뜨리고, 비혈연적이며 여성 중심의 부드러운 가족을 등장시킴으로써 새로운 대안을 구상해냈다. 〈다섯은 너무 많아〉는 기존 가족이 지닌 억압적인 구조로부터 벗어난, 정말로 새로운 영화라고 할 수 있다.[7]

4. 〈차이나타운〉의 악한 대모

〈차이나타운〉은 잔혹한 영화이다. 인천의 차이나타운을 배경으로 돈이되는 일이라면 뭐든 다 하는 마가상회가 배경이다. 마가상회를 지배하는 엄마(김혜수)는 강한 여성이다. 고아들을 거둬서 앵벌이를 시키고, 그 돈으로 사채놀이를 하고, 심지어 사람의 장기도 밀매한다. 지하철 보관함 10번에서 발견된 일영(김고은)은 차이나타운에 와서 엄마와 함께 일을 한다. 엄마가 하는 말은 한결같다. "증명해봐. 네가 아직 쓸모 있다는 증명." 쓸모가 없으면 언제든 죽이겠다는 것. 그 혹독한 생존의 공간이 차이나타운이고, 그 공간의 지배자가 엄마이다.

어떻게 보면 영화는 가장 원시적인 사회를 그리고 있는 것처럼 보인다. 어머니를 정점으로 권력이 작동하는 대모 사회. 돈을 갚지 못하면 노비가 되어야 하는 함무라비 법전을 보는 것 같은 자본의 질서. 신기하게도 영화는 신자유주의가 가속화되면서 돈이 되는 것이라면 무엇이든 가리지 않는 현대의 모습과 연결된다. 대기업이 자신만의 방식으로 자본을 축적하듯 가난한 범죄 집단은 자신만의 방식으로, 즉 경찰과 공생의 관계를 맺은 채 자본을 축적하면서 생존해나간다. 생존은 말 그대로 생존의 법칙에 충실한 생존survival이다. 갚을 돈이 없으면 몸으로 갚아야 한다. 지금 우리 사회의 모습 그대로다. 이렇게 보면, 〈차이나타운〉은 원시 사회의 생활과 제도를 복원해 현대를 이야기하고 있다.

영화는 자상한 대모가 아니라 잔혹한 대모가 등장한다는 점에서 대모 신화를 비틀고, 여성을 여성의 역할에 국한시키지 않고 잔혹한 남성의 일까지 하게 만든다는 점에서 모성 이데올로기를 비틀고, 구성원에게조차 쓸모가 없어지면 곧바로 죽일 거라며 가족주의를 비튼다. 이들은 대모를 중심으로 한 대모 가족 공동체이지만 철저하게 생존을 위한 공동체이다.

김혜수와 김고은이라는 유명 여배우들이 출연하지만, 영화는 이들의 여성미를 스크린에 전시하지 않는다. 살을 찌우고 기미와 주근깨를 얼굴에 그대로 노출한 김혜수는 호칭은 엄마이지만 모성의 역할과는 전혀 다른 일을 한다. 그녀는 일반적인 여성의 기능인 출산과 양육, 가사 노동을 거부한다. 그리고 대모의 지위를 남성이 아니라 여성에게 승계한다. 남성적 장르의 철저한 여성화라고 할 수 있을 정도이다.

영화의 갈등은 일영이 여성성을 드러내고자 할 때 발생한다. 사채를 받으러 간 곳에서 일영은 석현(박보검)을 만나 사랑의 감정을 경험한다. 그가 해주는 음식을 먹고 함께 영화를 보고 술을 마시면서 그 감정은 점점 깊어진다. 그녀는 친구와 옷을 사러 갔다가 처음으로 원피스를 입어본다. 영화는 "일영이 '원피스를 입기 전/원피스를 입고 있는 동안/원피스를 벗은 후'로 구분된다."[8] 원피스를 입기 전 일영은 엄마의 말에 충실한 사람이었다가, 원피스를 입으면서 흔들리게 되고, 원피스를 벗은 후 엄마에게 복수를 하고 스스로 대모가 된다.

원피스를 입고 여성이 되려는 일영의 마음을 감지한 엄마는 바로 작업을 실행한다. 석현을 죽여 버리는 것이다. 그것은 일영을 후계자로 키우기 위한 잔혹한 실험이었다. 엄마 마우희는 처음부터 일영을 대모의 후계자로 생각하고 있었다. 그래서 일영이 복수하러 왔을 때 그녀는 덤

덤히 받아들였다. 심지어 법적인 권리를 주기 위한 준비도 했다. 일을 마친 후 지하철 10번 보관함에서 "일영이 신분증을 통해 얻게 되는 사회 구성원으로서의 지위는 사실상 마우희의 법적인 딸, '마일영'으로서만이 가능하다. 이를 통해 일영이 마우희로부터 벗어나 도달하고자 했던 독립된 개체의 모습은 마우희의 권력을 통해서만 달성된다는 역설적 사실이 드러난다."[9] 영화는 마우희의 역할을 하고 있는 마일영의 모습을 보여주면서 끝을 맺는다.

〈차이나타운〉에 그려진 대모에 대해서는 여러 평가들이 있을 수 있다. "가부장제에 이의 제기를 한 엄마를 이 사회에서 축출하는 일이 남성이 아니라 여성에 의해 이루어지고, 주인공들이 남성 담론에 균열을 가하고 전복적인 역할을 수행한다는 점에서 새로운 여성 영화로서의 가능성을 보여준다."[10]고 할 수도 있고, "이러한 처절한 방식이 아니고는 도저히 생존할 수 없는 남성 중심적 한국 사회에 대한 냉소적 알레고리"[11]라고 평가할 수도 있으며, "남성 권력 위주의 기존 느와르 장르를 여성관계로 그려냈다는 점, 또한 모성 신화를 탈피하고자 하는 지점이 있다는 점에서 차별성을 갖는다."[12]고 평가할 수도 있겠다. 영화는 지금 우리 사회의 가부장제가 매우 폭력적이며, 그것을 넘어서기 위한 방식 역시 매우 폭력적이라는 것을 부정하지 않는다. 〈차이나타운〉의 여성들은 기존 남성들을 그대로 답습해 폭력적이 되었다. 이렇게 보면 〈다섯은 너무 많아〉의 대모 가족과 〈차이나타운〉의 대모 가족은 같은 가족을 그리고 있지만, 정반대의 지점에 있음을 알 수 있다. 이제 대모 가족도 여러 부류로 나눌 수 있게 되었다.

자상한 대모가 아니라 악한 대모가 등장하는 〈차이나타운〉

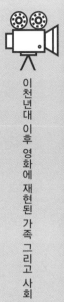

제 12 장

두 번째 대안 가족,

일처다부제

가부장이 없는 가족을 새롭게 구성한다면 도대체 어떤 공동체를 만들 수 있을까? 가부장에게 대부분의 여성들이 억압당했기 때문인지 가부장제를 해체시키며 등장하는 또 다른 부류의 영화들은, 다소 과격하게, 일처다부제一妻多夫制를 스크린 속에 재현하기도 한다. 말 그대로, 한 명의 부인에게 두 명 이상의 남편이 존재하는 셈이다. 이를 현실적이냐고, 요샛말로 '실화'냐고 따지는 것은 무의미하다. 영화는 현실 그대로를 반영하는 것이 아니라 대중의 욕망을 반영하기 때문이다.

영화는 가부장제가 무너지고 난 뒤, 행복한 가정을 꾸미기 위해 가부장제 하의 과잉적 가족 형태인 일부다처제一夫多妻制를 고스란히 전복시킨 지점에서 새로운 가족을 발견한 것일 뿐이다. 오랫동안 가부장제의 영향이 지대했던 나라에서 이런 형태의 가족을 스크린에서 본다는 게 당황스러울 수밖에 없겠지만, 사실 일부다처제가 아예 낯선 단어가 아니라는 것을 고려하면, 그리 놀랄 만한 사건도 아니다. 〈결혼은, 미친 짓이다〉(유하, 2002)에서는 결혼한 여성이 남성을 애인으로 두고, 〈아내가 결혼했다〉(정윤수, 2008)에서는 진짜로 두 남성과 결혼을 하고, 〈키친〉(홍지영, 2009)에서는 두 남성과 한 집에서 살아가는 여성의 아슬아슬한 삶이 그려진다. 이 현상을 어떻게 봐야 할 것인가?

1. 쇼킹한 영화, 〈결혼은, 미친 짓이다〉

특이하게도 일처다부제를 그린 대표적인 영화 〈결혼은, 미친 짓이다〉와 〈아내가 결혼했다〉는 원작 소설이 있다. 두 영화 모두 원작 소설의 많은 부분을 그대로 가지고 왔다. 물론 〈아내가 결혼했다〉는 원작의 상당 부분을 차지하는 축구 이야기, 가족에 대한 이론적 서술 등을 생략했지만, 서사의 흐름은 거의 같다. 〈결혼은, 미친 짓이다〉 역시 마찬가지다. 이 두 원작만 놓고 보면, 대중적 감수성이라는 면에서 소설보다 영화가 앞선다는 말을 쉽게 할 수 없을 것이다. 아니면 영화의 대중성보다 소설의 진지한 문제 제기가 더 어울리는 원작이라고 해야 할 것인가?

〈결혼은, 미친 짓이다〉는 현실과 낭만 사이에서 결혼 제도의 문제점에 대해 이야기한다. 즉 이 영화는 "사랑과 결혼의 어긋남 혹은 불일치로부터 출발한다."[1] 주인공은 두 명이다. 한 명은 시간 강사 준영(감우성)이고, 다른 한 명은 직장인 연희(엄정화)다. 소개로 만난 두 사람은 서로를 탐색하면서 지루한 과정을 이어가다가 어느 순간, 연희가 술에 취해 편한 고백을 시작하면서 여관으로 직행한다. 이 영화의 내레이션을 맡고 있는 준영은 무척이나 따분한 소개팅이 갑자기 섹스로 이어졌다고 말한다. 나중에 그 원인이 밝혀지듯이, 준영이 아예 연희의 결혼 상대가 되지 못하기 때문에, (섹스까지 포함해) 사귀게 되는 역설이 발생한 셈이었다. 영화는 이 논리적 모순에 가까운 명제를 증명하듯 전개된다.

두 주인공의 관계는 독특하다. 연희는 다른 남자를 만나는 일들—가령 선을 본다거나 어떤 남자와 결혼을 할 것인지 등—을 준영에게 상의하듯이 이야기한다. 연희는 준영을 두고 의사와 결혼을 하는데, (정말 이상하게도) 그 결혼식에 준영도 참석한다. 이 커플은 도대체 어떻게 된 커플인가?

결혼식 장면으로 시작해 결혼이라는 제도의 문제점을 그린 〈결혼은, 미친 짓이다〉

사귀던 사람이 결혼을 하면 더 이상 만나지 않는 것이 통상적이건만, 이들은 다르다. 결혼한 연희는 준영을 찾아와 돈이 좀 남았다며 독립을 하라고 권한다. 자신이 도와주겠다고. 이곳에서 자란 일반적인 남자라면 그 돈을 받지 않을 것 같은데, 준영은 돈을 받아 옥탑방을 구한다. 이제부터 둘의 애정 행각이 다시 시작된다. 연희는 남편과는 결혼 생활을, 준영과는 주말 부부 행세를 하면서 '두 집 살림'을 시작한다. 문제는 준영의 태도이다. 그는 연희와의 밀애를 즐기면서도 연희에게 걸려오는 남편의 전화가 부담스럽다. 결국 둘의 관계가 시들해지면서 위기가 찾아오지만, 연희는 준영과의 관계를 포기하지 않는다. 습관처럼 연희는 여전히 '두 집 살림'을 유지해나간다.

영화의 시작은 준영의 동생이 결혼식을 올리는 장면이다. 결혼식이 끝나고 가족사진을 찍을 때 "준영은 결혼식을 상징하는 사진 촬영에서 스스로 제외됨으로써 그가 결혼이란 제도와 무관하다는 사실을 관객들에게 암시"[2]한다. 그는 내내 결혼이라는 제도에 큰 관심이 없어 보인다. 아니, 오히려 결혼 제도의 문제점을 비판한다. 가령 친구의 결혼식 전날 만난 당사자(박원상)가 내일 식장에 들어갈지 말지 모르겠다고 고민을 털어놓을 때나, 그 친구가 전 애인과 바람을 피우다 들켜 부인과 관계가 멀어졌다는 말을 할 때도, 그는 무언가 손해 보는 느낌이 드는 결혼에 대해 회의한다. 결혼 전에는 자유롭게 다른 여자와 만날 수 있지만, 결혼 후에는 그럴 수 없는 부자유가 준영은 싫은 것이다. 그는 사람이 아니라 조건을 선택하는 것도 문제지만, 한 사람이 평생 한 사람만을 사랑하며 사는 것도 문제라고 생각한다. 하지만 세심히 살펴보면, 준영은 결혼이라는 제도, 그 제도가 만들어놓은 복잡한 관계와 임무에 반대하는 것이지, 여성과 남성이 만나서 살아가는 것, 자체를 반대하는 것은 아니다. 즉 그는 연희와 함께 유지하고 있는 것 같은 비혼인 동거 관계를 옹호한다. 그러다가 싫증이 나면 헤어지고, 좋아하는 다른 사람과 또 함께 살아가면 되는 것이다.

연희는 다르다. "그녀는 스스로 경제력을 가지고 독자적인 삶을 살 수 있었음에도 불구하고, 결혼이라는 제도 속으로, 남편/남성이라는 가부장의 권력 속으로 편입해 들어간다."[3] 이것이 이상한 것은 그녀가 사랑과 조건을 동시에 충족시키는 남성을 찾을 수 없다는 걸 스스로도 알고 있기 때문이다. 그녀의 경제적 조건과 결혼관을 고려하면, 당연히 그녀는 결혼하지 말아야 한다. 〈처녀들의 저녁 식사〉의 호정처럼 프리섹스주의자가 되어야 한다는 말이다. 그러나 그녀는 조건 좋은 의사인 남편과 좋은 집에서 살면서, 시간 강사지만 이야기가 통하고 개방적인 준영과 주말 부부 행세를 한다. 사실 이 부분이 영화에서 가장 이해하기 어려운 곳이다. 그렇게 결혼한 뒤 연희는 준영의 집에 있으면서 수시로 걸려오는 남편의 전화를 공손하게 받아낸다. 과연 이것이 그녀가 원하는 삶이었을까? 연희가 꾸준히 하는 말이 있다. 들키지 않고 살아갈 자신이 있다고. 그것이 과연 무슨 의미가 있는지는 연희만이 알 것이다.

요약하자면, "준영이 결혼이라는 제도 자체를 거부하는 방식을 택했다면, 연희는 들키지 않고 일부일처제의 경계를 넘나드는 방식을 택한다."[4] 그래서 〈결혼은, 미친 짓이다〉라는 제목과 달리 결혼은 그리 미친 짓이 아닌 것 같다. 준영의 입장에서 보더라도 연희의 결혼 때문에 집에서 나올 수 있었고, (불안하지만) 그녀와의 연애를 이어갈 수 있었으며, 연희는 일부일처제를 파괴하는 과감한 생활을 할 수 있었다. 영화는 가부장제 하에서 남성이 하던 짓을 그대로 뒤집어 여성이 행함으로써 가부장제에 대해 노골적인 비판과 조롱을 보낸다. 연희는 남편의 경제력으로 편히 살면서 자신의 경제력으로 준영과도 밀애를 즐긴다. 때문에 일부일처제나 일부다처제의 결혼은 미친 짓이 되어버렸다.

하지만 연희의 입장을 따져보면, 영화가 기존의 가부장적 가족 제도를 강력하게 파괴하고 있다고 보기는 여전히 어렵다. 가령 이런 것이다.

일부일처제를 기본 전제로 한 결혼 생활 내면의 모순과 허위를 고발하고, 사적 영역에서 여성/남성의 단편적인 역할 바꾸기에는 성공했으나, 여전히 공적 영역에서 여성은 배제되는 전근대적인 여성관과 모순된 결혼 제도가 그대로 영위되는 등, 가부장적 이데올로기에서는 완전히 벗어나지는 못했다.[5]

연희는 결혼하면서 직장을 그만 둔다. 왜 그래야 했을까? 의사 부인은 당연히 전업 주부를 해야만 한다는 뜻일까? 결국 결혼과 동시에 여성은 공적 영역에서 사라지고 사적 영역으로 이동해야 한다고 영화는 말한다. 그뿐 아니다. "옥탑방에서 준영과 연희는 기존 결혼 제도가 가지고 있는 전통적인 성 역할을 그대로 따르고 있다. 그들의 옥탑방 생활은 기존 결혼 제도에서 하나도 벗어나 있지 않다."[6] 가령 밥은 연희가 하고 준영은 먹기만 한다. 이것이 과연 가부장제를 파괴한 것일까?

그럼에도 불구하고 〈결혼은, 미친 짓이다〉가 불러온 충격은 크다. 가부장제 하의 남성들이 누리던 일부다처제를 완전히 뒤엎어 여성이 중심이 된 일처다부제를 영화 속에 그리기 시작했기 때문이다. 대중은 그 발랄한 상상력에 놀라지 않을 수 없었다.

2. 어떻게 아내가 결혼할 수 있지?

〈결혼은, 미친 짓이다〉보다 〈아내가 결혼했다〉는 진일보한다. 전자에서 연희가 하지 못했던 것을 후자의 인아(손예진)는 해내고 만다. 두 영화에서 여성의 성적 욕망은 매우 강하다. "1990년대 말 〈해피 엔드〉의 보라와 2000년대 말 〈아내가 결혼했다〉의 인아는 둘 다 전통적인 결혼 생활 혹은 남녀 관계를 거부하고 성적인 자유를 누린다는 점에서 억압된 여성 섹슈 얼리티의 해방이라는 진보적인 공통점을 갖는다."[7] 하지만 〈해피 엔드〉 의 보라는 실직한 남편에게 살해당한 반면, 〈아내가 결혼했다〉의 인아는 당당하게 일처다부제를 이뤄낸다. 그 사이에 〈결혼은, 미친 짓이다〉가 존 재할 것이다. 연희는 남편에게 들키지 않고 바람을 피우고 있다. 이렇게 여성 섹슈얼리티의 해방이라는 관점에서 보면, 한국 영화는 〈해피 엔드〉 에서 〈결혼은, 미친 짓이다〉를 지나 〈아내가 결혼했다〉에 도달했다.

〈아내가 결혼했다〉의 원작은 결혼과 가족에 대한 사회학적 개론서라 고 불릴 만큼 다양한 이론들을 소개한다. 인아의 대사로, 현재 우리가 정 상적이라고 생각하는 일부일처제의 역사가 얼마나 미천하지 설명하고, 그것만이 정상적이며 최선인 제도는 아니라고 말한다. 이 부분에 동의할 것인지 아닌지는 개인의 인생관과 세계관에 따라 다르겠지만, 영화는 인 간의 욕망과 일부일처제가 맞지 않을 수도 있다는 점을 매우 적극적으로 재현한다. 인아는 덕훈(김주혁)에게 처음부터 진솔하게 고백한다. 자신은 한 남자와 결혼해서 살 수 없기 때문에 결혼을 할 수 없다고. 인아는 덕훈 과 사귈 때에도 다른 남자와 섹스를 했었고, 그것을 덕훈에게 숨기지 않 았다. 그러나 덕훈은 결혼해서 아이를 낳으면 보통 여자들과 같아질 것이 라고 생각해서 인아와 결혼한다.

상황은 덕훈의 생각처럼 되지 않았다. 일 때문에 지방으로 내려가 주말 부부가 된 상황에서 인아에게 애인이 생겨버린 것이다. 인아는 덕훈에게 말한다. 그 남자와도 결혼하고 싶다고. 덕훈은 인아를 포기할 수 없어 그만 허락하고 만다. 그런데 도대체 이게 말이 되는가? 다시 말하지만, 이는 말이 되는지, 즉 영화적으로 개연성이 있고 현실적으로 핍진한지 verisimilitude 따질 사안이 아니다. 영화적 맥락에서 서사는 계속 진행된다. 처음부터 영화가 하고 싶었던 말이 바로 이것이었기 때문에, 당연히 이런 서사로 진행되어야 한다. 원작의 작가나 감독은 왜 이런 이야기가 불가능하냐고, 뻔뻔하게 묻는다. 이 영화의 매력은 여기에 있다.

소설이 아니라 영화를 본 이들은 인아의 역할을 손예진이 맡았기 때문에 이런 설정이 가능했다고 말하기도 한다. 왜냐하면 소설에서 인아는 "이목구비가 또렷했지만 눈은 그리 크지 않았다. 키도 작은 편이었다. 그리고 가슴도 작아 보였다."[8] 그래서 덕훈이 "그녀를 보고 첫눈에 반한 것은 아니었다."[9] 그런데 배우 손예진이 이 역할을 맡으면서 원작과 많이 달라진다. "배우 손예진은 남성 관객들의 욕망의 대상인 페티시fetish로 연출되면서도, 영화 속 서사를 끌고 가는 관능적이고 천연덕스러운 연기가 돋보인다."[10]라는 평가를 받은 것도 이 때문이다.

나아가 "여배우 손예진이 연기하는 인아는 이미지가 없어지면서 곧바로 시각화된다. 남성 관객이 훔쳐보는 욕망의 대상으로 기호화되는 것이다. 페티시즘적인 장면의 연출, 즉 손예진의 가슴을 클로즈업하거나, 몸매를 훑어 내리는 덕훈의 시선을 따라가는 카메라와 섹스 장면 등은 덕훈의 성적인 판타지를 만족시키면서 남성 관객의 시선을 만족시키는 즐거움의 텍스트가 된다."[11] 원작의 인아가 뚜렷한 자기 주관으로 일처다부제를 성사시키는 것과 달리, 영화에서 인아는 주관도 있지만 미모가 도움이 되었다는 이야기이다. 물론 틀린 지적은 아니지만, 손예진이라는 배우가 이 배역을 맡았기 때문에 현실적으로는 받아들이기 어려운 설정을 관객들이 받아들이게 되었다고 보기에는 무리가 있다. 손예진이 역할을 제대로 소화했다는 칭찬 정도로 보면 될 일이다.

한 평론가는 이 영화에서 인아가 일처다부를 이룰 수 있었던 원인을 세 가지로 꼽는다. 첫째, 가족 관계에서 독립적인 점, 둘째, 부모의 지배에서 벗어나 있을 뿐 아니라 남자와의 관계에서도 더 우세한 위치를 점하고 있는 점, 셋째, 경제적으로 독립적이라는 점 등이다. 즉 결혼식이나 아이 돌잔치에서도 인아의 가족은 등장하지 않으며, 무엇보다 그녀는 경제적으로 독립했을 뿐 아니라 덕훈보다 더 많이 번다. 〈결혼은, 미친 짓이다〉의 연희가 중산층 남편감을 물색하는 데 만족할 만한 결과를 거뒀지만, 경제적인 안정과 정서적인 만족을 동시에 유지하기 위해 관계를 비밀로 하고 있는 반면, 인아는 경제적으로 독립해 있기 때문에 연희보다 두 남자관계에서 한층 더 자유로워 보이는 것이다.[12]

그런데 남성의 성을 따르는 사회에서 일처다부제가 되면, 아이의 아버지는 누가 돼야 하는지의 문제가 발생한다. 이 영화의 위기도 그 부분에서 온다. 인아가 임신을 하면서 덕훈은 아이의 아버지가 누구인지 점점 집착해간다. 그러나 혈연주의에 매인 덕훈에게 인아는 단지 자신의 아이라고 말할 뿐이다. 여기서 그대로 영화가 끝나서 세 사람이 아이와 행복하게 살았다면, (어떻게 보면) 매우 진보적인 영화라고 할 수 있고, (한편으로는) 혈연주의의 현실을 무시한 공상적 엔딩이라고 비판을 받을 수도 있을 것이다. (그래서인지) 영화는 그 부분에서 타협을 한다. 즉, 인아와 새로운 남편이 철저하게 피임했다는 사실을 덕훈은 알게 된다. 이를 확인한 덕훈은 안심하면서 함께 바르셀로나로 떠난다.[13]

〈아내가 결혼했다〉에 그려진 일처다부제가 안정적이고 완벽한 것은 아니다. 가부장제의 흔적들이 여전하다. 가령 인아가 시댁과 집에서 성실하게 아내의 역할을 수행하는 장면은 전형적인 가부장제 사회의 모습이

일처다부체를 그린 〈아내가 결혼했다〉

다. 인아가 새로 결혼을 한 후 덕훈은 집에서는 손가락 하나 까딱하지 않고 아내가 해주는 밥을 먹고 쉬기만 한다. 혈연주의가 허락하는 하에서만 일처다부제가 가능하고, 그것도 한국에서는 불가능해 가족들이 바르셀로나로 떠나는 부분도 조금은 아쉽다. 때문에 "영화는 아내가 또 결혼하고 두 남편과 두 집 살림을 차리면 무슨 일이 일어날지를 관객이 예상하도록 도와주는 서사와 일처다부에 대한 다소간의 흥미와 그 아내는 '결국엔 떠날 수밖에'라는 상투적인 사건으로 관객을 편안하게 한다."[14]라는 비판을 받아야 했다. 특히 관객 가운데 여성들에게 더욱 강한 비판을 받기도 했다. 가령 이런 식이다.

> 결국 이 영화는 일부일처제를 부정하고 가부장제에 도전하는 내러티브를 갖고 있는 것처럼 보이나, 실상 아직 몰아내지 못한 가부장제의 유령들과 남성 권력이 요구하는 여성성을 훌륭히 수행한다는 전제 위에서만 욕망의 주체로서 여성을 인정하는 모습을 보여준다는 점에서 가부장제로의 봉합 아닌 봉합이라는 성격을 띠고 있다. 가부장제가 규정하는 '아내로서', '며느리로서', '어머니로서' 역할을 해내야만 자신의 주체성이 보장된다는 점에서 그녀의 주체성은 의존적이고 모순적이며 불완전하다.[15]

일처다부제라는 여성 섹슈얼리티의 해방을 그린 영화가 오히려 여성들에게 비판을 받고 있으니, 어떻게 보면 쉽게 이해하기 어려운 상황이다. 손예진이라는 스타를 페티시로 훔쳐보도록 하고, 그러면서도 가부장제가 규정한 역할을 해야만 하는데, 그마저 이 땅을 떠나야 하니 불만이 있는 것이다. 이를 넓게 해석하면, 아직 우리 사회의 가부장제는 공고하고 이것을 깨는 것은 여전히 요원하다고 할 수 있을 것이다.

그럼에도 불구하고 이 영화를 보면 적어도 여성의 성적 주체라는 측면에서 한국 영화사는 한걸음 발전했다는 것을 기꺼이 인정해야 한다. 이 영화를 통해 가부장제에 커다란 구멍이 뚫렸다는 것도 인정해야 한다. 비록 바르셀로나로 떠나지만 아내는 두 남편과 아이와 함께 행복하게 살아갈 (수 있을) 것이다. 아이와 안락한 가정을 모두 버린 채 외국으로 떠나던 〈정사〉의 서현 이후 불과 10년의 시간밖에 지나지 않았는데, 이런 영화가 등장했으니 그동안 변화는 얼마나 빨랐던가? 이 영화가 흥행에 성공했다는 것은 이런 설정을 관객들이 욕망했고 스스로 받아들였다고 판단할 수 있다. 물론 모든 관객이 그런 것은 아니었겠지만.

3. 낭만적 판타지, 〈키친〉

〈키친〉은 그리 널리 알려진 영화는 아니다. 여성 감독 홍지영이 만든 이 영화는 〈결혼은, 미친 짓이다〉나 〈아내가 결혼했다〉처럼 직접적으로 일처다부제를 이야기하지는 않는다. 매우 낭만적인 분위기를 스크린에 재현하면서 역설적이게도 현실적 요소를 매우 진솔하게 함께 녹여내고 있다. 그러니까 〈키친〉은 일처다부제가 불가능한 현실을 최대한 고려하면서 낭만적인 분위기를 살려 이것이 가능할 수도 있다고 차분히 말해주는 영화다.

결혼 일주년을 맞아 선물을 사러 갤러리에 간 모래(신민아)는 아직 개장하지 않는 그곳에서 우연히 어떤 남성을 만나 거짓말 같은 경험을 한다. 그런데 그 남자가 바로 남편이 기다리던 사람이었다. 그는 남편 상인(김태우)이 프랑스에서 요리 공부를 하며 만난 두레(주지훈)였다. 상인은 잘 나가던

증권회사를 그만두고 하고 싶어 하던 음식점을 차리기 위해 두레를 불렀다. 두레와 모래의 사연을 까맣게 모르고 있던 상인은 세 사람이 함께 한 집에서 살자고 한다. 이렇게 두 남자와 한 여성의 동거 생활이 시작된다.

영화는 처음부터 낭만적인 분위기를 강하게 연출하면서 모래와 두레 사이의 섹스의 필연성을 강조한다. 누구라도 그 시간 그 장소에 처했더라면, 그럴 수밖에 없었던 것처럼 그런 것이다. 신혼집인 상인과 모래의 집도 대도시 주변의 전원주택으로 설정해 낭만적 분위기를 한껏 자아낸다. 문제는 모래와 두레의 사랑이 조금씩 싹튼다는 것이고, 상인과 모래도 헤어질 생각이 없다는 것이다. 모래가 임신했다는 사실을 고백할 때쯤, 상인은 모래와 두레의 관계를 알게 된다. 통상적인 영화처럼 상인과 두레는 심하게 싸운 뒤, 두레는 프랑스로 떠나고 상인과 모래는 이혼한다. 결말이 이랬다면, 영화는 아내의 불륜을 다루었지만 신파적이거나 현실적인 요소를 배제하면서 다분히 낭만적으로 포장한 수준에 머물렀을 것이다.

상인의 친구 결혼식에서 상인과 모래가 다시 만난다. 둘이 이혼했다는 것을 이 장면에서 처음으로 관객들은 알게 된다. 홀로 있는 모래를 찾아간 상인은 두레를 데리고 올 것이라고 말한다. 그리고 모래에게 다시 결혼하자고 한다. 모래는 생각해보겠다고 하지만, 상인은 임신녀가 결혼하는 것이 쉽지 않다며 재촉한다. 이제부터 영화는 복잡해진다. 먼저 모래가 임신한 아이가 누구의 아이인지 알기 어렵다. 상인의 아이인지 두레의 아이인지 영화에는 드러나지 않는다. 남성의 혈연주의를 그 무엇보다 중시하는 이 땅에서 누구의 아이인지 정확히 알 수 없는 전처와 재결합하는 것은 쉽지 않다. 다음으로 이들이 재결합한 뒤 두레가 다시 돌아오면 이들은 이전처럼 같은 집에서 살아갈 것인가? 영화는 이 부분에 대해 명확히 말하지 않지만, 그럴 확률이 적지도 않고 높지도 않다. 만약 셋이 함께 산다면 일처다부제가 되는 셈이다. 〈아내가 결혼했다〉가 혈연주의 때문에 한바탕 홍역을 치른 후 주인공이 자신의 아이라는 것을 알게 되고서야 바르셀로나로 떠나는 것에 비하면, 이 영화는 분명 발전했다. 프랑스로 떠난 두레를 다시 불러 한국으로 오게 하고, 같이 아이를 키우며 살아갈 것이기 때문이다.

〈키친〉에서 눈에 들어오는 것은 한 여성과 두 남성이 살아가는 모습이 아니다. 셋은 일처다부제라는 것을 공공연히 말하지도 않고, 그 가능성을 쉽게 재현하지도 않는다. 영화는 미묘한 삼각관계 속에 그저 전개될 뿐이다. 대신 이 영화에서 두드러지는 것은 기존의 가부장제가 불러온 폭력과 간섭 등으로부터 자유롭다는 점이다. 상민은 두레가 그날 다른 남자와 섹스를 했다는 것을 알고도 폭력적으로 반응하지 않는다. 모래를 두고 상민과 두레가 다툴 때에도 과격한 폭력을 사용하지 않는다. 적어도 구성원에 대한 이해심이 전제되어 있다. 때문에 〈키친〉은 홍행을 한 영화도 아니고 크게 이슈가 된 영화도 아니지만, 일처다부제를 조심스럽게 그렸다는 점에서는 논의의 대상이 되어야 할 영화이다. 특히 여성이 능동적이지도 않지만 그렇다고 바보처럼 수동적이지도 않다. 〈결혼은, 미친 짓이다〉처럼 여성을 사적 영역으로 한정시키지도 않고, 〈아내가 결혼했다〉처럼 혈연주의의 현실에 매어두지도 않는다. 모래는 두 남자 사이에서 자신의 욕망에 충실하면서 살아간다. 그렇기 때문에 두 남성이 그녀를 동시에 사랑하게 되었을 것이다.

다른 장과 달리 일처다부제를 다루는 부분에서는 비판적인 시각이 많이 들어간 것 같다. 특이하게도 비판의 요지는 현실적이지 않다는 것이 아니라 일처다부라는 거의 혁명에 가까운 가족 제도를 그렸으면서도 가부장제의 유령에서 벗어나지 못했다는 것이었다. 〈결혼은, 미친 짓이다〉의 공적 영역에서의 여성 배제와 가정에 국한된 여성의 역할, 〈아내가 결혼했다〉에서 행해진 혈연주의와 가정에서 정해진 남녀의 역할, 〈키친〉의 조심스러운 일처다부제에 대한 접근 등이 그렇다. 이런 비판을 보면서 가부장제에서 벗어나는 것이 결코 쉽지 않다는 것을 새삼 깨닫는다. 가부장제에서 완전히 벗어나는 길은 가정에서 가부장이 완전히 사라지는 길뿐이라는 것을 알기 위해서는 다음 장을 봐야 한다.

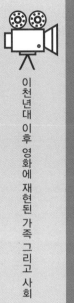

제 13 장

세 번째 대안 가족,

비혈연 가족

가족 영화의 새로운 흐름을 만들었다고 할 수 있는 영화를 단 한 편만 꼽으라면 바로 이 영화를 들어야 한다. 〈가족의 탄생〉(김태용, 2006). 기존의 영화 속 가족은 남녀가 결혼해서 아이를 낳아 기르는 가족이었다. 그것이 정상 가족이었고, 대부분의 영화에서도 가족은 그렇게 구성되었다. 그런데 〈가족의 탄생〉에서는 이 공식이 무너진다. 물보다 진하다는 피의 순수성을 부정하는 것이다. 가족 때문에 봉사하고 희생하는 어머니, 가족 때문에 고생하는 아버지라는 짐을 벗어버리고 새로운 형태의 가족을 탄생시킨다. 구성원에 대한 짐을 벗고 보니 가족 때문에 고생해야 하는 부모의 부담이 없고, 부모의 부담이 없으니 자식에 대한 부모의 억압도 없다. 가부장이 사라지면서 혈연이 무너지는 가족 관계는 〈고령화 가족〉(송해성, 2013)에서도 이어진다.

1. 가족 영화의 새로움,
   비혈연 '가족의 탄생'

영화를 보다보면 가끔씩 동거 가족을 만날 수 있다. 결혼을 하지 않고 단지 동거만 하며 살아가는 연인들이 주로 그 가족을 이룬다. 이들의 동거는 평등한 성 역할이 내재된 문화를 보여줌으로써 대개 이상적으로 그려진다. 남성은 아직 가부장이 되지 않았고, 여성은 자기 일을 하고 있어 동등하다. 〈와니와 준하〉(김용균, 2001)의 등장인물들은 평안한 동거를 하고 있다. 이들의 동거는 전혀 어색하지 않고, 동화적이라는 생각마저 들 정도다. 동거는 결혼보다 구속력이 약하다. 아이가 없이 동거를 마무리하면 이들은 완전히 남이 되어 헤어진다. 복잡한 절차도 없이 각자의 길을 갈 수 있다. 물론 현실에서는 이렇게 쉽게 이별하기가 어렵겠지만, 가족보다는 이별이 쉬울 수 있다. 여기서 굳이 이별을 이야기하는 것은 집착하지 않으니 생활이 더 평온해 보이기 때문이다. 물론 현실의 동거는 〈와니와 준하〉의 동거와는 다를 수 있다. 집착이 부른 폭력을 수시로 봐야 하기 때문이다.

〈가족의 탄생〉을 보면서 든 생각은 영화 속에 그려진 가족이 동거 가족처럼 평안해 보인다는 것이다. 특히 미라(문소리)와 무신(고두심)의 가족은 더욱 그렇다. 선경(공효진)과 경석(봉태규)의 가족도 마찬가지다. 선경과 경석은 같은 어머니를 둔 남매라는 혈연적 고리가 있지만, 미라와 무신, 채현(정유미)은 피 한 방울 섞이지 않은 남남으로, 이 가족은 말 그대로 동거하고 있을 뿐이다. 이런 사람들이 가족으로, 별 갈등이 없이 잘 살아간다. 당연히 가정 내의 억압도, 폭력도 없어 보인다. 이 가족은 어떻게 구성된 것일까?

〈가족의 탄생〉은 총 3부로 구성되어 있다. 3부 구성 앞에 프롤로그가 있는데, 기차 안에서 채현과 경석이 만나는 장면으로 채워진다. 이들이 사이다와 계란처럼 유별나게 짝을 이루는 연인이라는 것을 이야기를 한 뒤, 영화는 각 등장인물들이 지금껏 어떻게 살아왔는지 그 비밀을 풀어나 가는 형태로 전개된다. 흔한 멜로드라마라면 신분 차나 과거의 비밀을 통 해 사랑에 장벽을 만들겠지만, 〈가족의 탄생〉은 전혀 다른 길을 간다.

1부는 프롤로그보다 한참이나 과거의 시간을 다룬다. 미라가 주인공이 다. 춘천에서 분식집을 하면서 살아가는 미라에게 어느 날 5년 동안 소식 이 없던 동생 형철(엄태웅)이 찾아온다. 문제는 혼자 온 것이 아니라 20살 연상의 무신도 함께 왔다는 것이다. 이제 세 사람의 동거가 시작된다. 그 런데 사건은 다른 곳에서 발생한다. 무신의 전 남편의 전 아내가 데리고 온 채현이라는 꼬마가 이들을 찾아왔기 때문이다. 미라는 채현을 데려다 주라고 하지만, 형철은 강하게 반대한다. 거기다 형철은 잠시 밖에 다녀 온다고 집을 나간 뒤 돌아오지 않는다.

1부와 마찬가지로 과거인 2부의 주인공은 선경이다. 집을 나와 혼자 살아가는 그녀에게 수시로 엄마(김혜옥)가 찾아온다. 영화에는 상세히 그 려져 있지 않지만, 아버지가 죽은 후 엄마는 수시로 남자를 만났는데, 선 경은 그것이 싫어 집을 나온 것으로 보인다. 여전히 사랑에 얽혀 남자들 을 만나는 엄마가 싫은 선경에게도 위기가 찾아온다. 남자 친구 준호(류승 범)와도 헤어지고 엄마는 암까지 걸린 것이다. 남자 친구와 헤어질 때 선 경은 그에게 빈정대기도 하고 함부로 대하기도 한다. 아마 그녀는 그와 헤어지면서 사랑의 어려움을 알게 되었을 것이다. 그 뒤 아예 한국을 떠 나 일본으로 취직을 하려 했고 실제 성공했지만, 엄마가 죽자 실행에 옮 기지 못한다. 엄마가 죽은 후 남겨진 이복동생 경석을 보면서 선경은 마 음이 복잡해진다.

3부는 오프닝에서 처음 만난 채현과 경석의 사랑을 다루고 있다. 채현은 성격이 무척이나 좋다. 동료들이 부탁을 해오면 거절하지 못하고 오히려 기쁘게 수행한다. 그러나 이런 채현이 경석은 불편하다. 자신에게만 집중해달라고 하지만, 쉽게 풀리지 않아 화를 내기도 한다. 하지만 채현이 살고 있는 춘천까지 함께 온 경석은 그녀의 가정을 보면서 이제까지 자신이 느끼지 못했던 새로움을 느낀다. 영화의 비밀이 풀리는 순간이기도 하다. 두 엄마 사이에서 자란 채현은 그 엄마의 넓은 마음을 지니고 있었고, 그렇기 때문에 주위 사람들에게 잘해줄 수 있었다.

영화에서 대비되는 존재는 엄마와 아버지다. 1부에 등장했던 채현의 두 엄마—미라와 무신—는 그녀의 친엄마가 아니다. 그러나 3부를 보면 두 사람이 채현의 엄마가 되어 그녀를 키웠다는 것을 알 수 있다. 채현은 미라와 무신에게 '엄마들'이라고 말한다. 그녀들의 사고는 열려 있고 포근하다. 경석이 채현과 헤어졌다고 하자, 헤어지면 밥도 안 먹느냐며 경석을 붙잡는다. 심지어 헤어졌으니 자기 방에서 자고 가라고 농을 건넨다.

2부에서도 엄마를 그렇게 싫어하던 선경은 결국 이복동생 경석을 키워 엄마 같은 존재가 된다. 경석이 선경에게 누나가 엄마를 닮았다고 했을 때, 선경은 엄마를 기억하냐고 묻는다. 그러자 경석이 엄마는 구질구질하다고 말한다. 이때 선경은 구질구질한 게 아니라 정이 많으셨던 것이라고 정정해준다. 이것은 매우 중요하다. 선경이 그토록 싫어했던 엄마를 인정한 것이기 때문이다. 경석이 채현을 떠나지 못하는 것도 이 때문이다. "학교 동아리의 선후배 남자들 사이에서 엄마 노릇을 하는, 대책 없이 착하고 헤픈 채현이 경석은 못마땅하다. 이것은 사랑의 속성, 권력 관계나 소유 관계라기보다는 누나이자 엄마인 선경의 모습을 채현에게서 발견하기 때문인 것 같다. 티격태격하면서도 경석이 채현을 놓지 못하는 이유가 바로 그것이다."[1] 〈가족의 탄생〉은 이처럼 어머니, 누나, 연인의 여성성이 얼마나 다정하고 포근하며, 탈권위적인지 보여준다.

아버지가 부재해서 가능했던 비혈연 가족을 그린 〈가족의 탄생〉

영화에서 엄마는 계속 강조되고 있지만, 아버지는 존재하지 않는다. 미라의 아버지는 죽었다. 부재한다. 아버지를 닮았을 것으로 추측되는 형철은 5년 만에 집으로 돌아왔다가 무신과 채현을 둔 채 다시 집을 나가버린다. 그런 형철이 3부 마지막에 임신한 새로운 부인과 함께 집으로 왔을 때 미라는 문을 닫아버린다. 이것은 노골적인 상징이다. 가부장제의 폐해를 거부하겠다는 명확한 의지인 것이다. 선경의 어머니는 사랑해서 경석을 낳았지만, 경석의 아버지 운식(주진모)은 경석을 책임지지 않는다. 화가 난 선경이 운식의 집으로 가 온 가족이 밥을 먹고 있는 자리에서 자신의 엄마를 사랑하느냐고 물었을 때, 운식은 사랑한다고는 하면서도 경석을 자기 집으로 데려오지는 않는다. 이처럼 아버지는 아예 존재하지 않거나 존재하더라도 그 역할을 제대로 못하거나 떠나버린다.

그곳에 남아 있는 존재들이 엄마들이다. 엄마는 자식을 키운다. 친엄마가 아닐지라도 먹이고 입히고 가르친다. 〈가족의 탄생〉은 가부장제의 폐해로부터 벗어나야 한다고 노골적으로 주장하면서, 단순하리만치 엄마와 아버지를 대조시킨다.

> 가부장적 체제인 수직적 관계에서 모성 체계인 수평적 관계로 변화하게 된다. 원활한 수평적 관계가 되기 위해서는 수직적 관계로서는 이루어질 수 없기 때문에 영화 속에서는 억압의 요소로 작용했던 가부장 체제를 제거했다. 그것이 형철의 사라짐과 운식의 무능력 또는 운식의 제도권 안착 등으로 나타난다.[2]

〈가족의 탄생〉의 "첫 에피소드가 혈연으로 맺어진 전통적인 가족 관계가 끝나는 것을 보여주는 것은 매우 상징적이다."[3] 혈연으로 맺어진 가족은 오히려 그 혈연 때문에 숱한 폐해를 낳았고 억압을 낳았다. 이제 그것을 파괴해야 한다. 미라나 무신, 선경처럼 "누구나 사랑으로 기르면 엄마가 될 수 있고, 나이나 그 이전의 관계에 상관없이 누구나 사랑하면 연인이 될 수 있는 것이다. 따라서 가족은 언제나 해체되고 재구성될 수 있는 열린 개념이다."⁴ 엄마도 누구나 될 수 있고, 가족도 누구나 될 수 있다. 이것이 〈가족의 탄생〉의 핵심이다. 다만 관계는 수직적이 아니라 수평적이어야 한다.

한창 열애 중인 경석과 채현의 사랑도 마찬가지다. 경석은 채현의 넉넉함을 알기 때문에, 그 넉넉함을 어머니와 누나에게서 보았기 때문에 쉽게 헤어지지 못한다. 2부에서 선경이 준호와 싸울 때 아직 어렸던 그녀는 엄마의 그 넉넉함을 가지지 못했었다. 그래서 준호를 피곤하게 하고 힘들게 만들었었다. 그러나 경석과 함께하면서 선경은 변했다. 약속한 채현이 집에 오지 않을 때 경석은 화를 내지만, 선경은 채현에게 무슨 사연이 있을 것이라며 옹호해준다. 1부에서 형철이 누나인 미라의 남자 친구 앞에서 막무가내로 화를 내던 것과 얼마나 다른가. 억지로 전화한 뒤 사내라고 칭찬하던 그 사내들은 이제 영화 속에서 모두 사라져버렸다. 〈가족의 탄생〉은 비혈연적, 비가부장적, 모계 공동체의 가능성을 그리고 있다. 이제 "가족이기 때문에 소통하는 것이 아니라 소통하기 때문에 가족이 된다."⁵

마지막으로 미라의 이야기를 해야 한다. 이 영화에서 가장 이해하기 어려운 인물이 그녀이기 때문이다. 그녀는 동생인 형철이 집을 나가자 무신과 채현을 키우면서 살아간다. 그런데 미라에게는 애인이 있었다. 그 애인은 형철과 사이가 좋지 않은데, 형철이 집을 나간 상황에서 미라가 그 애인과 결혼을 하지 않은 것은 이해하기 어렵다. 그녀는 충분히 결혼을 할 수 있는 상황이었고, 또 결혼을 원하고 있었다. 그럼에도 그녀는 결혼을 하지 않고 무신과 살면서 채현을 엄마처럼 키웠다. 이것이 이 영화의 가장 큰 특징이면서 동시에 이해하기 쉽지 않은 부분이다.

2. 〈고령화 가족〉의 기이한 구성

영화 〈고령화 가족〉은 천명관의 소설 『고령화 가족』을 영화화한 것이다. 기발한 상상력을 자랑하는 천명관의 소설은 이미 세간에 정평이 나 있다. 하지만 이 영화와 원작은 조금씩 어긋난다. 여기서는 원작 소설과 영화를 비교해가면서 각 매체에 다르게 형상화된 가족에 대해 살펴보고자 한다.

소설 『고령화 가족』과 영화 〈고령화 가족〉은 무슨 이유로 차이가 날까? 소설과 영화라는 매체의 차이에서 기인한 것인가, 천명관과 송해성이라는 창작자의 세계관의 차이에서 기인한 것인가? 이도 아니라면 창작의 시간차에서 기인한 것인가? 원작 소설(2010년)과 영화(2013년)의 창작 시기는 고작 3년의 시차를 두고 있을 뿐이다.

이 문제에 접근하기 위해서는 먼저 소설과 영화의 차이를 확인해야 한다. 원론적으로 이야기하면, 소설과 영화는 분명 다른 매체다. 소설은 문자로 구성되고, 영화는 배우의 연기를 카메라로 기록해 영사한다. 같은 이야기를 보여주더라도, 그 방식에서 확연히 차이가 난다. 이 차이 때문에 원작 소설을 영화로 만들 때는 각색이라는 전문 분야가 개입하는 게 일반적이다.

필자가 확인한 원작 소설과 이 영화의 차이는 대략 세 가지다. 먼저 각 매체가 다루는 가족의 구성원에 차이가 있다. 소설에서는 오한모(윤제문)와 오인모(박해일)는 이복형제이고, 오인모와 오미연(공효진)은 동복남매다. 즉, 어떻게든 혈연으로 구성되어 있는 가족이다. 단지 이들이 나이를 먹어 어머니 집으로 거의 비슷한 시기에 들어왔을 뿐이다. 그러나 영화에서 오한모는 아버지 전처의 전남편의 아들이고, 오미연은 전파사 구씨(박근형)가 아버지다. 다시 말하면, 오한모는 오인모나 오미연과 아무런 관련이 없는 사람, 즉 비혈연 가족인 것이다. 아마도 영화 〈가족의 탄생〉에서 이미 비혈연 가족을 구성해놓았기 때문에 영향을 받은 것 같다.

그런데 소설에 없는 부분이 영화에 등장한다. 온 가족이 바닷가로 소풍을 갔다가 횟집에서 싸우는 장면이다. 옆자리 젊은이들이 가족에게 시비를 걸자 온 가족이 일어나 그들과 싸운다. 어머니(윤여정)는 가족은 그래야 한다고 칭찬까지 한다. 소설에도 고기를 먹는 장면이 등장하지만, 영화에서는 그야말로 매일매일 삼겹살을 먹는다. 세상사에 치인 자식들을 먹여 거두는 것이 어머니의 역할이라는 것을, 때문에 그들이야말로 진정한 의미의 식구食口라는 것을, 그런 식구가 힘을 모아 세파와 맞서 싸워야 한다는 것을 영화는 선명히 부각시킨다.

둘째, 소설과 영화에서 여성의 성을 그리는 방식에서 차이가 있다. 소설에서 젊은 시절 어머니는 질 축소술(일명 이쁜이 수술)을 '야매'로 하고, 전파사 구씨와 바람이 나 자식과 남편을 버리고 야반도주한 사람이다. 좋게 말하면 자신의 욕망에 충실한 사람이고, 나쁘게 말하면 다른 남자와 눈이 맞아 자식까지 버린 비정한 여자다. 그러나 영화에서 어머니는 젊은 시절 실수로 전파사 구씨와 바람이 났을 뿐이다. 오인모와 미용실의 수자 씨(예지원)를 다루는 방식에서도 차이가 난다. 소설에는 오인모가 결국 수자 씨와 섹스를 하지만, 영화에는 그러지 못한다.

정리하자면 소설은 여성의 성을 자유롭게 그리는 반면, 영화는 다소 자유롭지 못한 면이 있다. 아마 소설보다 영화가 더 대중적이기 때문에 이런 방식을 선택한 것 같다. 그런데 비혈연 가족이라는, 소설보다 더 강한 개념의 가족을 선택한 영화가 섹스라는 특정 장면에서는 왜 머뭇거린 것일까? 형수와 섹스한 시동생이라는 설정이 부담스러웠을까? 아무리 비혈연 가족이라도 근친상간을 그리는 것은 쉽지 않았을 것이다.

셋째, 각 결말이 다르다. 소설에서 오한모는 수자와 동남아로 떠나고, 어머니는 전파사 구씨와 결혼하고, 오인모는 캐서린과 동거하며 살아간

소설을 원작으로 하면서도 소설과 다른 비혈연 가족을 재현한 〈고령화 가족〉

다. 그러다가 어느 날 어머니가 죽는다. 하지만 영화에서 오한모는 약장수 때문에 다리를 크게 다친 후 불편한 몸으로 수자와 결혼해 미용실을 운영하고, 오인모는 전파사 구씨와 결혼한 어머니와 함께 같은 집에서 살아간다. 어머니는 죽지 않고 살아서 끝까지 가족과 함께하는 것이다. 두 매체 간의 본질적인 차이가 여기에 있다. 소설에서는 고령화 가족이 해체되어 각자의 삶을 살아가지만, 영화에서는 가족이 모여 어머니의 품안에서 살아간다. 소설에서 오한모는 동남아에 살면서 어머니가 죽은 것도 모르고, 오인모도 캐서린과 살며 에로 영화감독으로 정신없이 살아간다. 그러나 영화에서 오한모는 수자와 결혼해 어머니 옆에서 살고, 오인모는 전파사 구씨, 즉 오미연의 아버지와 재혼한 어머니와 함께 살아간다. 여전히 어머니의 품에 기대고 있는 것이다.

요컨대 소설은 어머니의 욕망을 진솔하게 인정한다. 그녀는 품안으로 들어온 자식을 감싸 먹이다가 때가 되면 각자의 길을 가게 만든다. 반면 영화에서는 비혈연 가족들이 한집에서 살아가면서도 어머니의 욕망만은 진솔하게 인정하지 않는다. 자식들도 그런 어머니의 품을 떠나지 않는다. 근친상간도 배제시킨다. 왜 이런 차이가 발생한 것일까? 보다시피 내용상 원작과 영화의 차이가 뚜렷하다. 따라서 매체 간 특성의 차이보다 창작자인 작가와 감독의 세계관 차이에 무게가 실린다. 원작을 각색한 영화에 대한 책임은 감독이 지는 것이다.

영화는 적극적으로 해석하면, 신자유주의 시대의 캥거루족에게 기댈 곳이라고는 결국 어머니의 품밖에 없다는 시대의 비참을 리얼하게 보여주면서, 젊은이들이 위로받고 힘내길 바라는 송해성 감독의 작의의 표현이라고 할 수 있다. 하지만 바로 이 지점에서 영화 〈고령화 가족〉은 후퇴하고 말았다. 가족의 화합과 단합을 이야기하면서, 식구의 의미를 이야기하면서, 구성원들은 개인적으로 침잠해간다. 결국 영화는 그들을 사회의 구조적인 모순으로부터 눈멀게 만들었다. 이미 해체된 가족의 구성원을 불러들여 다시 모성이라는 도피처로 피난가게 만들었다. 해서 억지로 만들어놓은 해피엔딩이 그리 통쾌하지는 않았다. 〈고령화 가족〉은 분명 비혈연 가족을 그리고 있지만, 오히려 가족의 해체와 대안 가족의 구성이라는 차원에서 퇴보한 측면이 있다. 두고두고 아쉬운 부분이다.

이 장을 끝내면서 되짚고 싶은 것은 비혈연 가족의 사례에서도 그 중심에 어머니가 있다는 사실이다. 〈가족의 탄생〉에서도 마찬가지였다. 어머니의 포용력은 가족이 아닌 사람도 가족으로 수용해 식구로 만든다.

흥미로운 것은 최근 폭발적으로 늘어난, 이른바 조폭 영화의 조직 폭력배들도 어떻게 보면 전형적인 비혈연 가족을 구성하고 있다는 점이다. 물론 그것은 앞서 다룬 두 영화가 그려내는 비혈연 가족과는 극명하게 대조된다. 무엇보다 조폭 '패밀리'는 목적이 분명한, 가부장제보다 더 가부장적인 수직적인 위계를 바탕으로 만들어지기 때문이다. 서로 형님동생하면서 자기 식구는 자기가 챙긴다면서도 이를 뒤엎는 배신행위가 밥 먹듯 벌어지는 곳이다. 이 세계에선 결국 자기 이권이 본질일 뿐이다. 이를 통해 가부장적 구조를 역설적으로 비판한다는 해석도 가능할진 모르겠지만, 이들의 비혈연 패밀리에 여성을 중심에 둔 대안 가족의 레테르를 붙여둘 순 없겠다. 이 패밀리 구성원들의 최후가 대부분 죽음으로 치닫는 건 너무나 자연스럽다.

제 14 장

네 번째 대안 가족,

동성애 가족

여러 대안 가족의 흐름 가운데 아직 한국 영화에서 제대로 그려지지 않는 것이 동성애 가족이다. 〈번지 점프를 하다〉(김대승, 2001), 〈왕의 남자〉(이준익, 2005), 〈쌍화점〉(유하, 2008) 등의 영화에 등장한 동성애는 단지 이색적인 소재의 의미가 강하다. 〈로드 무비〉(김인식, 2002)에 와서야 가족 문제를 정면으로 다루고 있지만 아직 대안 가족을 구성하지는 못했고, 〈내 생애 가장 아름다운 일주일〉(민규동, 2005)에서도 동성애 가족 에피소드가 삽입됐지만 선명하지 못했으며, 〈아가씨〉(박찬욱, 2016)에서는 두 여주인공이 서로를 사랑했지만 가족을 구성했는지는 미지수다.

그러나 독립 영화 진영의 이송희일과 김조광수의 영화에서는 분명한 동성애적 흐름이 감지되고, 가족에 대한 진지한 고민도 깊이 있게 인식된다. 때문에 이 장에서는 두 감독의 영화를 집중적으로 분석할 것이다. 특히 〈두 번의 결혼식과 한 번의 장례식〉(김조광수, 2012)과 〈마이 페어 웨딩〉(장희선, 2014)에서 어떻게 동성애 가족을 그리고 있는지 다룰 것이다.

1. 동성애에 대한 실험적 시도들

사랑은 모든 고통의 근원이자 모든 행복의 토대이다. 이 이율배반적이고 모순적인 명제 때문에 수많은 이들이 고통과 행복의 경계를 넘나든다. 사랑이 행복한 건 사랑하는 이와 함께하기 때문이고, 사랑이 불행한 건 사랑하는 이와 함께하지 못하기 때문이다. 사랑을 드라마틱하게 만드는 요소는 금기다. 물론 금기를 넘어섰을 때 더욱 빛나는 환희를 맞게 되지만, 삶에서 그런 순간은 그리 흔하지 않다. 그야말로 영화에서나 가능한 일이다.

현대 사회에 존재하는 사랑에 관한 금기 중 가장 완고한 것 가운데 하나가 동성애다. 아무리 세상이 민주화되고 개성화되었다고 하더라도 동성애는 쉽사리 넘을 수 있는 벽이 아니다. 대부분의 이성애주의자(라고 믿는 일반인)들은 이 '이반'의 사랑에 가혹한 비판의 화살을 집단적으로 보낸다. 계급, 종교, 학력, 나이, 외모, 출신 지역 등을 빌미삼은 비난과 달리, 동성애 이슈는 여전히 당사자가 곧잘 집단적인 비판—노골적인 비난과 조롱과 폭력적 억압—을 숙명처럼 받아들여야 하는 경우가 많다. 어떻게 보더라도 지금 우리 사회의 가장 강력한 금기 가운데 하나는 동성애이다.

때문에 주류 영화가 동성애 주제를 다루기란 쉽지가 않다. 자신을 게이라고 커밍아웃한 배우가 텔레비전에도 제대로 출현하지 못하는 현실에서, 그런 사랑을 그린다는 것은 흥행을 목적으로 하지 않겠다는 선언과 다름없다. 동성애를 다룬 〈번지 점프를 하다〉, 〈쌍화점〉, 〈왕의 남자〉도 그 사랑 자체에 집중한 것이 아니라, 그저 그 특이한 사랑을 보여줌으로써 새로운 구경거리를 만들어낸 정도에 그쳤을 뿐이다(물론 이 영화들에 그려진 동성애가 의미 없다는 뜻은 아니다).

동성애 가족이라는 잣대로 한국 영화사를 살펴볼 때 먼저 거론해야 할 영화는 〈로드 무비〉이다. 결혼해서 아이까지 낳은 남성(황정민)이 뒤늦게 자신이 동성애자라는 사실을 알고 집을 떠나 서울역에서 떠돌고 있다. 그에게 동성애는 천형과 같은 것이다. 이성애자라면 아내와 자식과 평안하게 살 수 있겠지만, 그는 그렇게는 살 수가 없다. 이성애자를 가장한 채 살아가는 것은 위선이자 자신을 속이는 행위이기 때문이다. 그는 거리에서 우연히 한 남성(정찬)을 만나 사랑에 빠지지만, 이 사랑 역시 쉽게 달성되지 않는다. 그와 함께 집에 갔더니 부인(방은진)이 손님처럼 주인공을 대하면서 떠나보낼 때, 영화는 참 애절해진다. 부인은 주인공과 함께할 수 없다는 것을 받아들였고, 주인공 역시 집에서 처자식과 살고 싶으나 그렇게 하지 못한다. 동성애를 인정하면서도 정작 새로운 삶을 살아가지도 못한다. 그의 새로운 친구도 그를 쉽게 받아들이지 못한다. 〈로드무비〉는 이 땅에 존재하면서도 쉽게 인정받지 못하는 동성애의 현실을 상징적으로 그려낸다. 이처럼 "〈로드무비〉가 가지고 있는 이러한 이데올로기와 내러티브 간의 균열은 바로 한국 사회의 잠재의식 속에 뿌리 깊게 똬리를 틀고 있는 가부장적 이데올로기와 이를 변화시키고자 하는 사회적 요청 간의 큰 거리를 가늠할 수 있는 사례로 볼 수 있을 것이다."[1]

〈내 생애 가장 아름다운 일주일〉은 여러 인물들의 사랑 안에 동성애를 살며시 그려넣고 있다. 성공을 집착적으로 좇은 한 남성(천호진)은 외견상 성공에 이르렀지만 행복하지 않다. 아내와 이혼했고, 친구는 그를 찾아왔다가 도움을 주지 않자 자살해버린다. 그는 차갑고 인정이 없다. 아들도 그를 그렇게 평가한다. 가정부로 젊은 남성이 왔을 때 가부장적 사고에 갇힌 그는 그리 달갑지 않았다. 그러나 친절하고 다정한 가정부가 점점 다가오자 그는 신경이 쓰인다. 특히 그가 자신의 치부를 알고 있을 땐 더욱 그러했다. 결국 그는 자신의 약점을 인정하고 그를 받아들인다. 애절한 가부장의 아픔을 동성애로 쓰다듬은 이 영화는 두 남성의 미래를 담진 않았지만, 예측해보건대 그리 부정적이지만은 않을 것 같다. 무너지는 가부장제를 보완하는 것이 동성애 가족의 다양성과 친절함이기에 더욱 그렇다. 이제 가부장의 냉담과 무관심도 대안 가족 안에서는 따뜻함으로 바뀔 것이다.

〈아가씨〉는 일제 강점기를 배경으로 한다. 부모를 잃고 이모부(조진웅)의 보호 아래 살고 있는 아가씨(김민희), 그녀의 재산을 노리고 대저택에 들어간 사기꾼 백작(하정우), 백작의 작업을 원활하게 돕기 위해 아가씨의 하녀로 고용된 고아 소녀(김태리) 등의 욕망이 얽히고설킨 영화다. 영화는 재산을 노리는 이모부와 백작의 술수로 진행되지만, 실은 일제 강점기 식민주의가 얼마나 남성적인 폭력으로 가득한지 설명한다. 거대한 성을 연상시키는 아가씨의 거주 공간은 밤이 되면 타락에 빠진다. 아가씨의 일은 돈 많은 남성들에게 음란소설의 내용을 연기하고 이것을 파는 것이다. 제국주의 하의 지배자와 피지배자가 각각 남성과 여성으로 대치되고, 이 집에 찾아든 남성들은 제국주의의 성적 폭력을, 아가씨는 식민주의의 피지배자를 상징한다.

아가씨와 결혼해 그녀의 재산을 차지하려는 법적인 이모부는 호색한이면서 파렴치하다. 이를 알면서도 아가씨의 재산을 노리는 백작은 사기꾼이다. 아가씨는 이들의 성적 폭력과 착취, 음모와 사기에 시달리다가 하녀와 결탁해 상하이로 탈출하는 데 성공한다. 미스터리 형식으로 진행되는 영화는 총 3부로 구성되어 있는데, 3부에서 아가씨와 하녀는 그 모든 폭력으로부터 탈출해 국제 도시 상하이에서 그들만의 환상적인 섹스를 나눈다. 그곳은 남성들의 폭력과 착취도 없고, 이들이 내재화한 식민주의의 폭력도 없다. 이제 그녀들은 행복하게 살아갈 것이다. 가부장제의 폭압에서 벗어난 동성애는 이렇게 행복할 수 있다.

2. 이송희일,
   한국 퀴어 멜로의 창시자

원론적 의미 그대로의 독립 영화, 즉 영화 산업과 자본과 이데올로기로부터 독립을 외치는 영화들이 확고한 주류 이데올로기인 이성애를 비판하면서, 그 대안으로 동성애를 진지하고 일상적으로 그려내는 것은 당연하다. 아니, 독립 영화이기 때문에 가능하다. 이송희일, 김조광수, 소준문 등은 2000년대 이후 동성애 문제에 초점을 맞추며 꾸준히 작업해온 감독들이다. 선두 주자는 단연 이송희일 감독이다. 그는 스스로 커밍아웃한 게이다. 이는 여러 의미를 포함한다. 자신의 성적 취향과 영화적 세계관을 동일화하는 것, 즉 영화를 통해 자기 이념을 실행한다는 것은 말 그대로 독립 영화를 자기 삶의 터전과 존재 이유로 생각한다는 의미다.

   이송희일 감독의 영화 세계를 이해하기 위해서는 그의 초기 단편 〈슈가 힐〉(2004)을 먼저 살펴봐야 한다. 감독 스스로 "게이들의 선택 문제를 다루었다."는 이 영화에서 사랑을 방해하는 장애물은 게이라는 상황 그 자체이다. 사랑하는 두 남자가 있다. 그러나 한 남자가 집안의 강압에 못 이겨 결혼해야 하는 처지가 되자 그의 연인은 자신의 친누나를 소개해준다. 둘은 결혼하지만, 아이를 임신한 상태에서 뒤늦게 누나는 이들의 관계를 알게 된다. 결국엔 동생이 떠나고 누나와 남편이 아기를 선택하면서 영화는 막을 내린다. 실화에 바탕을 둔 이 영화는 한국에서 게이로 산다는 것이 얼마나 어려운지, 또한 동성애 가족이 불가능할 뿐만 아니라 현실적으로 이성애 가정만이 유일한 선택임을 여실히 보여주고 있다.

   이후 이송희일 감독의 대부분의 영화에선 동성애라는 단 하나의 이유만으로 사랑이 성립되지 않곤 한다. 단지 게이이기 때문에 사랑하는 남성과 결혼하지 못하거나 선택의 여지마저 사라져버린다.[2] 이 아픔에 감독은 주목한다. 〈동백 아가씨〉(2005)는 남편이 죽은 뒤에야 그가 게이였다는 사실을 알게 된 부인이 그가 남긴 편지를 전하기 위해 남편의 옛 애인이 살고 있는 보길도로 가는 장면으로 시작한다. 평생 사랑을 숨기며 살아야 하는 것이 게이의 운명이다. 살을 섞은 부부 사이라고 해도 이 비밀은 쉽게 알리기 어렵고, 만약 알려지게 되면 당사자가 바로 상처받을 수밖에 없는 게 현실이다. 영화에서도 남편의 사연을 알게 된 부인은 슬프게 운다.

〈백야〉(2012)는 실화를 소재로 한 영화다. 게이라는 이유로 '묻지마 폭력'을 당하고 한국을 떠났던 원규(원태희)가 2년 만에 귀국한다. 그는 채팅에서 퀵서비스 배달을 하는 태준(이이경)을 만난다. 원규는 자신을 폭행했던 이들을 찾아가 복수하고, 태준도 이를 돕는다. 이 과정에서 태준이 원규의 아픔을 이해하게 되면서 그 둘은 짜릿하고 즐거운 하룻밤을 보낸다. 제목이 암시하듯, 폭행당하던 날 밤 잠들지 못했던 어두운 기억과 복수를 마친 뒤 짜릿한 시간을 보내며 역시 잠들지 못했던 밤에 관한 영화이다.

이송희일 감독이 연출한 동성애 영화가 모두 멜로드라마라는 점은 흥미롭다. 그는 가장 진부한 장르(멜로드라마)에 가장 급진적인 소재(동성애)를 담아 꾸준히 작품을 만들어내고 있다. 멜로드라마란 무엇인가? 사랑을 소재로 한 영화 아닌가? 만남의 설렘과 낭만적 교제의 기쁨, 하지만 기어코 찾아오는 사랑의 장애물, 이를 넘어서거나 그 때문에 헤어지고 마는 사랑을 그리는 장르. 이송희일 감독은 이 같은 영화적 컨벤션을 고스란히 퀴어 영화로 옮겨온다. 그의 영화에는 서로에게 깊은 감정을 지닌 두 남자가 서로 사랑하면서 동성애 장벽뿐만 아니라 곳곳에서 맞닥뜨리는 현실 장벽 앞에서 고뇌하는 인간의 모습이 깊이 있게 그려진다. 차이가 있다면 남녀 문제가 남남 문제로 바뀌었을 뿐이다.

독립 영화계에서 소위 '대박난' 멜로 〈후회하지 않아〉(2006)는 이송희일 감독의 원형 같은 영화다. 고아원에서 자란 수민(이영훈)은 서울로 올라

이승희일 감독의 전형적인 퀴어 시네마 〈후회하지 않아〉

와 낮에는 공장에서 일하고 밤에는 대리 운전을 하며 악착같이 살아간다. 공장 부사장의 아들인 재민(김남길)은 부모님이 정해준 삶에 지쳐갈 때 우연히 수민과 만나게 된다. 공장에서 해고된 수민이 생계를 위해 게이 호스트바에서 일할 때 재민이 찾아와 둘의 사랑이 시작되는 것이다. 그러나 재민에게는 이미 약혼녀가 있고, 수민을 좋아하는 또 다른 게이도 있다. 이제 둘의 사랑은 어떻게 될까?

얼핏 봐도 알 수 있는 것처럼, 〈후회하지 않아〉는 전형적인 삼각관계의 멜로드라마다. 남녀 관계에 단지 동성애가 들어가 있을 따름이다. 시각적 재현 장치도 기존의 멜로드라마와 그리 다르지 않다. 게이 호스트바에서 일하는 장면이 집중적으로 부각되기 때문인지, 지나칠 정도로 남성들의 육체적 사랑이 전시된다. 좀 야속하게 말하자면, 게이들의 육체적 사랑, 게이들의 매매춘이 어떤 것인지 상세하게 재현된다고 할까? 마치 1970년대 한국 호스티스 영화에서 본 것 같은 익숙한 형식의 이야기와 시각적 이미지가 재현되고 있는 것이다.

이런 패턴은 〈백야〉, 〈지난여름, 갑자기〉(2012), 〈남쪽으로 간다〉(2012) 등에서도 조금씩 변용되면서 응용된다. 각각 사랑하는 두 남자가 있고, 이들의 사랑을 가로막는 장애물이 있으며, 두 남자는 그 장애를 넘어 적극적으로 사랑한다. 사랑의 절정은 육체적인 사랑이다. 감독은 게이들의 이 사랑을 아름답게 그리려고 하는 것 같다. 때문에 그의 영화에 등장하는 배우들은 대부분 꽃미남이다. 마치 남녀가 그렇듯 이들은 육체적인 사랑을 나눈다. 때로는 조용히 손을 잡고 때로는 격렬하게 사랑을 나눈다. 감독은 이성애적 장르인 멜로드라마를 차용하고 변용함으로써 동성애 역시 이성애와 다를 바 없다는 사실을 역설한다.

어찌 보면 이송희일 감독의 영화는 마치 한 편의 프레임을 반복하고 변용하고 있다는 느낌이다. 장르 컨벤션이라고 할 수 있는 전형적인 내러티브, 그 중심에는 게이의 섹스가 있고, 앞뒤로 사회의 불편한 시선과 인물의 갈등이 존재한다. 이렇게 그는 편수를 쌓아가며 자신만의 퀴어 영화를 만들고 있다. 이제 그의 작품들은 서서히 '한국형 퀴어 영화'가 되어가고 있는 모습이다.

이송희일 감독의 퀴어 영화가 남다른 평가를 받을 수 있는 까닭은 그가 동성애만을 다루지 않기 때문이다. 그의 영화에는 자본주의의 다양한 모순이 동성애와 함께한다. 성의 문제는 단순히 성의 문제에만 국한되지 않는다. 페미니즘 문제가 계급, 지역, 인종, 종교 등의 문제와 뗄 수 없는 것처럼, 동성애 이슈 역시 다양한 사회 모순들과 만나 중층적으로 결정된다. 때문에 결코 토대를 해결한다고 상부구조가 변화할 수 있는 상황이 아니다. 영리한 이송희일 감독은 이미 이 사실을 알고 있다. 〈후회하지 않아〉도 동성애를 계급 문제와 결부시켰다. 고아원 출신의 가진 것 없는 수민이 부사장의 아들 재민과 사랑하기 어려운 것은 그와 계급이 다르기 때문이다. 해고 노동자와 부사장의 아들이 만날 때, 게이 호스트바에서 몸을 파는 이와 몸을 사는 이가 만날 때, 영화는 자본이 곧 계급이 되는 현대 사회의 모순을 오롯이 드러낸다.

〈지난여름, 갑자기〉는 선생과 학생의 사랑을 다룬다. 숱한 멜로드라마들은 결혼하지 않은 남선생과 청순한 여학생의 사랑이나, (요즘은) 결혼하지 않은 여선생과 성숙한 남학생의 사랑을 다루곤 하지만, 젊은 남선생과 남학생의 사랑을 다루지는 않는다. 선생이라는 권위와 학교라는 억압이 작동하는 공간에서 두 남성이 이를 깨고 사랑하는 관계로 발전하기는 어렵다. 마르크시스트 구조주의자 루이 알튀세에 따르면, 학교야말로 '이데올로기적 국가 기구'가 아닌가? 이런 학교에서 선생과 학생이라는 두 남자가 서로 사랑하게 함으로써 영화는 기존의 권위에 '세게' 한방 먹인다. 이데올로기를 가르쳐야 할 사람이 오히려 반이데올로기적인 동성애를 나눈다니! 〈남쪽으로 간다〉는 제대한 군대 고참병과 휴가 나온 후임병의 사랑을 그린다. 다시 알튀세를 인용하면, 군대는 폭력으로 통치하는 '억압적 국가 기구'이다. 억압적 통치를 위해 건장한 남성을 인간 병기로 만들어야 하는 군대에서 두 남성이 사랑에 빠지는 것은 완고한 국가 권위와 억압에 대한 명백한 도발이다.

이처럼 이송희일은 한국 자본주의 사회에서 동성애가 단지 이성애적 차별 때문에 발생한 것은 아니라고 이해한다. 그래선지 동성애에 대한 억압에 맞서 이성애를 혐오하거나 저주하지 않는다. 그는 단지 동성애도 이성애와 마찬가지로 정상적인 사랑의 일종일 뿐이라면서, 그 사랑을 막는, 이성애를 둘러싼 모든 것, 즉 이성애가 정상적인 사랑이고 동성애가 비정상적인 사랑이라고 믿도록 강요하는 본질적인 사회 인식과 이를 가능케 하는 제도, 그리고 이 모든 것들과 함께 작동하면서 현재 한국 사회를 지배하고 있는 관성과 선입견에 도전한다.

여기서 이송희일 감독에게 드는 의문이 하나 있다. 앞서 언급했듯이, 그는 왜 전위적인 소재인 동성애를 다루면서 형식상 보수적인 장르 영화의 틀을 그대로 유지하고 있는가? 예컨대 왜 김조광수 감독처럼 코미디로 세상을 풍자하거나, 이혁상 감독처럼 다큐멘터리로 보다 직접적으로 현실을 고발하려 들지 않는가? 이렇게 생각할 수도 있다. 이송희일 감독은 가장 진보적인 내용을 가장 보수적인 형식에 담아 보수적인 형식과 진보적인 내용도 잘 결합한다는 것을, 그래서 보수와 진보의 구분이 태생적이지도, 그리 선명하지도 않다는 것을 증명하고 싶었는지 모른다. 다시 말해 이성애 세상도 원래 주어진 기득권이 아니라 사회적 담론이 만들어냈을 뿐이라는 사실을 증명하고 싶었는지 모른다. 만약 그의 총구가 이것만 겨냥했다면, 적어도 그는 성공했다. 분명 이렇게 평가해야 한다.

그럼에도 불구하고 그가 좀 더 실험적인 형식으로 기존의 권위에 도전하지 않았다는 점에서 여전히 아쉬움이 남는다. 동성애 문제를 꾸준히 다룰 만큼 진보적이라면, 스타일에서도 보수적인 틀을 깨부수는 실험을 감행해야 하는 것 아닌가? 잔잔한 멜로드라마 컨벤션을 통해 동성애를 그리고 있기에는 세상이 지나치게 보수적이지 않은가? 해서 폭탄 같은 영화가 한 편은 등장해도 될 것 같지 않은가? 과감한 형식적 실험과 내용의 강렬함이 조화를 이루는 영화, 이송희일 감독의 그런 영화를 보고 싶다.

3. 김조광수의 본격적인 동성애 가족 영화들

김조광수 감독은 동성애(와 이에 연관된) 가족 문제에 대해 자주 다룬다. 실제 동성애자인 감독이 마치 영화를 통해 동성애 운동을 하고 있다는 생각이 들 정도로, 그는 일관되게 영화를 만들고 있다. 동성애도 이성애처럼 인간의 기본적인 욕망이므로, 사랑하는 동성과 가족을 이루고 싶다는 당연한 바람을 영화에 당연하게 담아낸다. 그의 영화에는 가족의 반대를 무릎 쓰고서라도 자신의 사랑을 성취하려는 서사가 존재한다.

김조광수 감독의 영화는 십대들의 동성애를 그린 〈소년, 소년을 만나다〉(2008)부터 시작한다. 레오 카락스 감독의 영화를 패러디한 제목에서 남학생과 남학생이 만나는 설정을 통해 이성애와는 다른 십대의 설렘을 이야기한다. 또한 군대를 소재 삼은 영화를 통해서는 이십대의 동성애를 이야기한다. 〈친구 사이?〉(2009)는 마치 〈소년, 소년을 만나다〉의 석이와 민수가 이십대 초반이 된 모습이다.[3] 영화는 석이가 민수 면회를 온 그날, 마침 민수의 어머니도 면회를 와서 셋이 함께 밤을 지낸다는 이야기다. 어머니가 성당에 간 사이 사랑을 나누던 석이와 민수는 지갑을 가지러 다시 방에 온 어머니에게 상황을 들킨다. 하지만 다시 휴가를 나온 민수는 석이를 불러 광장에서 당당하게 키스를 하고, 어머니에게도 석이와 함께 집에 갈 것이라고 전화한다. 두 사람이 사랑을 포기하지 않고 세상의 편견과 싸워나갈 것임을 암시하는 부분이다.

현실적인 고민은 〈두 번의 결혼식과 한 번의 장례식〉(2012)에서 드러난다. 이십대 후반에서 삼십대 초반이 된 석이와 민수 세대는 과연 때에 맞춰 결혼을 할 수 있을까? 영화는 다소 코믹하게, 마치 이안 감독의 〈결혼피로연〉(1993)의 설정과 비슷하게 전개된다. 부모의 간섭에서 벗어나고 싶은 게이 민수(김동윤)와 아이를 입양하기 위해 남편이 필요한 레즈비언 효진(류현경)은 위장 결혼을 한다. 적당히 결혼 생활을 유지하는 척하다가 이혼을 한 뒤 민수는 프랑스로 유학을 가서 자유롭게 살 계획이고, 효진은 원하는 아이를 입양한 뒤 레즈비언 친구와 함께 살아갈 계획이었다. 신혼집으로 설정한 아파트의 바로 옆집에 집을 구한 효진과 그의 친구는 수시로 찾아오는 민수의 부모 때문에 위장 결혼을 유지하는 것이 결코 쉽지 않다는 것을 알게 된다.

여기서 가족 문제가 등장한다. 민수는 가족에게 커밍아웃을 하지 못했다. 좋은 병원의 의사인 그는 종로 3가의 게이 모임에 나가 그들과 어울리면서도 가족에게는 사정을 털어놓지 못한다. 무엇보다 아버지는 엄하고 어머니도 교사 출신이다. 이런 부모가 권위를 내세워 시부모 행세를 하는데, 막을 방도가 없다. 영화에 (민수처럼 의사 직업을 가진) 효진의 부모가 전혀 등장하지 않는 것으로 미루어, 가부장제가 여전히 강한 우리 사회의 단면을 보는 것 같다.

민수의 파트너인 석이는 가족들에게 게이임을 알렸다. 물론 그는 커밍아웃의 대가를 혹독하게 치러야 했다. 교포인 그는 아버지의 강권으로 정신 병원과 교회에서 3년이나 치료받는 고난을 겪다가 거짓말을 하고 도망치듯이 귀국하고 말았다. 가족들은 교포 사회에 그 사실이 탄로 나지 않도록 전전긍긍하면서 그를 여전히 수치로 여긴다. 이런 상황에서 민수는 효진과는 위장 결혼으로 포장하고 실제로는 석이와 동거를 하고 있다. 과연 민수와 석이는 동성애 가족을 만들 수 있을까? 반대로 효진과 그의 친구는 레즈비언 가족을 만들 수 있을까? 이들은 부모의 반대를 넘어설 수 있을까?

분위기는 코믹하지만, 현실은 냉엄하다. 어느 순간 효진이 동성애자라는 제보가 있었고, 병원의 동료들도 그 사실을 알게 된다. 효진이 민수를 속여서 결혼했고 실제로는 레즈비언 생활을 하고 있다고 소문이 나지만, 민수는 이를 부정하지 못한다. 하지만 이런 민수도 자신을 좋아하던 동료 게이가 불의의 사고로 자신이 보는 앞에서 죽자 드디어 커밍아웃을 한다. 여기서부터 영화는 매우 비현실적으로 흐른다. 민수와 석이, 효진과 서영의 합동 결혼식이 성당에서 열린다. 심지어 신부님이 주례를 맡으면서 신의 이름으로 이들 부부의 탄생을 축하한다. 그리고 동성애자들의 축하 공연이 신나게 펼쳐진다. 에필로그에서는 부부가 된 민수와 석이, 효진과 서영의 생활이 펼쳐진다. 특히 아이를 입양한 효진과 서영은 아이의 양육을 두고 가벼운 갈등을 벌인다. 이제 자식을 기르는 동성애 가족까지 등장했으니, 영화는 제목처럼 두 번의 결혼식과 한 번의 장례식을 마치고, 가족으로 완성된 동성애자들을 보여주고 있는 셈이다.

그런데 감독은 왜 지독히도 비현실적인 결말로 영화를 끝맺었을까? 심지어 결혼식 엔딩 이후 모습은 모두 포근한 애니메이션으로 처리했다. 현실에서 불가능한 것을 영화로 욕망했기 때문일까? 하지만 정말 놀랍게도 그는 〈두 번의 결혼식과 한 번의 장례식〉의 엔딩을 현실로 만들었고, 그것을 다큐멘터리로 기록한 영화도 등장했다.

〈마이 페어 웨딩〉(장희선, 2014)은 동성애자인 김조광수 감독과 김승환의 실제 결혼 과정을 다큐멘터리로 기록한 영화이다. 동성 간 결혼이 합법이 아닌 나라에서 이들은 결혼은 가능한가? 이 질문을 현실로 옮기면서 김조광수는 다큐멘터리의 주인공이 된다. 영화는 동성애에 대해 차가운 시선을 가진 한국 사회에서 여러 문제들과 싸워나가는 이 커플의 모습에 주목한다. 영화는 결혼식을 올리기 전, 결혼식, 결혼식 이후의 삶을 시간 순으로 그리고 있다. 영화는 동성애 결혼식을 공개적으로 거행하는 것을 알리는 데 치중하면서, 이를 통해 동성애 결혼을 합법화하려는 커플의 노력에 집중한다.

이들이 동성애 가족을 만들려는 목표는 분명하다. 사람들이 동성애 커플 가운데 누가 남자 역할이고 누가 여자 역할인지 묻는데, 그 성 역할을 파괴하는 것이 자신들의 목표라고 잘라 말한다. 동성애 가족이 가부장제가 파괴된 후 새롭게 거론되는 대안 가족이 될 수 있는 이유도 분명하다. 가부장제의 폭력이 불러온 억압에서 벗어나 평등한 가족 관계를 만들기 때문이다.

영화를 보면 나이가 많고 진보적인 학생 운동을 했던 김조광수는 나이도 어리고 아직 사회 경험이 별로 없는 김승환을 가르치려는 경향이 있다. 하지만 19살이나 어린 김승환은 순순히 거기에 따르지 않는다. 서로 높임말을 쓰지 않으며, 받아들이기 어려운 것은 끊임없이 논의한다. 가령 김조광수가 김승환에게 보수적이라고 하자 김승환은 보수라는 단어가 '꼰대'라는 단어와 같다면서 화를 내고, 김조광수는 보수가 그런 의미가 아니라며 말싸움을 하는 식이다. 김승환은 김조광수가 자신을 특정 프레임 안에서 가르치려 드는 것이 못마땅한데, 둘은 이 문제를 두고 계속해서 토론을 벌인다. 일방적으로 명령하거나 시킨다고 따라하지 않는다는 것이다.

김조광수 감독과 김승환의 실제 결혼을 기록한 다큐 〈마이 페어 웨딩〉

한편으로 영화는 동성애자의 결혼도 이성애자의 결혼과 다를 것이 없다는 것을 계속해서 보여준다. 가령 결혼을 앞둔 사람의 심리적 불안을 다루는 부분이 그렇다. 김승환은 아예 이런 결혼을 스스럼없이 하는 이성애자들이 정말 대단한 사람이라고까지 한다. 김조광수는 같은 환경에서 자란 형제도 싸우는데, 다른 환경에서 자란 남이 결혼을 하면 당연히 부딪치는 것이라고 위로해준다. 광장에서 결혼식을 올리는 방식에 대해서도 김승환은 그리 적극적이지 않다. 이상하게도 동성애자 단체들마저 이들의 결혼을 그리 반기지 않는다. 이들이 결혼이라는 제도 속으로 들어가려 한다고 말한다. 결혼하고 국가에 신고하는 것은 국가의 통제를 스스로 받아들이는 것에 다름 아니다. 좋아하면 그냥 좋아하는 이들끼리 살면 그만이지 국가에 신고를 해야 할 이유가 없다는 식이다. 이에 대해 김조광수 커플은 동성애자의 결혼이 합법이 아닌 세상에서 국가와 싸우기 위해 결혼식을 올린다고 말한다.

　이들의 결혼식을 방해하는 세력은 많다. 먼저 결혼식이 거행되는 청계천 광통교에서 보수 기독교인들이 밤새 집회를 열고 무대를 설치할 수 없도록 만든다. 이들은 끌려가면서도 오히려 당당하게 신에게 죄인을 벌하라는 기도를 올린다. 결혼식이 한창 거행되고 있을 때는 누군가 무대로 올라와 인분을 뿌린다. 축가를 부르러 나온 이들은 그야말로 '똥물'을 덮어쓰지만 김조광수 커플은 침착하다. 동성애자 결혼을 반대하는 이가 피켓을 들고 무대로 올라와 함성을 질러도 이내 진압되고 다시 평온을 찾는다. 결혼식이 끝난 뒤 서대문구청에 혼인 신고를 하려 해도 받아주지 않고, 우편으로 접수해도 반려된다. 이들은 여전히 세상의 차가운 시선과 싸워야 한다.

　한국 영화사에서 동성애를 다룬 영화는 극소수이고, 영화에서 동성애 가족을 다루는 것은 거의 불가능에 가깝다. 동성애 가족이 가부장제의 폭력에 맞선 대안적 가족이라고 말하는 것조차 쉽지 않은 상황이다. 그만큼 동성애를 보는 시선은 차갑다. 가부장제보다 더 공고한, 동성애에 대한 차별적 시선들이 존재한다. 가족, 직장, 사회의 시선은 여전히 동성애를 불편하게 생각한다.

우리는 여기서 진지하게 물어보아야 한다. 왜 우리는 동성애를 이토록 불편하게 생각하는 것일까? 가부장제의 폭력과 억압을 그토록 강하게 겪었음에도 왜 우리는 동성애를 이토록 차갑게 대하는 것일까? 무엇이 이성애자들이 동성애자들에게 대놓고 더럽다거나 역겹다고 말할 수 있게 만든 것일까? 많은 논의가 필요한 지점이다. 기독교에서 말하는 것처럼 하나님이 정한 인간의 성 역할을 무시한 타락의 극치인지, 일부에서 말하는 것처럼 에이즈를 옮기는 이들인지, 그것도 아니라면 자녀를 양산할 수 없기 때문에 인류를 멸망하게 만드는 것인지, (그게 아니라) 정말 단순하게도 인간의 타고난 성적 취향이 다른 것인지 숙의해야 한다. 다만 다음과 같은 지적은 새겨들을 필요가 있다.

민주주의는 다수의 결정이 철저히 존중되는 것이다. 다만 그 결정에 한해서, 그리고 소수를 보호하는 것을 의미한다. 어떤 결정에서 소수에 속한 사람이 그 결정과 무관한 다른 데서 불리한 대접을 받으면 안 된다는 뜻이다. 변치 않는 다수와 변치 않는 소수가 생기면 안 된다는 말이나 똑같다. 하지만 마음먹는 대로 바꿀 수는 없는, 그 어떤 정체성 때문에 소수가 된 사람에 대한 보호는 좀 다른 이야기다. 이들을 '변치 않는 소수'로 방치하는 건 민주주의에 해롭다. 공동체의 나머지 구성원이 자동적으로 '변치 않는 다수'가 되어 변치 않는 권력을 행사하기 때문이다. 변치 않는 권력은 예외 없이 부패한다. 그러니까 정체성으로 인해 소수가 된 사람에 대해서는 그들이 '소수라는 이유로' 불리한 대접

을 받지 않도록 특별히 배려해야 한다.[4]

　〈마이 페어 웨딩〉에는 동성애자들의 고민이 생생하게 녹아 있다. 결혼하는 커플은 자신이 동성애자임을 알고 신에게 용서를 빌고 두려움에 떨었지만, 동성애는 타고난 성적 지향이었을 뿐이라고 고백한다. 동성애적 취향을 타고 났기 때문에 숱하게 고민을 했지만, 성적 취향이 바뀌지 않는다고 한다. 그래서 결혼식에서 김조광수의 어머니도 무대에 올라와 동성애자를 둔 어머니들에게 어두운 곳에서 홀로 고민하지 말고 함께 고민하자고 말한다. 이 장에서 중요한 것은 동성애에 대한 윤리적 판단이나 종교적 판단의 문제가 아니라 가부장제가 불러온 폭력으로부터 동성애 가족은 자유로울 수 있다는 것이다. 서로 존중하고 사랑하는 완전한 가족은 존재할 수 없지만, 적어도 영화 속 동성애 가족은 폭력과 억압과는 거리가 있는 가족 형태라는 것이다. 그런 점에서 동성애 가족은 중요하다.

제Ⅳ부

영화 흥행과
가족 재현의 관계

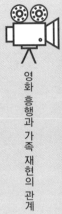

영화 흥행과 가족 재현의 관계

제 15 장

천만 영화의
가족주의와
가부장 재현

한국 영화는 지금 번영기에 있다. 1990년대 초반까지만 해도 몰락할 것 같았던 한국 영화는 2000년대를 넘어서면서 50퍼센트 내외의 점유율을 기록 중이다. 거의 20년 가까이 유지돼온 안정적인 추세인데, 그동안 한국 영화의 인지도는 무척이나 높아졌다. 세계 3대 영화제에서 여러 작품들이 수상했으며, 해외에 수출됐고, 외국과의 합작 흐름도 이어지고 있다. 이제 한국 영화는 세계 영화인들에게 더 이상 '낯선 타자'가 아니다. 이런 호황의 와중에 발생한 현상 가운데 하나가 '천만 영화'[1]의 탄생이다. 2015년에만 〈어벤져스 : 에이지 오브 울트론〉(조스 웨던), 〈암살〉(최동훈), 〈베테랑〉(류승완) 등 세 편이 천만 관객 영화가 되었다.

천만 영화라는 용어는 일상적이 되었지만, 그럼에도 불구하고 천만 영화가 등장한 지금의 상황을 논리적으로 이해하기란 여전히 어렵다. 전체 인구 5천백만 명 가운데 극장에서만 20퍼센트 이상의 관객이 같은 영화를 관람해야만 천만 영화가 만들어질 수 있다. 흔히 말하기를 '불법 다운로드의 천국'인 이곳에서 어떻게 이런 일이 발생할 수 있었을까? 극장에서 영화를 거의 보지 않는 60대 이상의 관객이나 15세 이하의 어린이를 제외하고 계산하면, 이런 의문은 더욱 커진다. 거의 네 명당 한 명꼴로 같은 영화를 극장에서 보았다는 것인데, 이것은 분명 신드롬이다. '집단적

중독'이라고밖에 달리 표현할 방법이 없다. 이를 긍정적으로 바라보면 특정 이슈를 만들어 타인들과 이야기하기를 좋아하는 '다이나믹 코리아'의 속성이고, 부정적으로 바라보면 쉽게 끓다가 쉽게 식어버리는 '냄비 근성'의 속성이다. 천만 영화 현상도 이 두 지점 사이 어딘가에 존재하고 있을 것이다.

1. 왜 천만 영화에 주목하는가?

필자는 영화 연구Film Study가 천만 영화 연구에서 눈여겨봐야 할 것은 미학적 분석이나 장르적 분석, 스타일 분석, 작가주의 등이 아니라고 생각한다. 미학적으로나 스타일상으로 뛰어나다고 천만 영화가 되는 것은 아니기 때문이다. 천만 영화가 되려면, 먼저 무작위의 대중과 교감할 수 있는 '그 무엇'이 영화 속에 녹아 있어야 한다. 그 시대, 다양한 세대와 소통할 수 있는 집단 무의식 같은 것이 절묘하게 내포돼 있어야 한다.[2] 그래서 천만 영화 안에는 그 시대의 사회적 징후가 녹아 있다. 2017년까지 만들어진 총 스무 편의 천만 영화 가운데 네 편만 외국 영화이고 나머지 열여섯 편이 한국 영화인 것을 보면, 이 사실을 쉽게 파악할 수 있다. 한국 감독이 만든 영화에 한국 관객이 쉽게 동일시하는 현상. 다시 말해 자국 감독이 그 나라 사람들이 지닌 '무엇(!)'을 영화를 통해 재현하면, 다시 그 영화에 자국 관객이 공명하는 구조인 것이다.

천만 영화는 장르라는 개념으로도 설명하기 어렵다. 장르란 원래 제작자와 관객 사이에 이뤄진 일종의 약속이다. 특정 이야기를 좋아하는 관객들에게 제작자가 부여하는 코드와 같은 셈이다. 특정 장르에 대한 관객들의 충성도는 매우 높다. 그러나 특정 장르만으로 천만 영화를 만들 수는 없다. 왜냐하면 특정 장르를 선호하는 관객층이 존재하는 만큼, 상대적으로 그 장르를 좋아하지 않는 관객들도 존재하기 때문이다. 멜로드라마, 코미디, 액션 영화, 공포 영화 등등의 장르가 소위 '대박'이 나서 7백만 관객, 8백만 관객을 동원할 수는 있지만, 천만 관객을 동원하기는 어렵다. 그래서 천만 영화는 대부분 하이브리드 장르화를 추구한다. 여러 장르를 한 영화 속에 담는 전략을 구사하는 것이다. 그러나 이보다 더 중요한 것은 시대적 요구를 영화 속에 담아야 한다는 것이다. 이를 통해 세대를 초월하는 공감대를 만들어내야 한다. 때문에 한국에서 흥행한 천만 영화에 내재한 그 무엇을 찾는 작업은 한국의 내부 모습을 바라보는 작업과 깊이 닿아 있다.

그렇다면 현재까지 만들어진 천만 영화를 통해 한국인의 정서나 특정 현상을 파악하고자 할 때, 어떤 방법론으로 연구할 것인지 물어야 한다. 연구는 산업적 관점, 한국 역사와 결부시키는 관점, 이와 비슷한 이데올로기적 관점, 사회학적 관점, 작가론적 관점, 장르적 관점 등 여러 차원에서 수행될 수 있다. 모두 나름의 가치를 지닌 연구 방법론이지만, 여기서 필자는 '가족'이라는 프리즘으로 천만 영화 현상을 바라보면 많은 것을 얻을 수 있다고 생각한다. 가족 담론을 통해서는 영화 저변에 깔린 집단 무의식에도 근접해볼 수 있을 것이다. 2000년대 이후 한국 영화는 끊임없이 가족 문제를 다루었다. 이는 한국 영화가 유난히 가족 소재를 사랑한 측면도 있지만 가족 해체로부터 대안 가족의 추구까지 급변하는 사회 문제들을 영화가 담아내지 않을 수 없었던 측면이 강하다. 가족 제도의 변화상이 영화에 반영되고, 그런 영화를 연구함으로써 사회 변화가 파악되는 순환적 고리가 형성되었다는 말이다.

한국인들은 가족주의라는 특이한 형태의 이데올로기를 만들었다. 가족주의는 가족 개개인의 권리보다는 가족 집단을 우선시하는 사고방식을 말한다. 이를 사회로 확장하면 개인보다 집단을 우선시하면서 집단의 생리를 강조하는데, 여기에는 필연적으로 여성보다 남성을 중시하는 가부장적 사고가 녹아 있게 된다. 그래서 어떤 학자는 한국의 가족주의를 가국家國 체제라고 명하기도 하고,[3] 심지어 어떤 여성 학자들은 가족이 반사회적이라고 말하기도 했으며,[4] 가족주의라는 이데올로기의 폐해가 그 어떤 이데올로기보다 강하다고 비판하기에 이르렀다.

> 마치 기독교 원리가 중세 서구 사회에서 차지했던 것과 같은 논리로 (가족주의가 – 인용자) 한국 사회를 강력히 지배해 왔다. 그 과정 속에서 한국 사회는 가족 가치관을 사회 통합의 핵으로 삼고 개인 논리나 국가 논리마저도 가족이라는 '거룩한 것the sacred'에 용해시켰다. 이런 점에서 서구의 가족은 개인과 전체라는 논리적 두 극단 사이에 어정쩡하게 위치한 중간 매개체에 불과하였다면, 한국 사회에서의 가족은 논리적으로 개인과 국가라는 두 극단을 초월하여 사회 구조의 최고 정점에 위치하고 있다.[5]

이처럼 "공동체의 구성원들 간에 혈연으로 대표되는 배타적 동질성을 상정하고, 그에 기반한 공동의 규범과 가치를 내세워 구성원들의 행위와 의식을 구속하고 제어하는 것이 한국 사회의 가족주의가 지닌 특징"[6]이다. 이런 사회에서 '달콤한 가정'은 없다. 인간은 태어나면 가족이라는 틀에서 벗어날 수 없지만, 그 틀은 어느새 정서적 공간에 머물지 않고, 권력의 공간이 되고 이기의 공간이 되고 마침내 가족주의라는 이데올로기가 되어버린다. 그래서 가족의 해체를 주장하고 대안 가족을 주장하는 이들이 많다.

이 장에서는 가족이라는 프리즘으로 천만 영화를 분석해 어떤 특징이 있는지 찾아보려 한다. 천만 영화 안에 녹아 있는 가족이라는 문제를 통해 우리 사회의 특징까지도 고찰하려고 한다. 가족 방법론은 '가부장적 가족 담론'이 될 것이다. 왜냐하면 유독 천만 영화들 속에 가부장적 가족 담론이 자주 그려지기 때문이다. 기존 제도의 문제를 비판하고 가족 해체, 나아가 대안 가족을 주장하는 기류는 제대로 감지되지 않는다. 〈바람난 가족〉, 〈결혼은, 미친 짓이다〉, 〈가족의 탄생〉, 〈아내가 결혼했다〉 가운데 어떤 영화도 천만 영화의 대열에 진입하지 못했다. 성공작이긴 했지만 흥행작은 아니었다. 아직 우리 사회는, 천만 영화는 변화보다 가부장적 관성에 익숙하다.[7]

2. 아버지의 부재
또는 강한 아버지의 등장

먼저 역대 천만 영화들을 살펴보자.[8]

순서	제목	감독	전국관객(명)	개봉년도
1	실미도	강우석	11,081,000	2003
2	태극기 휘날리며	강제규	11,746,135	2004
3	왕의 남자	이준익	12,302,831	2005
4	괴물	봉준호	13,019,740	2006
5	해운대	윤제균	11,324,433	2009
6	아바타	제임스 카메론	13,302,637	2009

7	도둑들	최동훈	12,983,341	2012
8	광해, 왕이 된 남자	추창민	12,323,555	2012
9	7번방의 선물	이환경	12,811,213	2013
10	변호인	양우석	11,374,620	2013
11	겨울왕국	크리스 벅, 제니퍼 리	10,513,715	2014
12	명량	김한민	17,614,679	2014
13	인터스텔라	크리스토퍼 놀란	10,275,484	2014
14	국제시장	윤제균	14,256,283	2014
15	어벤져스 : 에이지 오브 울트론	조스 웨던	10,494,501	2015
16	암살	최동훈	12,706,391	2015
17	베테랑	류승완	13,414,200	2015
18	부산행	연상호	11,565,827	2016
19	택시 운전사	장훈	12,186,001	2017
20	신과 함께-죄와 벌	김용화	13,642,101 (2018. 01.23 현재)	2017

천만 영화의 시작은 〈실미도〉(2003)였고, 2012년에서 2015년까지 많은 작품이 천만 영화에 등극했다. 2012년 이후 꾸준히 천만 영화가 양산된 것을 보면, 한국 영화 산업의 독과점이 심화되었다고 볼 수도 있고, '한국 영화의 파이'가 커졌다고도 할 수도 있는데, 어느 쪽이든 이 현상은 더 가속화될 것으로 보인다.[9]

이제부터 천만 영화의 공통적인 특징을 살펴볼 것이다. 그전에 짧게나마 언급할 것은 "아버지는 어쨌든 결국 문화적인 구성물이고 사회의 산물이"[10]라는 점이다. 이런 아버지가 영화 속에 재현된다는 것은 그 문화적 구성물(아버지)이 다시 문화적 구성물(영화 속 아버지)로 재현된다는 의미다. 결국 영화 속 아버지는 이른바 '이중의' 문화적 구성물이 된다. 플라톤이 말한 이데아론식의 어법을 빌리면, 실체에서 두 단계나 멀어진 허상에 가깝다.

천만 영화 목록들을 보면 가장 먼저 인지되는 현상이 '아버지의 부재'다. 〈실미도〉, 〈태극기 휘날리며〉, 〈괴물〉, 〈해운대〉, 〈도둑들〉, 〈7번방의 선물〉, 〈인터스텔라〉, 〈국제시장〉, 〈암살〉, 〈베테랑〉, 〈택시 운전사〉, 〈신과 함께〉 등 천만 영화 가운데 절반이 넘는다. 좀 더 설명해보자.

아버지가 북한을 선택하는 바람에 남한에 남겨진 아들은 연좌제에 묶여 하릴없이 깡패가 되었다. 그는 자기 인생을 망치고 어머니도 고통스럽게 만든 아버지를 죽이기 위해 특수 훈련을 받다가 결국 국가 폭력에 살해당한다(〈실미도〉). 형이 부재한 아버지 역할을 하며 생계를 꾸리는 가족이 있다. 갑자기 동생이 징집돼버리자 약혼녀와 장애인 어머니까지 내버려둔 채, 동생을 구하려 형도 입대한다. 그리고 그 누구보다 용감하게 싸우다가 죽는다(〈태극기 휘날리며〉). 존재하긴 하지만 제 앞가림도 제대로 못하는 비정상적인 아버지가 자기 딸을 구하기 위해 괴물과 싸울 때, 그 아버지의 아버지는 아들의 실수로 죽는다(〈괴물〉). 자신의 착오로 여자의 아버지가 죽었다고 자책하며 살아가는 남자와 이혼한 전처가 키우는 딸에게 자신을 아버지라 말 못하는 아버지가 등장한다. 거대한 쓰나미 앞에서 비로소 자신들의 마음을 토로하지만, 이혼한 부부는 재결합하지 못하고 죽는다(〈해운대〉). 눈앞에서 국제 범죄 조직에게 살해당한 아버지의 원수를 갚으려고 아버지의 나이가 된 남성이 거대한 음모를 꾸미고 결국 성공한다(〈도둑들〉). 사형당한 아버지를 딸이 회상한다. 누명을 쓰고 복역 중인 지능 낮은 아버지는 감옥에서 몰래 딸과 함께 생활 중이다. 끝내 아버지는 사형 당하지만, 시간이 흘러 성장한 딸은 아버지의 무죄를 입증한다(〈7번방의 선물〉). 뛰어난 우주 비행사였던 아버지는 위기에 빠진 지구를 구하기 위해 우주로 떠난다. 천재 딸은 이런 아버지를 이해하지 못한다. 그러나 시공간을 초월한 이론을 통해 딸은 아버지와 소통하고, 지구를 위기에서 구해낸다(〈인터스텔라〉). 흥남 철수 당시 아버지와 생이별했던 소년이 가장이 되어 평생 아버지가 남긴 말을 실행하며 가장의 짐을 지고 살아간다(〈국제시장〉). 만주에서 홀어머니 밑에서 자란 여성이 독립 운동을 한다. 특명을 수행하기 위해 찾은 경성에서 그녀는 자신과 닮은 쌍둥이를 만나고, 자신이 죽여야 할 대상이 아버지라는 사실도 알게 된다. 아버지에게 총을 겨누지만, 그 아버지를 자신의 손으로 죽이지는 못한다(〈암살〉)[11]. 트럭을 운전하던 아버지는 아들을 학원에 보낼 돈이 없어 옆 자리에 태우고 일을 했는데, 밀린 임금을 받으러 갔다가 사고를 당해 의식이 없다(〈베테랑〉). 1980년 5월에 손님을 태우고 광주로 간 택시 운전사인 아버지는 어머니 없이 홀로 집에 남겨진 딸에게 어떤 것도 해줄 수가 없다. 아버지는 광주에 있지만 서울에 머물고 있는 딸에게는 없는 것과 마찬가지다(〈택시 운전사〉).

단순하게 살펴봐도 시작부터 최근까지 천만 영화들이 꾸준하게 다루었던 소재는 아버지의 부재다. 그들은 존재하지 않았거나 존재해도 정상적이지 않다. 이를 어떻게 설명할 수 있을까?

물론 천만 영화 가운데 몇 편은 강력한 아버지를 그리고 있다. 전쟁에서 기적처럼 승리해 도탄에 빠진 나라를 구한 아버지(〈명량〉), 정의를 위해 용감하게 싸워 결국 지켜낸 당당한 아버지(〈변호인〉), 현대 사회에서 가장 강력한 아버지라고 할 수 있는 재벌 회장인 아버지(〈베테랑〉) 등이 등장한다. 또는 가난한 부모가 딸을 궁에 보냈지만 왕이 양아버지가 되어 그 딸을 지켜주려고도 한다(〈광해, 왕이 된 남자〉). 이들 영화 속에는 강한 아버지, 정의로운 아버지, 보호하는 아버지에 대한 욕망과 잔상이 강하다. 그렇다면 이 현상은 또 어떻게 설명할 수 있을까?

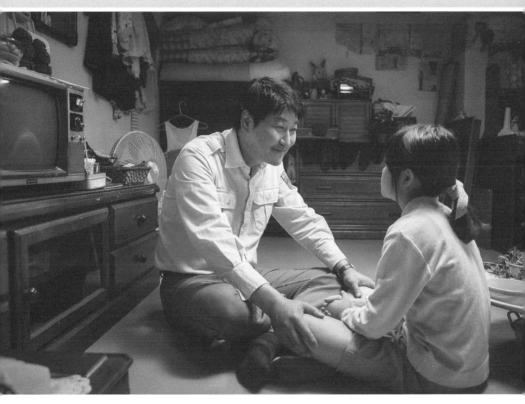

아버지가 광주에 갔기 때문에 아버지의 부재를 그리게 된 〈택시 운전사〉
이 영화의 신파적 정서는 이 부분에서 작동한다

이 혼란을 풀기 위해 한국 영화사부터 살펴보자. 아버지의 부재 현상은 1930년대 중반에서 1940년대 초반까지 영화에서 두드러지기 시작했다. 예컨대 〈미몽〉, 〈어화〉, 〈청춘의 십자로〉, 〈군용열차〉, 〈수업료〉, 〈심청〉, 〈지원병〉, 〈반도의 봄〉 등과 같은 영화들이다. 아버지는 부재하거나 나약하거나 사악하다. 한복을 입고 등장하는 몇몇 아버지는 시골을 떠나는 딸을 꾸짖지도 못하고, 그렇다고 세상의 변화에 따라가지도 못한다. 때로는 비열한 아버지가 등장하기도 한다. 그들 대부분은 주인공과 적대 관계에 있으면서 딸과 비슷한 나이의 여성을 아내로 원하기도 한다. 딸들이 잘못된 길로 접어들었을 때 그녀들을 구하는 것은 젊은 청년들이다. 이들은 새로운 세대의 희망을 보여주면서 거대한 야망을 품지만, 그것은 곧 친일 담론으로 귀결되고 만다. 이는 전쟁의 그늘이 깊어지던 시대를 반영한 것이라고 할 수 있다.

그렇다면 천만 영화의 아버지 부재 현상은 아버지 세대의 힘이 다하고 새로운 세대에게 길을 열어주기 위한 것일까? 아니다. 그렇게 보기 어려운 것은 현재 천만 영화에는 아들 세대가 나타나 새로운 시대를 약속하지 않기 때문이다. 분명 아버지는 부재하지만 아들 세대 또한 당당하게 등장하지 않는다. 예라면 〈국제시장〉 정도인데, 이 영화의 아들도 나중에 자신의 아들들에게 제대로 대접받지 못한다. 그 아들들도 새로운 세대의 희망을 이야기하지 않는다.

앞서 살펴본 것처럼, 1960년대 초반 '가족 희극 영화'에서도 세대교체가 활발했었다. 김승호가 주로 아버지 역을 맡은 영화들, 즉 〈로맨스그레이〉, 〈박서방〉, 〈서울의 지붕 밑〉, 〈로맨스 빠빠〉, 〈마부〉 등에서는 대부분 세대교체가 일어난다. 구세대는 뒤로 물러나고 아들 세대가 전면에 등장해 새로운 사회를 만들겠다는 희망을 이야기한다. 마치 4.19세대의 의지를 보는 것 같은 느낌이다. 아버지 세대는 더 이상 새로운 세대가 될 수 없다. 과거의 식민주의 유산과 유교적 결함을 지닌 세대이기 때문이다.[12] 그러나 천만 영화에는 이런 희망이 없다. 새로운 시대에 대한 비전도 없고 청년들의 힘도 느껴지지 않는다. 아버지가 아예 등장하지 않는 〈태극기 휘날리며〉에서 아버지 제사 장면을 보면, 여전히 그는 정신적으로 그 집을 지배하고 있으며, 형은 아버지의 명령 아래 놓여 있다. 자신의 결혼을 죽은 아버지에게 고하는 장면이 대표적이다.

2000년대 이후에 등장한, 가족 해체와 대안 가족을 다룬 영화에서도 아버지의 부재 현상은 이어졌다. 〈바람난 가족〉에서 가부장은 죽고, 아들은 아내에게 '아웃'을 선고 받는다. 〈가족의 탄생〉에서는 아버지 없는 가족의 탄생을 그리면서 가부장 중심의 가족 해체와 대안 가족의 등장을 이야기했다. 〈다섯은 너무 많아〉나 〈쇼킹 패밀리〉 같은 독립 영화에서도 아버지의 존재를 의도적으로 그리지 않고 대안 가족의 모습을 찾으려 했다.[13] 이런 영화들의 지향점은 단순하다. 가부장제의 문제점을 직시하면서 가족을 해체하고 새로운 대안 가족을 찾는 것이다. 그 자체로 아버지 부재의 사유가 설명된다. 눈여겨봐야 할 것은 천만 영화에 그려진 아버지의 부재의 목적이 이와 같지 않다는 것이다. 그러므로 기존의 한국 영화사 속 아버지 부재 현상과 천만 영화 속 아버지의 부재 현상은 엄연히 다른 사회상의 재현으로 볼 필요가 있다.

3. 아버지와 아빠 사이에서
    여전히 침묵하는 어머니

최근 천만 영화의 아버지의 부재나 강한 아버지의 등장 현상을 쉽게 이해하기 어려운 까닭은, 이른바 아빠에 대한 새로운 이미지를 만들어낸 '아빠 열풍'[14] 현상과 상당히 떨어져 있기 때문이다. 매스컴을 온통 뒤덮고 있는 이 현상에 담긴 의미는 무엇일까?

> 우리 사회는 '아버지'와 '아빠'의 대립을 보여준다. 이제 아버지는 강한 존재라기보다는 실패하거나 낙오한 존재이다. 그들은 힘이 없고, 사회적으로 밀려나고 있으며, 경제적 능력을 잃었다. 그러면서도 완고한 성격을 갖고 있어서 자식들을 이해하지 못한다. 이제 아버지는 쇠락하는 과정에서 점차 변방으로 사라지는 존재이다. 이를 대체하고 있는 이들이 '아빠'이다. 아빠는 따뜻하고, 부드럽고, 친절하고, 무엇보다 건강하다. 텔레비전이나 광고 등에 등장하는 아빠의 모습은 이제 늙고 병든 모습이 아니라 항상 건강한 신체와 경제적 성공을 겸비한 능력자이다.[15]

흥미롭게도 이런 아빠가 등장한 천만 영화는 거의 없다. 고작 〈7번방의 선물〉이나 〈괴물〉 정도가 이런 유형이라고 할 수 있지만, 그들은 경제적으로 성공하지 못했고 무엇보다 정신적으로 정상이 아니다. 다시 말해, "정신이 정상적이지 않아야만 될 수 있는 친구 같은 아빠"[16]일 뿐이다. 이를 보완하기 위해 아빠보다 더 똑똑한 딸, 그래서 아빠를 무시하거나 아빠를 위로해주는 딸이 등장한다. 이렇게 보면 천만 영화는 지금 불고 있는 아빠 열풍과는 거리가 멀다는 것을 알 수 있다.

그렇다면 이런 아버지는 산업화 시대의 아버지를 재현하고 있는 것일까? 그렇게 보기에도 미심쩍은 부분이 많다. 아버지의 부재를 이야기한 영화 속 아버지들은 산업화 시대에 일만 하는, 어떻게 보면 불쌍하고 가련한 아버지들도 아니다. 〈국제시장〉 정도가 그런 아버지를 그리고 있을 뿐이다. 개봉 당시 논란을 불러일으켰듯, 〈국제시장〉은 산업화 시대의 아버지를 지나치게 예찬했다.

여기서 천만 영화들이 어머니를 어떻게 그렸는지 살펴보아야 한다. 영화 속에 아버지가 부재하다면, 모성으로서의 어머니를 그려넣어 평안한 가족의 이미지를 재현하는 것이 정상적인 방편일 것이기 때문이다. 그러나 모성적 존재로서의 집, 그 따뜻한 품이 천만 영화에는 없다. 아버지가 부재한 상황에서 어머니는 아들을 키우면서도 오직 아버지를 기다리며 살아가거나(〈실미도〉), 죽은 아버지를 대신해 아버지 역할을 수행하는 형 옆에서 말조차 하지 못하는 언어 장애인 어머니가 등장한다(〈태극기 휘날리며〉). 어린 딸을 버리고 도망 가 생사를 알 수 없는 어머니(〈괴물〉, 〈7번방의 선물〉)[17], 이혼하거나 사별한 후 자식을 홀로 키우는 어머니(〈해운대〉), 심지어 전혀 존재를 알 수 없는 어머니(〈도둑들〉), 죽은 어머니(〈인터스텔라〉, 〈택시운전사〉), 아버지에게 죽임을 당한 어머니(〈암살〉), 실질적인 가장이지만 큰아들에게 가장 역을 맡긴 어머니(〈국제시장〉), 죽어가는 남편을 지켜보며 어떤 일도 할 수 없는, 아니 하지 못하는 어머니(〈베테랑〉), 이혼한 뒤 멀리 떨어져 살기 때문에 영화에는 아예 등장하지도 않는 어머니(〈부산행〉)들만이 등장할 뿐이다.

강한 아버지를 그렸던 영화도 사정은 크게 다르지 않다. 〈명량〉에서 어머니는 아예 존재하지 않고, 〈광해〉의 중전은 애민 정신을 지니고 있지 않고, 〈변호인〉에서 어머니는 평범한 주부일 따름이다. 아버지가 딸을 보호하다가 결국에는 죽는 〈부산행〉에서 어머니는 존재하지만 존재하지 않는 것과 마찬가지다. 결국 어머니는 가려지거나 죽었거나 조용한 존재들이다. 어디에도 모성의 어머니가 존재하지 않는다.

천만 영화에서 어머니가 등장하지 않는 현상은 2000년 이후 등장한 가족 해체와 대안 가족을 그려낸 영화들과 확연히 대비된다. 그 영화들의 가장 큰 특징은 여성의 존재를 부각시키는 것으로서, 영화는 가부장제의 최대 피해자인 어머니의 존재를 최대한 강조했다. 그래서 어머니인 여성, 어머니가 될 여성을 통해 대안 가족의 형태를 추구했었다. 그러나 천만 영화에는 그런 어머니가 존재하지 않는다. 여기에서도 천만 영화는 가족 해체와 대안 가족을 추구하는 영화와는 전혀 다른 길을 가고 있다는 사실이 재확인된다.

4. 아버지라는 신파적 정서와
   비극의 만남

이제 본격적인 질문을 해보자. 천만 영화는 아버지를 어떻게 다루고 있는가? 먼저 아버지의 부재를 최대한 부각시켜 슬픔의 정서를 만들어내는 데 집중한다. 심지어 어머니의 형상마저 약화시켜 아버지의 부재를 더 두드러지게 만든다. 가족의 중심은 여전히 아버지로서, 그런 아버지가 존재하지 않으니 슬픔의 정서가 영화 속을 감돌고 있는 셈이다.

눈물샘을 자극한다는 점은 천만 영화들에 고루 적용되는 특징이다. 그래서 영화는 자연스럽게 비극과 만난다. 아버지가 부재하는 〈실미도〉, 〈태극기 휘날리며〉, 〈괴물〉, 〈해운대〉, 〈도둑들〉, 〈7번방의 선물〉, 〈인터스텔라〉, 〈암살〉, 〈부산행〉 가운데 〈도둑들〉 정도만 빼면 영화 내용은 비극[18]과 깊이 연관되어 있다. 2016년의 천만 영화 〈부산행〉에서도 이기적인 펀드 매니저였던 아버지는 딸을 지키기 위해 좀비와 싸우다가 결국 죽는다. 〈택시 운전사〉에서도 광주 학살의 현장으로 간 아버지는 살아서 돌아오지만, 영화는 잔혹한 학살의 현장에서 비극을 전파하기에 바쁘다.

이상한 것은 강한 아버지를 그린 영화에서도 슬픔의 정서를 강하다는 점이다. 〈명량〉도 승리로 결말을 맺지만, 그 승리까지 영화 분위기는 그 어떤 영화보다 비극적이다. 〈변호인〉 역시 이미 고인이 된 전직 대통령의 실화를 다루기 때문인지 영화 분위기는 몹시도 어둡다. 이런 문제점도 있다. 아버지가 강한 존재로 그려지기 때문에 아들이 쉽게 접근하지 못한다. 〈명량〉에서 아들은 아버지를 존경하며 우러러보기만 할 뿐, 어떤 것도 하지 못한다. 심하게 이야기하면, 왜 아들이 영화 속에 있는지 그 이유를 알기 어렵다. 〈변호인〉의 아버지는 정의롭지만, 아들이 바라본 아버지는 가정적이거나 자상함과는 거리가 먼, 언제나 정의를 내세우며 일하는 아버지일 뿐이다. 쉽게 접근할 수 있는 대상이 아니다. 〈베테랑〉의 강한 아버지는 조카를 골프채로 무지막지하게 때리는 무서운 아버지이다. 이런 아버지들은 아들이나 자식이 쉽게 접근하지 못하기 때문에 더욱 어려운 존재가 되어버린다.

이렇게 어둡고 어려운 분위기 속에서 아버지는 악전고투를 하고, 아버지가 없는 아들들은 이리저리 뛰어다니며 살아남으려 발버둥치고, 딸들은 아버지에게 연락하거나 기다리거나 아버지를 찾아 (말도 안 되게) 감옥에까지 들어오고, 어머니는 존재하지 않거나 말을 하지 못한다. "완전한 가족은 서로가 서로를 따뜻하게 배려하고, 죽음이 만연한 사회로부터 개인을 보호하며, 개인에게 생명과 재생의 활력을 제공할 수 있는 유일한 원천으로 상상"[19]되지만, 천만 영화 그 어디에도 이런 가족은 등장하지 않는다. 오히려 대부분의 영화는 해체된 가족을 다루거나 비극적인 내용 일색이다.

다시 의문이 든다. 왜 천만 영화는 비극으로 결말을 맺거나 슬픔의 정서를 강조하는 것일까? 해피엔딩 결말이 흥행성을 더 높일 것 같은데, 왜 굳이 슬픈 이야기를 하는 것일까? 아리스토텔레스에게 그 힌트를 얻을 수 있다.

비극은 심각하고 완전하며 일정한 크기가 있는 하나의 행동의 모방으로서, 그 여러 부분에 따라 여러 형식으로 아름답게 꾸민 언어로 되어 있고, 이야기가 아닌 극적 연기의 방식을 취하며 연민과 두려움을 일으켜서 그런 감정들의 '카타르시스'를 행하는 것이다.[20]

아리스토텔레스는 희극보다 비극을 더 예술적인 장르로 판단했다. 비극은 서사시보다 잘 짜인, 정해진 형식이 있는 장르이고, 이를 보는 관객들은 주인공이 부당하게 좋지 않은 상황에 빠졌을 때 '연민'을 느끼며, 주인공에게 발생한 비극이 자신에게도 발생하지 않을까 하는 '두려움'을 느낀다.[21] 그 연민과 두려움이 주인공과 관객 자신을 동일화시켜 결국은 울게 만드는 카타르시스 효과를 불러온다. 아리스토텔레스의 2400년 전 지적이 지금 천만 영화의 상황과 기묘하게 일치한다. 영화 속 인물이 처한 상황에 연민의 눈물을 흘리고, 자신도 그런 상황에 빠질까 두려워하는 관객들의 시대, 지금 우리 시대가 그런 시대인 것이다.

이런 연민과 두려움을 유독 아버지를 통해 담아내는 데는 이유가 있을 것이다. 더구나 왜 '아빠 열풍'의 시대에 아버지를 호명하는 것일까? 다시 말해, 지금 우리 시대 아버지의 부재는 무엇을 의미하고, 왜 아버지의 부재를 통해 눈물을 흘리며 카타르시스를 느끼려는 것일까?

오늘날 아버지들은 이전처럼 자식을 교육시키고 직업의 기술을 전수해 주는 사람이 될 수 없다. 수천 년 동안 아버지들은 자식들에게 어떻게 말을 타야 하는지를 가르쳐 왔고, 또 몇 세대 동안은 어떻게 자전거를 타야 하는지 가르쳐 왔다. 하지만 오늘날 아이들은 여가 시간이 있어도 아버지와 함께 보내기보다는 또래 친구들이나 학교 생활을 위해 사용한다. 그리고 부모와 함께 있어도 자신들의 방에서 컴퓨터 게임을 하는 데 몰두한다. 슬픈 사실은 오늘날의 아버지들이 예전의 농사 기술처럼 자식들에게 컴퓨터 게임을 가르칠 수 없다는 것이다. 아버지의 공간과 시간은 이제 아이들의 공간이나 시간과 완전히 분리된 다른 세계이다.[22]

오늘날의 아버지는 이제 더 이상 전통적인 의미의 아버지가 아니다. 이것은 봉건 시대의 아버지와는 다른, 근대의 아버지라는 말이다. "사적인 이미지가 아닌 어떤 정신적인 이미지로서의 아버지는 오늘날 찾아볼 수 없는 것이 되어버렸다. 집에 없는 아버지 또는 아버지의 부재는 현대 문명이 간직한 부성의 이미지이다."[23] 조금 더 현실적으로 이야기하면, 아버지는 "생존 경쟁에서 살아남기 위해 발버둥 치느라 가족과 가정에 대해 관심을 가질 만한 정신적 여유를 갖기 어려워진다. 아버지는 가족의 생계와 부양에만 관심을 가질 뿐, 자녀 양육에는 관심을 가질 수 없는 상황에 봉착하게 된다. 그러다 보니 아버지 또는 아버지란 존재는 지워진 존재로 전락할 수 있다. 실재적으로는 아버지가 존재한다 하더라도 심리적 부재 상태이거나 있으나마나한 존재가 되어버리는 것이다."[24]

물론 천만 영화에 재현된 아버지는 부재하는 정신적인 부성이거나 가족을 먹여 살리기 위해 일에만 매달려 교류가 사라져버린 존재에만 국한되지 않는다. 그러나 영화는 본질적으로 아버지라는 연결 고리를 통해 우리 사회의 위기에 접근해간다. 신자유주의가 본격화되면서 경제적으로 삶은 궁핍해졌다. 돈 벌어오는 기계였던 아버지의 위기는 곧 가정의 위기가 되고, 아버지의 부재는 가족의 고통과 비극의 원천으로 이어진다. 이 시기에 아버지를 영화 속에 담는 것은 우리 사회 위기의 반영이라고 하지 않을 수 없다. "가족의 중요성은 보편적이라는 신화와 달리 사회적으로든 집단적 무의식으로든 그것이 강력하게 표현되는 시점은 주로 사회적 위기의 순간"[25]이라는 말을 천만 영화들이 증명하고 있는 셈이다. 어쩌

좀비가 들끓는 정글 같은 세상에서 딸을 위해 죽는 아버지를 그린 〈부산행〉

면 이는 매우 보수적인 사고다. 이러한 맥락을 배경에 두면, 경제적 부담을 비롯해 가족의 모든 것을 다시 아버지에게 의지하게 된다.

한편 이 어려운 시기에 아들들은 강한 아버지가 등장해 자신들의 위기에서 구해줄 것을 욕망한다. 이순신이나 노무현, 광해 같은 정치적 지도자, 아니면 재벌 회장으로 재현해, 나라를 구하거나 백성을 위하거나 정의를 위하는 아버지가 되어 자신들을 이끌어주기를 갈망한다. 〈부산행〉처럼 좀비가 들끓는 정글 같은 세상에서 아무리 욕먹는 펀드 매니저인들 딸을 위해 죽거나, 그녀를 무사히 목적지까지 데려다줄 수 있기를 바란다. 부재하는 아버지의 재현과 강한 아버지에 대한 욕망은 이렇게 다른 듯 같은 입장의 표현일 뿐이다.[26]

5. 가부장적 가족주의를 벗어나자

아버지는 더 이상 과거와 같은 권위를 지닌 존재가 아니다. 아버지는 여전히 자식들의 생계를 책임지는 사람이지만, 가족들에게 철저하리만큼 외면당한다. '아빠 열풍'은 그런 아버지에서 벗어나 친근하고 친구 같은 아빠, 나아가 경제력까지 갖춘 아빠를 갈망하는 판타지지만, 신자유주의 시대에 그런 아버지는 현실감이 떨어진다. 가부장적인 정서가 고착돼 있던 한국에서 아버지들은 수직적 명령 구조에 익숙해 있었다. 그러나 현실은 집에는 수평적인 관계를 요구하는 가족이 있고, 밖에는 수직적 관계를 강제하는 상사가 있다. 그 사이에 끼인 아버지는 가부장도 가장도 되지 못한 채 떠돈다. 그래서 때론 저능하지만 다정한 아빠, 저능함에도 불구하고 딸을 구해야 하는 아빠가 등장하기도 한다. 나라를 구하는 강력한

지도자가 아버지가 되어 자식에게 깨달음을 주기도 하지만, 이별한 아버지를 대신해 죽도록 고생하며 어머니와 동생을 건사해야 하는 아버지의 아들이 등장하기도 한다. 이 복잡한 스펙트럼 속의 아버지를 영화는 대부분 비극적으로 그린다. 무슨 일을 하는가와 상관없이 아버지들은 관객이 눈물을 쏟게 만든다. 쓰나미에 휩쓸리기 직전 "내가 네 아빠다."라고 말한 뒤 죽고, 불의 앞에서 자식의 안전을 걱정하며 떨어야 한다.

이렇게 천만 영화는 심부에 깊숙이 내장해둔 가부장적 가족주의를 신파적 정서가 넘치는 비극으로 재현한다. 이때 가정을 감당해야만 하는 존재가 남성이라는 점에서 남성에게도 비극이고, 여전히 남성의 경제력과 권력의 자장 안에 있어야 한다는 점에서 여성에게도 비극이며, 부모의 권위 속에 있어야 한다는 점에서 자녀에게도 비극이다. 이런 힘의 자장을 벗어난 영화가 〈괴물〉 정도다. 이는 다르게 표현하면, 다른 영화들은 여전히 가부장을 중심으로 한 신파적 정서로 관객과 소통에 성공할 만큼, 우리 내부에 가부장적 가족주의가 여전하다는 반증이다. 그렇다면 여기서 가족주의가 왜 문제인지 물어야 한다.

> 가족'주의'는 가족(의) 제일주의, 가족을 욕망의 최전선에 내세우고 자신의 모습은 숨기는 국가 권력의 문제다. 다시 말해, 가족주의는 국가주의의 또 다른 얼굴과 같다. 사회 부재의 모순을 욕망의 최전선에 있는 가족을 통해 은폐하는 것이 국가주의의 본질이다. 따라서 가족을 해체하는 것은 국가주의의 본질에 대한 냉철한 통찰로부터 시작한다. 그럼으로써 가족으로부터 사회로, 가족 사회로부터 시민 사회로 이행하자는 것이다.[27]

국가가 해야 할 일을 하지 못하고 모든 책임을 가족에게 지우니 가족주의가 강해질 수밖에 없다. 생활과 생존에 필요한 모든 것을 가족이 자체적으로 해결해야만 하는 무한 경쟁의 신자유주의 사회에서 아버지가 부재하면 당연히 고통스럽고, 그렇기 때문에 강한 아버지에 대한 욕망이 대두할 수밖에 없다. 이런 시각으로 보면, 왜 〈신과 함께〉가 천만 영화가 될 수 있었는지 이해할 수 있다. 소방관인 김자홍(차태현)이 사고로 죽어 저 승에서 심판 받는 내용이지만, 영화의 감동은 가족에 기반한 신파적 눈물과 컴퓨터 그래픽에 기반한 스펙터클에서 나온다. 김자홍이 고생을 한 것은 그의 아버지가 존재하지 않기 때문이다. 병이 들어 어떤 것도 할 수 없는 어머니를 죽이고 자살을 하려던 그는 실패한 뒤 집을 나와 온갖 고생을 하면서 살았다. 어떻게 보면 지독히도 단순한 이야기, 즉 '아버지의 부재' 를 판타지적 스펙터클로 재현해놓은 것이다. 그러나 아버지의 부재가 눈물로 연결되면서 가족주의를 옹호하는 흐름으로 흘러가서는 안 된다. 이는 가족주의를 다시 불러들이는 악순환을 되풀이할 뿐이다. 지금 우리 시대의 영화가 그리고 있는 아버지 부재 현상이나 강한 아버지에 대한 욕망은 다분히 이 길을 가고 있다. 어머니는 등장하지 않고 아버지가 부재함으로써 슬픔의 정서를 자극하는 영화의 범람. 여기에 거대하게 반응하는 물결들. 이는 분명 긍정적인 현상은 아니다.

짧게나마 이런 결론을 내릴 수 있을 것 같다. 결국 한국 관객은 가족을 대상으로 한, 특히 아버지를 대상으로 한 비극과 슬픔의 정서를 즐긴다는 결론. 가부장적 가족주의에 근거한 신파적 정서와 그 눈물 자국을 무척이나 즐긴다고. 한국에서 유독 (미국에서보다 더) 흥행했던 〈인터스텔라〉의 유명세도 이것 외에는 설명할 방법이 없다. 천만 영화는 아니지만, 〈집으로...〉, 〈워낭소리〉(이충렬, 2008)처럼 작은 영화들의 흥행도 이런 효과로 설명할 수 있을 것이다. 만약 이 분석이 정당하다면, 여전히 한국은 가부장적 가족주의가 만연한 곳이다.[28]

영화에 재현된

가족과 젠더

그리고 사회

한국 가족 제도라는 시각에서 지난 100년간의 한국 영화들을 살펴보면, 결국 가부장제라는 억압적 제도에서 기인한 남성 중심의 폭력을 어떻게 극복할 것인지 고민한 역사라고 할 수 있다. 이를 성적인 차원으로 좁히자면, 남성 중심의 폭력과 간섭, 억압에서 벗어나기 위한 여성들의 반란의 역사라고 할 수 있다. 구체적으로 작품명으로 풀이해보자면, 〈미몽〉의 반복적 재현 또는 이와 비슷한 이야기의 연이은 시도라고 할 수 있다.

〈미몽〉은 일제 강점기에는 도저히 등장하기 어려운 영화였다. 유교적 영향력이 여전한 나라에서 어떻게 여성의 자유로운 연애와 가출, 일탈을 그린 영화가 등장할 수 있었겠는가? 그러나 당시 부상한 신여성 담론과 자유 연애론에 입각해 여성의 인권이 신장되면서 그 가능성이 높아졌는데, 오히려 영화가 상영될 시점에는 현모양처 담론이 강화되고 사회가 보수화되면서 거꾸로 〈미몽〉 개봉에 도움을 주기도 했다. 즉, 신여성 담론을 타락한 여성 담론과 동일시하면서 경계하고자 하는 의도가 〈미몽〉에 담겼던 것이다. 역설적이지만 이런 의도 때문에 지금 봐도 충격적인 여성 일탈이 감행될 수 있었고, 이에 맞춰 강력한 처벌도 수행될 수 있었다. 때문에 이 영화 직후 일제의 병참 기지로 변한 조선의 사정을 고려해, 군국주의를 체화한 가족이 등장하거나 황군의 사명을 영광으로 아는 젊은 남성들의 영화가 연이어 등장하게 되었다. 천황제 가족주의가 조선에서 등장한 것이다. 이제 여성은 현모양처를 넘어 총후 부인이나 군국의 어머니가 되어야 했다.

흥미롭게도 해방 후에 다시 〈미몽〉의 움직임이 일어났다. 일본이 물러간 자리를 차지한 미군은 개인주의와 근대화의 문물을 지니고 조선 땅에 들어왔다. 〈자유부인〉은 그런 분위기를 보여준다. 가장이 있는 집에서 가정을 지키던 여성이 외부에서 일을 하면서 바람이 나지만 다시 돌아온다는 내용이다. 〈미몽〉에서는 주인공이 자신의 과오 때문에 딸이 죽자 자살하고 마는데, 〈자유부인〉은 자신의 잘못을 뉘우치면서 집으로 돌아오고, 아들이 눈물로 그녀를 붙잡으면서 극적인 화해가 이루어진다. 아무리 개인주의가 강해지고 미국의 문화가 들어온다고 하더라도, 바람난 부인을 처벌하고 뉘우치게 할 만큼 유교적 질서는 여전히 공고한 자리를 차지하고 있었다. 다르게 보면, 여성을 집으로 불러들이는 것은 여전히 모성 이데올로기이며, 역으로 이 이데올로기를 저버린 여성은 마땅히 처벌받아야 한다는 프레임이 공고화된 시대였다. 이 프레임은 좀처럼 깨지지 않았다.

1960년대에는 세대교체 바람이 강하게 불었다. 가족 희극 영화에서 구세대는 근대화의 흐름을 이끌어갈 수 없는 낡은 세대라는 것을 스스로 인정하면서 신세대에게 밀려났다. 이때 등장한 신세대는 주로 아들과 사위로 구성된 남성들인데, 이들은 박정희 군부 정권과 결탁해 새로운 가부장이 된다. 〈미워도 다시 한 번〉은 집안의 가장이 된 새로운 세대가 얼마나 확고한 가부장이 되었는지 보여준다. 젊은 시절 바람이 나서 낳은 아들을 남성은 자신의 집으로 데려오지만, 두 여성들은 불만을 토로하지 못한다. 제도적으로 남성에게 속하도록 되어 있기 때문이다. 결국 갈등은 아이와 두 엄마 사이에서 발생하고 아버지는 갈등에서 벗어난다.

이렇게 강한 가부장의 시대는 1970년대의 호스티스 영화, 1980년대의 성애 영화로 무한 증식하면서 여성을 성적 상대나 관음의 대상으로 그리도록 했다. 한국 영화사 가운데 가부장제가 가장 확고했던 시대를 꼽으라면, '1970~80년대'를 거론해야 한다. 이 시기는 군부 정권이 강한 힘을 발휘했던 시기로, 그 어느 때보다 강한 수직적인 명령 체계로 국가와 사회가 지탱됐다. 이런 시기에 여성은 남성의 성적 대상이 되거나 동원된 일꾼이 되어야 했다. 다른 선택은 없었다.

1980년대 초에 등장한 〈애마 부인〉은 〈자유부인〉보다는 〈미몽〉에 가깝다. 바람을 피운 부인은 남편에게 사죄하거나 스스로 죄를 뉘우치지 않는다. 오히려 그녀는 정부와 남편 사이에서 누구를 선택할지 갈등한다. 이렇게만 보면 〈애마 부인〉은 한국 영화사에서 혁신적인 영화임에 분명하다. 그러나 〈애마 부인〉은 남성의 관음증 범위 내에서만 작동한다. 그녀는 철저하게 남성의 손길에서 성을 느끼고 흥분한다. 그녀는 남성의 권력에서 벗어날 수 없는 존재이다. 심지어 강간을 당하면서도 흥분하고, 진정한 사랑을 만났음에도 남편에게로 되돌아간다. 남편은 바람을 피우고 가정을 무시하던 사람이었다. 결국 〈애마 부인〉은 〈미몽〉에서 시작해 〈자유부인〉으로 엔딩을 장식한 영화라고 할 수 있다.

이런 시각으로 보면 〈정사〉야말로 '혁명적인' 영화이다. 이 영화에 와서야 여성들은 자신의 욕망을 솔직하게 이야기하고 진정으로 실천한다. 고분고분하게 자란 여성은 의외로 늦게 찾아온 사랑과 진실하게 대면한다. 그 결과 자신이 누리고 있는 부유한 환경, 가족과의 친밀한 관계 등을 모두 거부한 채 집을 나오고 만다. 무엇보다 놀라운 것은 정부와 함께 떠나는 것이 아니라 홀로 자신의 삶을 찾아 떠난다는 것이다. 그것도 현모양처 이데올로기와 모성 이데올로기를 모두 버리고서. 한국 영화사는 이 영화에 와서야 비로소 어머니가 모성 이데올로기로부터 벗어났음을 알린다. 즉, 〈정사〉는 〈미몽〉, 〈자유부인〉, 〈애마 부인〉 등의 한계를 벗어난다. 여성은 누구의 어머니가 아니고, 누구의 부인이 아니라 자신의 욕망에 충실하게 자신의 삶을 사는 개인이 된 것이다.

가부장의 권력에서 자유로울 수 있는 여성을 그리려면 먼저 가부장을 스크린에서 죽이는 영화가 등장해야 한다. 〈바람난 가족〉이 그 역할을 했다. 가족이 전부 바람이 났지만 죽어가는 가부장은 더러운 피를 토하면서 자신의 한계에 직면해야 한다. 그는 이제 권력도 별로 없고 육체적 힘도 없고 수명도 다해간다. 가부장제의 피해자였던 부인은 새로운 연인을 만나 연애에 빠져 있고, 며느리도 아들 몰래 임신을 했다. 정작 바람을 피우고 있던 아들은 자신 때문에 아이가 죽게 되고, 나중에는 정부에게도 차이고 만다. 무엇보다 아들은 며느리에게도 버림 받는다. 가부장은 죽고 아들은 이혼을 당해 홀로 살아가지만, 부인은 새로운 출발을 하고 며느리도 새롭게 애를 키우며 살아갈 준비를 하고 있다. 이제 가부장은 죽었고 여성들은 자신들이 원하는 삶을 살아갈 수 있다. 스크린에서 '여성 시대'가 열렸음을 선포한 것이다.

〈아내가 결혼했다〉는 일부다처제를 뒤집어 일처다부제를 그린다. 가부장제의 억압을 보여주던 일부다처제가 무너진 뒤, 여성을 중심으로 한 일처다부제를 그리고 있는 것이다. 어쩌면 이것은 대모 사회를 그리고 있는 것인지도 모른다. 혈연주의의 강고한 집착과 억압에서 벗어날 수 있는 길은 가부장의 혈연주의에서 벗어나는 것이고, 이는 여성을 중심으로 한 결혼 제도를 만들어가는 것이다. 〈아내가 결혼했다〉는 바로 이 지점에 정확히 머물고 있다. 그러나 한국은 아직 그것을 받아들일 준비가 되어 있지 않다. 혈연주의를 확인한 뒤에야 안심을 하고, 그마저 외국으로 떠나는 것으로 결말을 맺고 있다. 이것은 영화의 한계인가, 현실의 한계인가?

〈가족의 탄생〉은 혈연주의를 다른 방식으로 넘어서려고 한다. 혈연주의 때문에 발생하는 이기주의와 폭력에서 벗어나는 길은 비혈연 가족을 만드는 것이라고 한다. 그래서 남성이 배제되고 여성이 부드러운 엄마의 기능을 하는 가족을 만들었는데, 영화 속에 그려진 가족은 그들이 기른 딸을 통해 남을 배려하는 엄마들의 습성을 지닌, 매우 다정다감한 인물로 재현된다. 그런 여성들의 심성은 헤픈 것이 아니라 정이 많은 것이다. 거친 남성들이 도저히 만들지 못하는 가족을 여성들이 만들었다는 점에서 이 역시 여성 공동체면서 대모 가족이다. 이래저래 가부장제를 넘어서는 대안 가족은 여성이 중심이 되는 가족이다.

〈두 번의 결혼식과 한 번의 장례식〉에서는 동성애 가족의 가능성을 타진해 본다. 지독히도 강한 동성애에 대한 혐오 속에서 동성애 커플은 부모를 속이고 동료들을 속이면서 거짓 결혼 생활을 유지하다가 마지막에 와서야 판타지에 가까운 스타일로 동성애 가족의 모습을 그린다. 〈마이 페어 웨딩〉에서는 김조광수 감독의 실제 다큐멘터리를 통해 이들의 결혼식이 얼마나 고단한 과정을 거쳐야 하는지, (거꾸로 말하면) 그 고단한 과정을 넘어 결국에는 어떻게 성공적으로 결혼식을 개최하는지 그리고 있다. 그럼에도 현실에서 동성 간 결혼은 합법이 아니기 때문에 이들은 여전히 싸우고 있다.

간략하게 요약한 것처럼, 지금 한국 영화는 가부장제를 넘어서고 혈연주의도 넘어섰다. 여러 대안 가족을 모색하면서 어떻게 하면 수직적 가족 관계를 벗어나 수평적 가족 관계로 나아갈 수 있는지 묻고 있다. 시발점이 〈미몽〉이었고, 다음이 〈자유부인〉이었다. 이후 영화들은 가부장 질서와 싸우는 여성들의 모습을 그리면서 두 편의 영화가 지닌 한계를 넘어서려 했고, 드디어 〈정사〉에서 성공했다.

문제는 다른 곳에서 발생한다. 영화와 달리 우리의 현실은 어떠한가?

우리는 정말 가부장제의 폐해를 넘어서서 새로운 가족을 만들고 있는가? 우리 사회는 수평적인 사회로 거듭나고 있는가? 이 질문에 긍정적인 대답을 할 수 없는 현실이 답답하다. 과거에 비해 약해지긴 했지만, 여전히 우리 사회는 가부장제를 바탕으로 운영되고 있다. 이제 우리 사회는 영화에서 힌트를 얻어야 할 것이다. 지금보다 더 나은 세상을 만들기를 원한다면.

주

프롤로그

1 원용진, 『새로 쓴 대중문화의 패러다임』, 한나래, 2010, 56쪽.

2 김기봉, 『팩션 시대, 영화와 역사를 중매하다』, 프로네시스, 2006, 161쪽.

3 조정문, 장상희, 『가족사회학―현대사회에서 가족은 무엇인가』, 아카넷, 2007, 410쪽.

4 몰리 해스켈, 이형식 역, 『숭배에서 강간까지: 영화에 나타난 여성상』, 나남, 2008, 61쪽.

5 원용진, 앞의 책, 49-50쪽.

제1장

1 梁柱東, 「어머니 마음」, 《三千里》 1941년 9월호, 173쪽.

2 장유정, 「일제 강점기 대중가요에 나타난 가족의 양상 고찰」, 《구비문학연구》 제30집, 2010, 111쪽.

3 김혜경, 정진성, 「"핵가족" 논의와 "식민지적 근대성": 식민지 시기 새로운 가족개념의 도입과 변형」, 《한국 사회학》 제35집 4호, 2001년, 224쪽.

4 이 영화를 통해 스타가 된 배우 김소영은 이후 문예봉, 김신재 등과 자주 언론에 오르내리는 지위가 되었다. 가련하고 연약하지만 효성이 지극한 여성의 모습에 대중들이 반응한 것인데, 이후 남편 추민이 감옥에 있는 상태에서 최인규, 조택원 등과 염문이 발생하면서 그녀는 일제 말기 군국주의 영화에서도 주연을 맡지 못하는 신세가 되었다. 병든 남편을 수발하고 아이를 키우면서 결국 최고의 스타가 된 문예봉과 대조된다. 이렇게 영화는 현실과 깊은 관련이 있다. 전지니, 「배우 김소영론」, 《한국극예술연구》 제36집, 2012, 83~94쪽.

5 이영재, 『제국 일본의 조선 영화』, 현실문화연구, 2008, 81쪽.

6 최원식, 「여성주의와 아버지 부재의 문학적 의미」, 『여성 해방의 문학―또하나의 문학 제3호』, 평민사, 1987, 343쪽.

7 박애경, 「1940년대 군국가요에 나타난 젠더 이미지와 젠더 정치」, 《민족문화논총》 제35집, 2007, 150쪽.

8 정민아, 「1930년대 조선 영화와 젠더 재구성」, 동국대 영화학과 박사 논문, 2010, 171쪽.

9 신하경은 〈반도의 봄〉의 원작 소설과 영화를 비교하면서, 두 텍스트 사이에는 다양한 모순과 균열이 존재한다며, "〈반도의 봄〉은 제국 일본의 모순을 적극적으로 비판한 영화는 아니라고 할지라도, 등장인물들의 '이중언어'적 상황과 〈춘향전〉이라는 영화 속 영화라는 영화의 구성을 객관적으로 배치함으로써 제국과 식민지 간의 관계를 바라볼 수 있도록 유도하는 영화"라고 평가한다. 이렇게 해석하면 탈식민주의자 호미 바바(Homi Baba)의 입장과 같아지는 것으로, 은연중에 식민 지배의 불가능성을 강조하거나 저항을 그린 영화가 된다. 즉 영화 속 영일과 정희는 일본의 일부분이 될 수 없고, 그 불가능을 증명하는 것이 된다. 그러나 이것은 당시 일제의 식민지 정책과 어긋난다. 제국 일본은 조선을 일본의 한 지방으로 인정하면서 조선의 풍속과 생활 습관들을 그대로 인정해주었다. 그래서 〈망루의 결사대(望樓の決死隊)〉(이마이 다다시(今井正), 1943)처럼 일본어로 전개되는 영화에서도 조선어로 조선의 민요를 부르는 풍경이 등장할 수 있었던 것이다. 일본어를 사용하기를 권장하지만 사용할 수 없는 상황이나 선전이 필요한 상황에서는 조선어를 사용할 수 있도록 했고, 조선의 풍속도 필요한 경우에는 사용할 수 있도록 했다. 이것을 이중 언어로 인해 조선이 일본이 될 수 없다는 것을 보여준다고 해석할 수도 있지만, 한편으로는 바로 그 이중 언어 때문에 조선이 일본의 지방으로 자리 잡을 수 있게 된다는 것을 의미한다. 식민 정책과 언어의 문제에 대해서는 여러 복잡한 문제가 있기 때문에 이 부분에 대해서는 더 정밀한 연구가 필요하다. 신하경, 「일제 말기 '조선 붐'과 식민지 영화인의 욕망」, 《아시아문화연구》 제23집, 2011, 102쪽.

10 〈집 없는 천사〉는 해석할 여지가 넓은 영화이다. 일제 강점기 조선 영화를 연구하는 이들이 이 영화를 지나칠 수 없는 것은 이 영화가 지닌 여러 해석의 결 때문이다. 고아 육성, 기독교, 재현된 서구, 친일, 해외 수출, 아버지, 리얼리즘, 감독 최인규, 나아가 이 영화를 둘러싸고 벌어진 추천과 검열 등등, 이 영화는 1941년 조선과 일본을 둘러싼 당시 상황을 여러 가지로 유추할 수 있는 텍스트와 컨텍스트를 동시에 지니고 있는 흥미로운 텍스트이다. 그래서 초창기 연구자였던 이영일부터 유현목, 김종원, 김수남 등과 젊은 여러 학자들, 즉 이효인, 강성률, 주창규, 이영재, 이화진, 김려실, 소현숙, 조순자, 이지윤, 함충범, 장우진, 이덕기 등 많은 연구자들이 이 영화를 연구 대상으로 삼았다.

11 이 부분에서 생각해 볼 것은 2015년 이후 등장한, 일제 강점기를 다룬 영화에 그려진 여성의 모습이다. 〈귀향〉(조정래, 2016), 〈눈길〉(이나정, 2017), 〈덕혜옹주〉(허진호, 2016) 등의 영화에서는 식민주의 피지배자의 피해자 이미지로 여성이 고스란히 그려지고 있지만, 〈암살〉(최동훈, 2015)과 〈밀정〉(김지운, 2016) 등에서는 식민주의 지배자에게 강렬하게 저항하는 여성의 모습이 등장하고, 〈아가씨〉(박찬욱, 2016)에서는 식민주의 지배자의 폭력을 내재화한 남성으로부터 두 여성이 탈출해 국제 도시 상하이로 가는 여성의 모습이 재현되었다. 이렇게 보면 일제 강점기의 조선 영화에 재현된 영화 속 여성의 이미지, 즉 제국주의의 피해자면서 젊은 남성에게 구원되는 모습은 처음에 거론한 영화들, 즉, 〈귀향〉, 〈눈길〉, 〈덕혜옹주〉 등과 닮아 있음을 알 수 있다. 이들은 조선의 이미지를 식민주의 피지배자의 이미지로 상징화하면서 그 고통으로부터 스스로 탈출하지 못한다. 그런데 언급한 영화 가운데 〈덕혜옹주〉만 남성이 여성을 구해내는 서사이고, 〈귀향〉과 〈눈길〉은 여성의 연대로 상처를 치유하는 내용이라는 점에서 차이가 난다. 결국 일제 강점기를 배경으로 한 영화에서 실제 일제 강점기에 만들어진 영화와 가장 비슷하게 여성을 재현한 영화는 〈덕혜옹주〉라고 할 수 있다.

12 전경옥·유숙란·이명실·신희선, 『한국 근현대 여성사—정치·사회1 개화기~1945년』, 모티브북, 2011. 247쪽.

13 위의 책, 247~248쪽.

14 권희영, 「1920~1930년대 '신여성'과 모더니티의 문제」, 《사회와 역사》 제54집, 1998, 65쪽.

15 주창규는 문예봉이 출연한 영화 가운데 흥행적으로 성공하고 비평적으로도 성공한 영화로 〈임자 없는 나룻배〉(이규환, 1932), 〈나그네〉(이규환, 1937), 〈조선해협〉(박기채, 1943)을 들면서 "〈임자 없는 나룻배〉의 천진한 '딸'에서 시작해 〈나그네〉의 안타까운 '아내' 그리고 〈조선해협〉의 성실한 '어머니'로서 스타 이미지의 연속적인 성장 과정을 보여주고 있다는 점에서 '국민 여배우'로서 문예봉의 스타 이미지를 형성하는 데 결정적인 기여를" 했다고 평가한다. 1930년대에서 1945년까지의 "영화 산업의 요구, 비평의 선택, 그리고 관객의 욕망이 중층적으로 결정하면서 재생산해 낸 것이 바로 조선 영화에서 '딸', '아내' '어머니'로서 문예봉의 스타 이미지인 것이고, 나

머지 것들 즉 '신여성', '악녀', '여귀', '강한 여성'은 허락되지 않았"던 것이다. 주창규, 『식민적 근대성과 한국 영화—조선 영화와 충무로 영화의 역사적 문화 상상』, 소명출판, 2013. 113쪽.

16 정민아, 앞의 글, 100쪽.

17 서영인, 「근대적 가족제도와 일제 말기 여성담론」,《현대소설연구》제33권, 2007, 142쪽.

18 이 표현은 영화 〈정사〉의 여주인공을 '어항 속의 물고기'로 비유한 발상과 매우 유사하다. 두 영화는 공히 가부장제 하의 여성의 모습을 갇혀 있는 모습으로 그리고 있다는 점에서도 발상이 비슷하다고 할 수 있다. 다만 〈미몽〉에서는 여성을 새장 속의 새로 그려, 〈정사〉의 어항 속의 물고기보다 더 답답한 느낌을 주었다. 그래서인지 〈미몽〉의 여 주인공은 대놓고 불만을 토로하다가 집을 나와 자살하는 반면, 〈정사〉의 여주인공은 현모양처의 삶을 살다가 마지막에서야 집을 나와 자신의 길을 간다. 즉 새장 속의 새는 밖으로 나왔다가 죽은 반면, 어항 속의 물고기는 강물로 나온 것이다.

19 이용관, 한미라, 「식민지 시기 영화의 탈식민적 경향(1930-1945년 영화를 중심으로)」,《영상예술연구》, 13호, 2008, 277~278쪽.

20 배경민, 「식민지 조선의 모더니티에 대한 양가적 정서 구조 연구—〈미몽〉의 멜로드라마적 특징을 중심으로」,《영상예술연구》, 16호, 2010, 160-161쪽.

21 초창기 영화이기 때문이겠지만, 〈미몽〉은 영화적 개연성과 핍진성이 부족하다는 비판에서 자유롭기 어렵다. 캐릭터는 평면적이고 사건은 우연적이다. 현실성도 그리 많지 않아 보인다. 그러나 이런 시각으로만 영화를 평가할 수 없기 때문에 역설적으로 〈미몽〉이 중요하다. 일제 강점기의 영화 가운데 이렇게까지 여성의 욕망을 직접적으로 그린 영화는 없다.

22 정민아, 앞의 글, 81쪽.

23 권희영, 앞의 글, 60쪽.

24 문영희, 「한국 영화에 나타난 근대와 여성정체성—탈주하는 여성정체성: 〈미몽〉에서 〈가족의 탄생〉까지」,《여성학연구》, 제16권 제1호, 2006, 238쪽.

25 백문임, 「군인이 되세요 : 식민지 말기 선전 극영화의 조선 여성들」,《동방학지》, 147호, 2009, 225쪽.

26 강태웅, 「전시기 일본 영화의 표현공간—'어머니 이야기(母物)'를 중심으로」,《인문연

구》, 51호, 2006, 96쪽.

27 강성률, 『영화는 역사다─한국 영화로 탐험하는 근현대사』, 살림터, 2010, 48쪽.

28 전지니, 「전시동원 체제 프로파간다 영화의 가족 담론 연구」, 《이화어문논집》, 제27
집. 2009, 179쪽.

29 백문임, 전지니, 이영재 등이 그러하다.

제2장

1 이 영화는 조선총독부의 지도 후원 하에서 조선문화영화협회가 제작했다. 조선문화
영화협회는 일본문화영화주식회사와의 협력으로 설립되었는데, 명칭에서 알 수 있
는 것처럼 일제의 정책에 호응하는 문화 영화를 만드는 단체이다. 함충범, 「1940년대
초반 식민지 조선에서의 영화 정책의 특징적 양상(1940~1942)」, 《서강인문논총》 제35
집, 2012, 338쪽.

2 김주리, 「1940년대 '香隣園'에 대한 두 개의 시선」, 《현대소설연구》 제41권, 2009, 88쪽.

3 연세대 미디어아트센터 엮음, 『한국 영화의 미학과 역사적 상상력』, 도서출판 소도,
2006, 210쪽.

4 이 역은 일본인 배우 시무라 다카시(志村喬)가 맡았다. 우리에게는 구로사와 아키라
(黒澤明)의 영화들, 즉 〈라쇼몽(羅生門)〉(1950), 〈이키루(生きる)〉(1952), 〈7일의 사
무라이(七人の侍)〉(1954) 등에 출연해 널리 알려진 배우인데, 일본인인 그가 출연했
기 때문에 국적을 판단하는 것이 더욱 어렵다. 물론 그것은 제작자의 의도일 것이다.

5 이준식, 「문화 선전 정책과 전쟁 동원 이데올로기」, 방기중 편, 『일제 파시즘 지배정책
과 민중생활』, 혜안, 2004, 231쪽.

6 연세대 미디어아트센터 엮음, 앞의 책, 202쪽.

7 1939년 6월에 창간된 《총동원》의 「가정과 국가정신총동원」을 보면, 이것은 명확히 나
타난다. "1. 가정은 국가의 기조이다. 2. 가정의 중심은 주부이다. 3. '이번 사변(今次
事變)의 특이성(特異性)'. 이는 근대 전쟁이 총력전의 형태를 띠므로 무력뿐 아니라
외교력, 경제력 등 "국가의 총력"을 필요로 하며 총동원 체제를 구성할 수밖에 없다
는 점과 관련된다. 4. 따라서 물자 절약과 활용, 생산의 확충이 필수적이다. 5. 국민 정

신 총동원의 단위는 가정이다." 권명아, 「전시 동원 체제의 젠더 정치」, 방기중 편, 『일제 파시즘 지배정책과 민중생활』, 혜안, 2004, 300쪽.

8 林孝貞, 「大戰과 女性의 길」, 《大東亞》 1942년 7월호, 62쪽.

9 朴基采, 「朝鮮 男女映畵排優 人物評」, 《三千里》 1941년 6월호, 230쪽.

10 白晃, 「映畵時評: 집 없는 天使」, 《人文評論》 1941년 4월호, 50쪽.

11 주창규, 앞의 책. 174쪽.

12 이영재, 앞의 책, 203쪽.

13 김려실, 『투사하는 제국, 투영하는 식민지』, 삼인, 2006, 332쪽.

14 사토오 다다오, 유현목 역, 『일본 영화 이야기』, 다보문화, 1993. 200쪽.

15 정병욱, 「죽음을 권하는 사회 — 영화 '사랑과 맹세'(1945) 분석」, 《경술국치 100년 학술회의 자료집 — 일제의 전쟁, 조선인의 삶》 민족문제연구소 편, 2010, 22쪽.

16 「君と僕」를 말하는 座談會 (板垣將軍도 登場 日夏英太郎 監督)」, 《三千里》 1941년 9월호, 113쪽.

17 정민아, 앞의 글, 157쪽.

18 전경옥·유숙란·이명실·신희선, 앞의 책. 74~75쪽.

19 위의 책. 76쪽.

20 브리태니커사전의 정의. http://100.daum.net/encyclopedia/view.do?docid=b02g2859a&q=군국주의

21 함충범, 앞의 글, 348쪽.

22 강성률, 『친일 영화』, 로크미디어, 2006, 50~68쪽.

23 한상언이 텍스트로 분석한 영화는 〈조선해협〉, 〈젊은 모습〉, 〈망루의 결사대〉, 〈병정님〉, 〈사랑과 맹세〉 등이다. 한상언, 「일제 말기 통제영화사의 배우에 관한 연구」, 《현대영화연구》 vol7, 2009, 98쪽.

24 김필동, 『일본의 정체성』, 살림, 2005, 49쪽.

25 안태윤, 「일제 말기 전시체제와 모성의 식민화」, 《한국여성학》 제19권 3호, 2003, 82쪽.

26 이상경, 「일제 말기의 여성 동원과 '군국(軍國)의 어머니'」, 《페미니즘 연구》 vol2, 2002, 232쪽.

27 안태윤, 앞의 글, 105쪽.

28 天城活蘭, 「女性의 武裝」, 《朝光》 1942년 2월호, 124쪽.

29 전경옥·유숙란·이명실·신희선, 앞의 책. 86쪽.

30 장유정, 앞의 글, 117~118쪽.

31 전지니(2007), 앞의 글, 179쪽.

제3장

1 유두연, 「삽신년 문화계의 회고 — 영화, 난마상태의 일년, 무질서한 제작기업의 연속
   (하)」, 《경향신문》 1956. 12. 19

2 김종원, 정중헌, 『우리 영화 100년』, 현암사, 2005, 254쪽

3 이영일, 『한국 영화전사』, 소도, 2004, 242~308쪽.

4 「키스 장면의 시비 / 영화 「자유부인」을 계기로 / 찬성론이 지배적, 일부 의원과 가정
   부인은 반대」, 《동아일보》 1956.06.10.

5 문영희, 앞의 글, 242쪽.

6 김초문, 「[기자는단] 「자유부인」, 「피아골」, 「유전의 애수」의 한국 영화사적 위치」, 《한
   국일보》 1956.09.09.

7 김소영, 『시네마, 테크노 문화의 푸른 꽃』, 열화당, 1996, 115쪽.

8 강인철, 「한국전쟁과 사회의식 및 문화의 변화」, 한국정신문화연구원 편, 『한국전쟁
   과 사회 구조의 변화』, 백산서당, 1999, 264~265쪽.

9 이봉래, 「근래의 쾌작 / 영화 「자유부인」」, 《한국일보》 1956.06.07.

10 황영빈, 「"에누리 없다"는 평을 평함 / 이씨가 본 「자유부인」에 대하여」, 《한국일보》
   1956.06.15.

11 오영숙, 「리얼한, 그러나 대중적인 : 한형모론」, 한국영상자료원 편, 『한형모 : 통속/장
    르의 연금술사』, 한국영상자료원, 2008, 63쪽.

12 강인철, 앞의 글, 292쪽.

13 「[신영화] 풍기는 신선미 「서울의 휴일」」, 《한국일보》 1956.12.05.

14 김경일, 「근대적 일상과 전통의 변용: 1950년대의 경우」, 박영은 등, 『한국의 근대성
    과 전통의 변용』, 한국정신문화연구원, 1999, 135쪽.

15 주유신, 「〈자유부인〉과 〈지옥화〉: 1950년대 근대성과 매혹의 기표로서의 여성 섹슈
얼리티」, 주유신 외, 『한국 영화와 근대성』, 소도, 2001, 34쪽.

16 문영희, 앞의 글, 242쪽.

17 김경일, 앞의 글, 151쪽.

18 정성호, 「한국전쟁과 인구사회학적 변화」, 한국정신문화연구원 편, 『한국전쟁과 사회
구조의 변화』, 백산서당, 1999, 13쪽.

19 오영숙, 『1950년대, 한국 영화와 문화 담론』, 소명출판, 2007, 15쪽.

20 김경일, 앞의 글, 136~137쪽.

제4장

1 김윤아, 「60년대 초의 한국 가족 희극 영화 연구」, 동국대 대학원 연극영화학과 석사
논문, 1995, 58~59쪽 참고.

2 박현선, 「1960년대 한국 영화의 공간과 여성」, 주유신 외, 『한국 영화와 근대성』, 도서
출판 소도, 2001, 156~157쪽.

3 김소영, 같은 책, 115쪽.

4 이길성, 「1960년대 가족 드라마의 형성 과정과 제 양상 연구」, 중앙대 첨단영상대학
원 영상예술학과 박사 논문, 2006, 153쪽.

5 영화진흥공사, 『한국 영화 70편 대표작 200편』, 집문당, 1989, 113쪽.

6 김선아, 「근대의 시간, 국가의 시간: 1960년대 한국 영화, 젠더 그리고 국가 권력 담론」,
주유신 외, 『한국 영화와 근대성』, 도서출판 소도, 2001, 55~56쪽.

7 변경숙, 「영화월평: 지난 달의 내외 베스트 〈박서방〉」, 《국제영화》, 1961년 1월호, 46
쪽. 한국영상자료원, 『김승호: 아버지의 얼굴, 한국 영화의 초상』, 한국영상자료원,
2007, 111쪽에서 재인용.

제5장

1 이현경, 「1960년대의 축도, 〈미워도 다시 한 번〉」, 대중서사장르연구회, 『대중서사장

르의 모든 것: 1. 멜로드라마』, 이론과실천, 2007, 247쪽.

2 김선아, 「근대의 시간, 국가의 시간 : 1960년대 한국 영화, 젠더 그리고 국가 권력 담론」, 주유신 외, 앞의 책, 64쪽.

3 이길성, 앞의 글, 152쪽.

4 유지나, 「한국 멜로드라마, 원형과 의미 작용 연구-낡은 것과 새로운 것 사이의 틈새, 「미워도 다시 한 번」과 「아낌없이 주련다」」, 유지나 외, 『멜로드라마란 무엇인가-「자유부인」에서 「접속」까지』, 민음사, 1999, 105쪽.

5 이현경, 앞의 글, 269쪽.

6 여기서 사생아라는 표현에 대해 짧게라도 생각해보아야 한다. 정식으로 결혼한 관계가 아닌 이가 낳은 아이(私生兒)라는 의미가 있어, 이미 단어 안에 차별 정서가 포함되어 있다. 정식으로 결혼을 하지 않으면 아이를 가질 수 없는 것인가? 영어의 'Love Child'와 선명하게 구별된다. 우리가 아직도 사용하고 있는 미혼모라는 표현도 마찬가지다. 마땅히 수정되어야 한다.

7 이현경, 앞의 글, 259쪽.

8 김소영, 앞의 책, 180쪽.

9 유지나, 앞의 글, 110쪽.

10 위의 글, 111쪽.

11 이현경, 앞의 글, 251쪽에서 재인용.

12 이 부분은 강성률, 「신영균과 사극 : 시대가 욕망한, 또는 시대의 욕망을 간파한 카리스마」, 한국영상자료원, 부산국제영화제, 『신영균, 한국 영화의 남성 아이콘 : 머슴에서 왕까지』, 한국영상자료원, 2012, 136-142쪽을 정리한 것이다.

13 「신영화」 서민생활을 그린 〈마부〉」, 《경향신문》, 1961.02.18.

14 「인기의 이면(裏面) : 배우 신영균」, 《동아일보》, 1962.10.08.

15 이 책의 청춘 영화 부분은 강성률, 「신성일, 청춘(영화)의 표상」, 한국영상자료원, 부산국제영화제, 『배우의 신화 영원한 스타, 신성일』, 한국영상자료원, 2017, 109-138쪽을 정리한 것이다.

16 이영일, 앞의 책, 390쪽.

17 위의 책, 390쪽.

18 정수완,「1950~60년대 한일 청춘 영화 비교 연구: 청춘 영화에 나타난 근대/국가를 중심으로」,《영화연구》26호, 한국 영화학회, 2005, 330쪽.

19 주유신,「김기덕: 장르의 발견자, 대중문화의 창조자」, 한국영상자료원·부산국제영화제 편,『김기덕: 60년대 한국 대중·장르영화의 최전선』, 한국영상자료원, 2011, 31쪽.

20 정수완, 앞의 글, 327쪽.

21 이우석, 1960년대 청춘 영화 형성 과정에 대한 연구」, 중앙대학교 첨단영상대학원 석사 논문, 2003, 31쪽.

22 오영숙,「사나이 되기의 강박과 순정: 1960년대와 김기덕 영화」, 한국영상자료원·부산국제영화제 편, 앞의 책, 128쪽.

23 위의 글, 117쪽.

24 이우석, 앞의 글, 80쪽.

25 조준형,「익숙한 것을 낯설게 하기 : 이만희의 영화세계」,『이만희 컬렉션 자료집』, 2010, 22쪽.

제6장

1 하길종,『백마 타고 온 또또』, 예조각, 1979, 138~139쪽.

2 강성률,『하길종, 혹은 행진했던 영화 바보』, 이론과실천, 2005, 179쪽.

3 이 장의 일부분은 강성률(2017), 앞의 글, 109-138쪽을 정리한 것이다.

4 권보드래, 김성환, 김원, 천정환, 황병주,『1970, 박정희 모더니즘』, 천년의상상, 2016, 61쪽.

5 황정산,「산업화 시대 도시 남녀의 새로운 사랑─소설 및 영화 '별들의 고향'을 중심으로」, 대중서사장르연구회,『대중서사장르의 모든 것: 1. 멜로드라마』, 이론과실천, 2007, 283쪽.

6 위의 글, 283쪽.

7 권보드래, 김성환, 김원, 천정환, 황병주, 같은 책, 69쪽.

8 위의 책, 69쪽.

9 황정산, 앞의 글, 285쪽.

10 황혜진, 「근대의 모순을 감지한 남성 자의식의 행보」, 곽영진 외, 『배우 신성일』, 커뮤니케이션북스, 2009, 55쪽.

11 황정산, 앞의 글, 288쪽.

12 황혜진, 앞의 글, 55쪽.

13 김경/황혜진, 「한국 멜로드라마의 변화와 수용」, 유지나 외, 앞의 책, 33쪽.

14 권보드래, 김성환, 김원, 천정환, 황병주, 앞의 책, 70쪽.

15 박유희, 「박유희의 그때 그 영화(24), 또순이(감독: 박상호, 1963년작) - 월남한 집 둘째 딸의 '똑' 소리 나는 생활력 그려」, 《농민신문》 2013년 6월 17일. http://www.nongmin. com/article/ar_detail.htm?ar_id=218535&subMenu=articletotal

16 이효인, 『영화로 읽는 한국 사회문화사』, 개마고원, 2003, 249쪽.

17 최용성, 「한국 영화에 나타난 가족·모성 윤리의 변화에 관한 연구 한국어」, 《윤리교육연구》, 제14집, 2007, 85쪽.

18 이현진, 「1980년대 성애 영화 재평가를 위한 소고(小考)」, 《현대영화연구》, 18권, 2014, 117쪽.

19 박민정, 「1970년대 하이틴 영화에 대한 장르적 접근과 대중성 연구」, 동국대 대학원 연극영화학과 석사 논문, 2002, 32쪽.

20 박유희, 「〈고교얄개〉, 1970년대 청소년 대중문화의 대명사」, 『고교얄개 DVD 자료집』, 2010, 11쪽.

21 박민정, 앞의 글, 66쪽.

22 최용성, 앞의 글, 86쪽.

제7장

1 이현진, 앞의 글, 104쪽.

2 강소원, 「1980년대 한국 영화」, 『한국 영화사 공부』, 이채, 2004, 57쪽

3 맹수진, 「희생양, 그리고 민족적 알레고리로서 여성 이미지 분석-이두용 감독의 〈뽕〉을 중심으로」, 《영화연구》, 24호, 2004, 102쪽.

4 정민아, 「에로틱 멜로드라마와 「애마 부인」 읽기」, 유지나 외, 앞의 책, 145쪽.

5 맹수진, 앞의 글, 102쪽.

6 송효정, 「1980년대 대중 멜로의 사회사」, 대중서사장르연구회, 앞의 책, 312쪽.

7 한국영상자료원이 제공하는 한국 영화데이터베이스에서 소개된 줄거리이다.
   http://www.kmdb.or.kr/vod/vod_basic.asp?nation=K&p_dataid=03587&keyword=애
   마 부인#url

8 이효인, 앞의 책, 252쪽.

9 황혜진, 『영화로 보는 불륜의 사회학 ─ 「자유부인」에서 「바람난 가족」까지』, 살림출
   판사, 2005, 30쪽.

10 정민아(1999), 앞의 글, 152쪽.

11 박유희, 「'검열'이라는 포르노그래피」, 한국영상자료원 편, 『한국 영화 역사 속 검열
   제도』, 한국영상자료원, 2016, 197쪽.

12 송효정, 앞의 글, 293쪽.

13 김영진, 『이장호 VS 배창호 ─ 1980년대 한국 영화의 최전선』, 한국영상자료원, 2007,
   92쪽.

14 송효정, 앞의 글, 296쪽.

15 이현진, 앞의 글, 111쪽.

16 邊仁植, 「林權澤・李斗鏞 영화의 主題比較分析試論」, 《映畵評論》, 1호, 1989, p.321.

17 맹수진, 앞의 글, 112쪽.

제8장

1 한미라, 「한국 영화에서의 가족 재현 ─ 1990년대 후반부터 현재까지의 영화를 중심으
   로」, 중앙대학교 석사 논문, 2006, 49쪽.

2 위의 글, 37쪽.

3 황혜진, 앞의 책, 58쪽.

4 위의 책, 60쪽.

5 윤석진, 「1990년대 후반 한국 멜로드라마의 상상력 ─ 〈정사〉와 〈해피 엔드〉를 중심
   으로」, 《(사)한국 영화학회 2005년 추계 학술대회 : 한국 영화의 쟁점과 전망2》 자료

집, 2005, 106쪽.

6 한미라, 앞의 글, 47쪽.

7 김현아, 「〈해피 엔드〉와 〈아내가 결혼했다〉에 나타난 여성 주체의 욕망 실현과 한계」, 《문학과 영상》 2015년 여름호, 164쪽.

8 윤석진, 앞의 글, 107쪽.

9 한미라, 앞의 글, 4쪽.

10 위의 글, 4쪽.

11 최용성, 앞의 글, 96~97쪽.

제9장

1 김혜영, 「한국의 가족주의와 여성 인권」, 《아시아여성연구》 제42호, 2003. 10쪽.

2 김대우, 『정사』, 집문당, 2000, 225~226쪽. 윤석진, 앞의 글, 102쪽에서 재인용.

3 윤석진, 앞의 글, 101쪽.

4 황혜진, 앞의 책, 46쪽.

5 윤석진, 앞의 글, 101쪽.

6 이동하, 『현대 소설과 불교의 세계』, 역락, 2017, 362쪽.

7 황혜진, 앞의 책, 50쪽.

8 문학산, 「'386 세대' 감독의 섹슈얼리티 감상기 : 정사 장면과 식사 장면, 〈정사〉와 〈처녀들의 저녁 식사〉를 중심으로」, 《공연과리뷰》 제40호, 2003, 48쪽.

9 김봉석, 「[볼거리 읽을거리 1] 〈스캔들 - 조선남녀상열지사〉」, 《내일을 여는 역사》 제14호, 2003, 286쪽.

10 고부응, 「제3영화로서의 〈스캔들: 조선남녀상열지사〉」, 《문학과영상》 2007년 봄호, 50-52쪽.

11 김시무, 「[영화(1)] 남자가 주도하면 불륜, 여자가 주도하면 '로맨스' : 변영주 감독의 『밀애』」, 《공연과리뷰》 제39호, 2002, 39쪽.

12 김혜미, 「영화 〈밀애〉에 나타난 인물 특성과 미혼의 독립과정」, 《영화와문학치료》 제4호, 2010, 291쪽.

13 김미영, 「외도를 통해 본 여성의 몸 : 영화 〈밀애〉와 〈경축, 우리사랑!〉을 중심으로」, 《국어문학》 제49호, 2010, 163쪽.

14 위의 글, 164~165쪽.

15 위의 글, 163쪽.

16 정성일, 「[정성일의 영화세상] 친절한 금자씨가 '잘 팔린' 까닭」, 《월간 말》 제231호, 2005년 9월호, 185쪽.

17 이성준, 「2000년대 한국 영화에 나타나는 모성상(母性像) 고찰 : 〈마더〉와 〈피에타〉를 중심으로」, 《대중서사연구》 제30호, 2013, 408쪽.

18 위의 글, 423쪽.

제10장

1 한미라, 앞의 글, 23-24쪽.

2 영화에는 자세히 그려져 있지 않지만 창근은 북한에 어머니와 형제를 두고 아버지와 월남했지만 북한에 두고 온 가족이 모두 죽고, 남한에서 아버지가 재혼하는 바람에 아버지에 대한 상처와 미움이 있는 것 같다. 그래서 그는 장성한 후 아버지와 소통이 잘 되지 않은 것으로 보인다.

3 한미라, 앞의 글, 27쪽.

4 황혜진, 앞의 책, 82쪽.

5 이충민, 「한국 영화에서 재현된 여성의 개인화와 가족 형태의 변화―〈바람난 가족〉과 〈아내가 결혼했다〉를 중심으로」, 《글로벌문화콘텐츠》, 제6호, 2011. 50쪽.

6 이종현, 「영화의 이미지텔링 : 〈바람난 가족〉이 말하는 성 담론―바르트의 논의를 중심으로」, 《글로컬창의문화연구》, 제8집, 2016, 107쪽.

7 권지예, 「냉정한 균형 감각이 부족한 화제의 영화 : 영화 「바람난 가족」」, 《창작과비평》, 제122권 2003, 400~401쪽.

8 이와 별개로 아들 수인의 죽음을 직접적으로 재현한 것은 논란의 여지가 있다. 무엇보다 높은 건물에서 어린이를 아래로 던져 죽게 만드는 과정이 여과 없이 보여진 것도, 감독의 의도는 알겠지만, 영화의 폭력성 논쟁을 불러올 수 있다. 아이를 유괴해서

죽이는 영화가 유독 한국에서 많다는 사실과 아이의 죽음이 자주 보여진다는 것도 한 번은 생각해봐야 할 문제다.

9 이종현, 앞의 글, 112쪽.

10 김경욱, 「철없는 남자와 바람난 여자들―임상수 영화 네 편, 혹은 쿨한 한국 풍속도」, 《여성과 사회》, 제16호, 2005. 246쪽.

11 이윤경, 「한국 멜로드라마 영화 장르 관습의 반복과 변화 연구―2003년 영화를 중심으로」, 서강대 영상대학원 석사 논문, 2004. 68-70쪽.

12 문학산, 「[영화] '386 세대' 감독의 섹슈얼리티 감상기 : 정사 장면과 식사 장면 : 『정사』와 『처녀들의 저녁 식사』를 중심으로 」, 《공연과리뷰》 제40호, 2003, 51쪽.

13 변성찬, 「그들이 꿈꾸는 가족(3)―'좋지 아니한 가家': 영화 평론가 변성찬의 영화 속 가족」, 《서울시립대신문》 2008.11.24. http://press.uos.ac.kr/news/articleView.html?idxno=5378

14 김경욱, 『나쁜 세상의 영화 사회학』, 강, 2013, 203쪽.

제11장

1 김소연, 「영화 〈가족의 탄생〉을 통해 나타난 가족의 다양한 형태 고찰」, 《영화와 문학치료》, 제7집, 2012, 11쪽.

2 김용임, 「한국 영화에 재현된 가족 이데올로기의 해체적 양상과 대안적 형태 연구」, 동국대 대학원 석사 논문, 2004, 71쪽.

3 조정문, 장상희, 앞의 책, 396쪽.

4 김선아, 「〈쇼킹 패밀리〉, 대중오락 다큐멘터리의 탄생」, 《독립 영화》 제28·29호, 2006, 73쪽에서 재인용.

5 김선아, 앞의 글, 78쪽.

6 배주연, 「[ALT. VIEW] 부산에서 만난 독립 장편영화들_〈다섯은 너무 많아〉 위장과 연기가 만들어낸 유쾌한 가족 상상」, 《독립 영화》 제26호, 2006, 27쪽.

7 강성률, 「한국 영화에 나타난 가족 제도의 변화: 〈자유부인〉에서 〈아내가 결혼했다〉까지」, 《역사비평》 제86집, 2009, 527-528쪽.

8 유진월, 「〈차이나타운〉의 여성 영화로서의 특성 연구」, 《정신문화연구》 제 39권 제2
호, 2016, 278쪽.

9 김새봄, 강경래, 「다문화 공간 속 모성권력의 재현: 영화 〈차이나타운〉 분석」, 《한국
언론학보》 제 59권 5호., 2015, 347~348쪽.

10 유진월, 앞의 글, 289쪽.

11 위의 글, 291쪽.

12 김새봄, 강경래, 앞의 글, 350쪽.

제12장

1 한미라, 앞의 글, 77쪽.

2 김용임, 앞의 글, 43쪽.

3 위의 글, 52쪽.

4 한미라, 앞의 글, 79쪽.

5 김용임, 앞의 글, 52-53쪽.

6 유계숙, 최성일, 안재희, 전영주, 장보현, 『영화로 배우는 가족학』, 도서출판 신정,
2005, 348쪽.

7 김현아, 앞의 글, 170쪽.

8 박현욱, 『아내가 결혼했다』, 문이당, 2007, 18쪽.

9 위의 책, 17쪽.

10 김성제, 「합류적 사랑과 환희의 텍스트 : '아내가 결혼했다'의 놀이/게임과 독자/관
객」, 《문학과 영상》 2009년 겨울호, 596쪽.

11 위의 글, 607쪽.

12 이충민, 앞의 글, 57~60쪽.

13 당연히 이런 의문이 들 수 있다. 인아와 결혼한 새 남편은 인아가 임신한 아이가 자신
의 아이도 아닌데 왜 함께 살아야 하는가? (바꾸어 생각하면) 새 남편의 이런 자세야
말로 혈연주의를 파괴하는 것 아닌가, 라고. 물론 맞는 말이다. 그 남자의 입장에서
이들의 결혼을 보면 단지 사랑으로만 묶인 결혼이다. 그러나 그런 남자와의 두 번째

결혼이기에 아내가 결혼을 할 수 있었다는 것을 고려하면, 이 역시 혈연주의와 가부장제에서 여전히 자유롭지 못하다는 것을 알 수 있다.

14 김성제, 앞의 글, 606쪽.

15 김현아, 앞의 글, 167쪽.

제13장

1 문영희, 앞의 글, 241쪽.

2 김소연, 「영화 〈가족의 탄생〉을 통해 나타난 가족의 다양한 형태 고찰」, 《영화와 문학치료》 제7집, 2012, 15~16쪽.

3 박유희, 「김태용 감독의 『가족의 탄생』 : 근대의 유산인 가족의 토대와 사랑에 대한 질문들」, 《공연과리뷰》 53호, 2006, 183쪽.

4 위의 글, 187쪽.

5 김소연, 앞의 글, 20쪽.

제14장

1 김용임, 앞의 글, 81쪽.

2 아직 우리나라에서 동성 커플의 결혼은 합법화되지 않았다. 합법이 아니라는 말은 불법이라는 의미는 아니지만, 법적 효력이 전혀 없다는 의미다. 그래서 함께 살아도 법적인 혜택이나 책임과는 무방한 관계이다. 가령 동성애 상대방이 위급한 수술을 할 때에도 보호자로 서명할 수 없으며, 한 명이 죽었을 때 재산을 상속받을 수도 없다. 가족으로 인정하지 않는 것이다.

3 김조광수 영화의 남자 주인공의 이름은 대부분 같다. 석이와 민수이다. 아마도 그는 같은 이야기를 세대를 달리하면서 하고 있다고 항변하는 것 같다.

4 박용민, 『영화, 뉴욕을 찍다』, 헤이북스, 2017, 93쪽.

1 '천만 영화'라는 용어는 '관객 천만 명 이상을 동원한 영화'를 의미한다. 이미 이 명사를 일반적으로 사용하고 있어서 그대로 사용했지만, 사실 그리 정확한 표현이라고 할 수는 없다. 가령 천만이라는 숫자가 관람한 관객의 숫자를 나타내는지 단번에 알기 어렵고, 천만 이상의 관객이 관람한 영화도 포함하기에 정확한 표현도 아니다. 그럼에도 일반적으로 사용하고 있는 표현이라는 사실을 받아들여 이 장에서도 그대로 사용했다.

2 강정석은 문화이론가 레이몬드 윌리엄스의 '감정의 구조structure of feeling' 개념을 빌려 천만 영화인 〈명량〉과 〈국제시장〉을 분석한다. 감정의 구조는 "주관성에 가까운 '감정'과 외부에서 주체에게 부과되는 성격을 지닌 '구조'라는 상반된 개념의 조합으로 이해할 수 있는데, 오히려 그렇기 때문에 천만 관객 영화와 같이 특정한 문화적 현상을 낳았던 작품과 대중, 그리고 사회적 맥락과의 연관성을 살펴볼 때 매우 유용하게 적용될 수 있기도 하다." 결국 구조라는 토대 위에서 형성된, 개인들이 공유한 감정을 통해 시대적 특징을 찾고자 한 것인데, 이 방법 역시 근원적으로 그 시대가 공유하고 있는 '그 무엇'을 찾는 작업에 다름 아니다. 강정석, 「〈명량〉에서 〈국제시장〉까지─천만 관객 영화의 감정 구조」, 《문화/과학》 제81호. 2015년 봄호. 316쪽.

3 이득재, 『가족주의는 야만이다』, 소나무, 2001

4 미셸 바렛, 메리 매킴토시, 김혜경 역, 『가족은 반사회적인가』, 여성사, 1994.

5 장현섭, 「한국 사회는 핵가족화하고 있는가: 가족 정책의 발전을 위한 기초 연구」, 《사회사연구회 논문집》 39호, 1993. 43쪽.

6 이득재, 앞의 책. 54쪽.

7 참고로 〈바람난 가족〉은 1,748,258명, 〈결혼은, 미친 짓이다〉는 1,170,000명, 〈가족의 탄생〉은 201,227명, 〈아내가 결혼했다〉는 1,799,447명이 극장에서 관람했다. 적지 않은 수치지만, 천만 영화와는 거리가 멀다. 물론 관객 동원 수치가 적다고 앞으로도 절대 천만 영화가 될 수 없다는 것은 아니다. 다만 지금의 상황에서는 가부장적 가족 담론을 다룬 영화가 천만 영화를 동원하는 경향이 강하기 때문에 언급한 영화들이 천만 관객을 동원하는 것이 상대적으로 쉽지 않다는 의미이다.

8 이 도표의 관객수는 영진위 입장권 통합 전산망을 대부분 따랐지만, 전산망이 완전히 구축되기 전인 2006년 이전의 영화는 이전 집계를 따랐다.

9 이 장에서는 산업적 측면—스크린 독과점, 수직 계열화 같은 문제 등—보다는 내용적 측면에 보다 비중을 두고 살펴볼 것이다.

10 권명아, 『가족 이야기는 어떻게 만들어지는가』, 책세상, 2000, 475쪽.

11 최동훈의 영화는 언제나 '복수의 영화'이다. 줄곧 그의 영화는 형, 스승, 아버지의 복수를 다루었는데, 흥미롭게도 아버지의 복수를 다룬 〈도둑들〉이 흥행에 가장 크게 성공했다. 쌍둥이 언니를 죽인 친일파 아버지를 직접 살해하는 〈암살〉이 다시 천만 영화의 대열로 올라간 것을 보면, 최동훈 영화의 최근 키워드는 아버지이기도 하다. 이 장에서는 〈암살〉에서 아버지의 존재를 나중에야 알게 되고, 그 아버지를 죽이려 한다는 점에서 이 영화 역시 '아버지의 부재'라는 범주에 묶었다. 〈암살〉의 아버지는 존재하지만, 존재하지 아니함만도 못한 존재이다.

12 이 시기 가족 드라마를 연구한 김윤아에 의하면, 〈로맨스 빠빠〉의 경우, "가정 내의 신구 가치관이 대립되던 당시의 사회상은 아버지의 패배로 끝나고, 영화가 만들어진 약 두 달 후 4.19혁명으로 학생들에 의해 이승만 구성권이 몰락한다는 점은 흥미롭다." 김윤아, 앞의 글, 46쪽.

13 김소연, 앞의 논문, 14쪽.

14 〈아빠, 어디 가?〉라는 텔레비전 프로그램이 불러온 '아빠 열풍'은 곧 '캠핑 열풍'으로 이어지면서 우리 시대의 새로운 담론을 만들어냈다. 다시 이런 현상은 다른 프로그램과 광고로 연결되어 더욱 가속화되었다.

15 권경우, 「왜 지금 '아빠'인가—'아버지'라는 신화에 대한 문화사회학적 접근」, 《플랫폼》 40호, 15쪽.

16 평론가 김형석은 이 부분에 대해 "'아버지의 진심을 딸은 알고 있었다.'는 이 대목은 수많은 부모들에게, 용구처럼 세상에서 고통 받는 아버지들에게 커다란 위안이 된다. "내 아이가 나의 진심을 몰라주면 어떻게 하나"라는 생각에 시달리는 부모라면, 이 영화는 정말 커다란 힐링이 된다."라고 평가했다. 김형석, 「오, 아버지여… 어디로 가는가—최근의 한국 영화 속에 드러나는 아버지의 모습」, 《플랫폼》 40호, 29쪽.

17 이렇게 보면 〈7번방의 선물〉과 〈괴물〉은 매우 비슷한 구조를 지니고 있다. 정신이 박

약한 아버지가 어머니 없이 딸을 키우는데 사회 시스템은 이들에게 철저하리만큼 불친절하다. 사회 시스템의 피해자인 이들을 감옥에 가두거나 정신 병원에 가두어버린다. 이 상황에서 한 딸은 아버지를 해원하고, 한 딸은 죽어버린다. 그 차이가 판타지와 현실로 분리되지만, 그 결말까지 두 영화는 비슷한 구조를 지니고 있다.

18 사전적 의미에서의 비극은 슬프고 비참한 세상이나 인생을 소재로 하여 죽음, 파멸, 패배, 고뇌 등 불행한 내용으로 된 연극을 말하지만, 이 장에서 다루는 비극은 아리스토텔레스의 『시학』에 나오는 의미이다. 이 부분에 대해서는 다음 단락에서 설명할 것이다.

19 권명아, 앞의 책, 33~34쪽.

20 아리스토텔레스, 이상섭 역, 『시학』, 문학과지성사, 2005, 28쪽.

21 EBS 다큐프라임 '이야기의 힘' 제작팀, 『이야기의 힘!- 매혹적인 스토리의 조건』, 황금물고기, 2011, 83쪽.

22 루이지 조야, 이은정 역, 『아버지란 무엇인가』, 르네상스, 2009, 434쪽.

23 위의 책, 428쪽.

24 이성준, 앞의 글, 401쪽.

25 권명아, 앞의 책, 34쪽.

26 이렇게 보면 〈베테랑〉은 강한 아버지와 나약하고 죽어가는 아버지가 동시에 나오는 영화이다. 뭐든지 할 수 있는 재벌 아버지는 무서운 아버지로 등장하고, 자상하고 친구 같은 아버지는 죽어가는 아버지이다. 두 아버지의 대결은 각각 재벌 아들과 경찰이 대리전을 치르는 양상으로 전개된다.

27 이득재, 앞의 책, 110~111쪽.

28 이런 시각에서 봤을 때 〈왕의 남자〉가 천만 영화가 된 것은 이해하기 쉽지 않다. 먼저, 이 영화는 아버지 이야기를 하는 영화가 아니다. 연산이 어머니를 그리워하는 영화라고 할 수도 있지만, 이것만으로 이 영화를 이해하기는 어렵다. 둘째, 근현대사의 사건을 스펙터클과 멜로적 코드로 다룬 〈실미도〉나 〈태극기 휘날리며〉, 〈국제시장〉 같은 코드가 전혀 없다(내용적으로 동질성이 약하다). 셋째, 스크린 독과점을 하지 않았다. 이 영화는 당시 〈태풍〉(곽경택, 2005)과 〈청연〉(윤종찬, 2005), 〈야수〉(김성수, 2006) 같은 영화와 같은 시기에 개봉했는데 스타성이 강한 배우가 출연한 것도 아니

고 극장을 많이 확보한 것도 아니었다. 그야말로 입소문을 타고 조금씩 흥행해 결국 천만 영화의 고지까지 올라갔다. 이렇게 보면 내용적으로도, 산업적으로도, 동시대적 의식으로도 이 영화의 천만 등극을 이해하기는 쉽지 않다. 한마디로 기이한 현상이라 고 하지 않을 수 없다.

참고문헌

저서

EBS 다큐프라임 '이야기의 힘' 제작팀, 『이야기의 힘!-매혹적인 스토리의 조건』, 황금물고기, 2011

강성률, 『하길종, 혹은 행진했던 영화 바보』, 이론과 실천, 2005

강성률, 『영화는 역사다-한국 영화로 탐험하는 근현대사』, 살림터, 2010

강성률, 『친일 영화』, 로크미디어, 2006

권명아, 『가족 이야기는 어떻게 만들어지는가』, 책세상, 2000

권보드래, 김성환, 김원, 천정환, 황병주, 『1970, 박정희 모더니즘』, 천년의상상, 2016

김경욱, 『나쁜 세상의 영화 사회학』, 강, 2013

김기봉, 『팩션시대, 영화와 역사를 중매하다』, 프로네시스, 2006

김대우, 『정사』, 집문당, 2000

김려실, 『투사하는 제국, 투영하는 식민지』, 삼인, 2006

김소영, 『시네마, 테크노 문화의 푸른 꽃』, 열화당, 1996

김영진, 『이장호 VS 배창호-1980년대 한국 영화의 최전선』, 한국영상자료원, 2007

김종원, 정중헌, 『우리 영화 100년』, 현암사, 2005

김필동, 『일본의 정체성』, 살림, 2005

루이지 조야, 이은정 역, 『아버지란 무엇인가』, 르네상스, 2009

몰리 해스켈, 이형식 역, 『숭배에서 강간까지: 영화에 나타난 여성상』, 나남, 2008

미셸 바렛, 메리 매킨토시, 김혜경 역, 『가족은 반사회적인가』, 여성사, 1994

박용민, 『영화, 뉴욕을 찍다』, 헤이북스, 2017

박현욱, 『아내가 결혼했다』, 문이당, 2007

사토오 다다오, 유현목 역, 『일본 영화 이야기』, 다보문화, 1993

아리스토텔레스, 이상섭 역, 『시학』, 문학과지성사, 2005

연세대 미디어아트센터 엮음, 『한국 영화의 미학과 역사적 상상력』, 도서출판 소도, 2006

영화진흥공사, 『한국 영화 70편 대표작 200편』, 집문당, 1989

오영숙, 『1950년대, 한국 영화와 문화 담론』, 소명출판, 2007

유계숙, 최성일, 안재희, 전영주, 장보현, 『영화로 배우는 가족학』, 도서출판 신정, 2005

이동하, 『현대 소설과 불교의 세계』, 역락, 2017

이영일, 『한국 영화전사』, 소도, 2004

이영재, 『제국 일본의 조선 영화』, 현실문화연구, 2008

이효인, 『영화로 읽는 한국 사회문화사』, 개마고원, 2003

전경옥·유숙란·이명실·신희선, 『한국 근현대 여성사―정치·사회 1 개화기~1945년』,
　　모티브북, 2011

조정문, 장상희, 『가족사회학―현대사회에서 가족은 무엇인가』, 아카넷, 2007

주창규, 『식민적 근대성과 한국 영화―조선 영화와 충무로 영화의 역사적 문화 상상』, 소
　　명출판, 2013

하길종, 『백마 타고 온 또또』, 예조각, 1979

한국영상자료원 편, 『신문기사로 본 한국 영화 1945-1956』, 영상자료원, 2004,

한국영상자료원 편, 『신문기사로 본 한국 영화 1957-1961』, 영상자료원, 2005

한국영상자료원, 『김승호: 아버지의 얼굴, 한국 영화의 초상』, 한국영상자료원, 2007

한국영상자료원·부산국제영화제 편, 『김기덕: 60년대 한국 대중·장르영화의 최전선』,
　　한국영상자료원, 2011

황혜진, 『영화로 보는 불륜의 사회학―「자유부인」에서 「바람난 가족」까지』, 살림출판사,
　　2005

소논문 및 아티클

강성률, 「신영균과 사극 : 시대가 욕망한, 또는 시대의 욕망을 간파한 카리스마」, 한국영
　　상자료원, 부산국제영화제, 『신영균, 한국 영화의 남성 아이콘: 머슴에서 왕까지』,
　　한국영상자료원, 2012

강성률, 「한국 영화에 나타난 가족 제도의 변화: 〈자유부인〉에서 〈아내가 결혼했다〉까
　　지」, 《역사비평》 제86집, 200

강소원, 「1980년대 한국 영화」, 『한국 영화사 공부』, 이채, 2004

강인철, 「한국전쟁과 사회의식 및 문화의 변화」, 한국정신문화연구원 편, 『한국전쟁과

사회 구조의 변화」, 백산서당, 1999

강정석, 「〈명량〉에서 〈국제시장〉까지－천만 관객 영화의 감정 구조」,《문화/과학》제81호. 2015년 봄호

강태웅, 「전시기 일본 영화의 표현공간－'어머니 이야기母物'를 중심으로」,《인문연구》, 51호, 2006

고부응, 「제3영화로서의 〈스캔들: 조선남녀상열지사〉」,《문학과영상》2007년 봄호

권경우, 「왜 지금 '아빠'인가－'아버지'라는 신화에 대한 문화사회학적 접근」,《플랫폼》40호

권명아, 「전시 동원 체제의 젠더 정치」, 방기중 편,『일제 파시즘 지배정책과 민중생활』, 혜안, 2004

권지에, 「냉정한 균형감각이 부족한 화제의 영화: 영화「바람난 가족」」,《창작과비평》, 제122권 2003

권희영, 「1920~1930년대 '신여성'과 모더니티의 문제」,《사회와 역사》제54집, 1998

김경/황혜진, 「한국 멜로드라마의 변화와 수용」, 유지나 외,『멜로드라마란 무엇인가－ 「자유부인」에서「접속」까지』, 민음사, 1999

김경욱, 「철없는 남자와 바람난 여자들－임상수 영화 네 편, 혹은 쿨한 한국 풍속도」,《여성과 사회》, 제16호, 2005

김경일, 「근대적 일상과 전통의 변용: 1950년대의 경우」, 박영은 등,『한국의 근대성과 전통의 변용』, 한국정신문화연구원, 1999

김기봉, 「정상가족은 없다－영화로 보는 우리 시대 가족」, 김기봉 외,『가족의 빅뱅』, 서해문집, 2009.

김남석, 「한국 영화에 반영된 가족 유형에 대한 연구－최근 한국 영화「가족의 탄생」,「바람난 가족」,「싱글즈」,「결혼은 미친 짓이다」를 대상으로」,《영주어문》Vol.16, 2008.

김미영, 「외도를 통해 본 여성의 몸: 영화 〈밀애〉와 〈경축, 우리사랑!〉을 중심으로」,《국어문학》제49호, 2010

김봉석, 「[볼거리 읽을거리 1] 〈스캔들－조선남녀상열지사〉」,《내일을 여는 역사》제14호, 2003

김새봄, 강경래, 「다문화 공간 속 모성권력의 재현: 영화 〈차이나타운〉분석」,《한국언론학보》제59권 5호, 201

김선아, 「〈쇼킹 패밀리〉, 대중오락 다큐멘터리의 탄생」, 《독립 영화》 제28·29호, 2006

김선아, 「근대의 시간, 국가의 시간: 1960년대 한국 영화, 젠더 그리고 국가 권력 담론」, 주유신 외, 『한국 영화와 근대성』, 도서출판 소도, 2001

김성제, 「합류적 사랑과 환희의 텍스트: '아내가 결혼했다'의 놀이/게임과 독자/관객」, 《문학과 영상》 2009년 겨울호

김소연, 「영화 〈가족의 탄생〉을 통해 나타난 가족의 다양한 형태 고찰」, 《영화와문학치료》 7호, 2012.

김소연, 「영화 〈가족의 탄생〉을 통해 나타난 가족의 다양한 형태 고찰」, 《영화와 문학치료》, 제7집, 2012

김시무, 「[영화(1)] 남자가 주도하면 불륜, 여자가 주도하면 '로맨스': 변영주 감독의 『밀애』」, 《공연과리뷰》 제39호, 2002

김용임, 「한국 영화에 재현된 가족 이데올로기의 해체적 양상과 대안적 형태 연구」, 동국대 대학원 석사 논문, 2004

김용임, 「한국 영화에 재현된 가족이데올로기의 해체적 양상과 대안적 형태 연구: 2000 ~2003년 영화 중심으로」, 동국대학교 대학원 석사 논문, 2004.

김윤아, 「60년대초의 한국 가족 희극 영화 연구」, 동국대 대학원 연극영화학과 석사 논문, 1995

김주리, 「1940년대 '香隣園'에 대한 두 개의 시선」, 《현대소설연구》 제41권, 2009

김초문, 「[기자논단] 「자유부인」 「피아골」 「유전의 애수」의 한국 영화사적 위치」, 《한국일보》 1956.09.09

김현아, 「〈해피 엔드〉와 〈아내가 결혼했다〉에 나타난 여성 주체의 욕망 실현과 한계」, 《문학과 영상》 2015년 여름호

김형석, 「오, 아버지여… 어디로 가는가―최근의 한국 영화 속에 드러나는 아버지의 모습」, 《플랫폼》 40호

김혜경, 정진성, 「"핵가족" 논의와 "식민지적 근대성": 식민지 시기 새로운 가족개념의 도입과 변형」, 《한국 사회학》 제35집 4호(2001년)

김혜미, 「영화 〈밀애〉에 나타난 인물 특성과 미혼의 독립과정」, 《영화와문학치료》 제4호, 2010

김혜영, 「한국의 가족주의와 여성 인권」, 《아시아여성연구》 제42호, 2003

林孝貞, 「大戰과 女性의 길」, 《大東亞》 1942년 7월호

맹수진, 「희생양, 그리고 민족적 알레고리로서 여성이미지 분석―이두용 감독의 〈뽕〉을 중심으로」, 《영화연구》, 24호, 2004

문영희, 「한국 영화에 나타난 근대와 여성정체성―탈주하는 여성정체성: 〈미몽〉에서 〈가족의 탄생〉까지」, 《여성학연구》, 제16권 제1호, 2006

문학산, 「[영화] '386 세대' 감독의 섹슈얼리티 감상기 : 정사 장면과 식사 장면 : 『정사』와 『처녀들의 저녁 식사』를 중심으로 」, 《공연과리뷰》 제40호, 2003

朴基采, 「朝鮮 男女映畵排優 人物評」, 《三千里》 1941년 6월호

박명진, 「한국 영화와 가족 담론-1960년대와 2000년대를 중심으로-」, 《우리文學硏究》 Vol. 16, 2003.

박민정, 「1970년대 하이틴 영화에 대한 장르적 접근과 대중성 연구」, 동국대 대학원 연극영화학과 석사 논문, 2002

박애경, 「1940년대 군국가요에 나타난 젠더 이미지와 젠더 정치」, 《민족문화논총》 제35집, 2007

박유희, 「'검열'이라는 포르노그래피」, 한국영상자료원 편, 『한국 영화 역사 속 검열 제도』, 한국영상자료원, 2016

박유희, 「〈고교얄개〉, 1970년대 청소년 대중문화의 대명사」, 『고교얄개 DVD 자료집』, 2010

박유희, 「김태용 감독의 『가족의 탄생』 : 근대의 유산인 가족의 토대와 사랑에 대한 질문들」, 《공연과리뷰》 53호, 200

박유희, 「박유희의 그때 그 영화(24)또순이〈감독:박상호, 1963년 작〉―월남한 집 둘째딸의 '똑' 소리 나는 생활력 그려」, 《농민신문》 2013년 6월 17일

박현선, 「1960년대 한국 영화의 공간과 여성」, 주유신 외, 『한국 영화와 근대성』, 도서출판 소도, 2001

배경민, 「식민지 조선의 모더니티에 대한 양가적 정서 구조 연구―〈미몽〉의 멜로드라마적 특징을 중심으로」, 《영상예술연구》, 16호, 2010

배주연, 「[ALT. VIEW] 부산에서 만난 독립장편영화들_〈다섯은 너무 많아〉 위장과 연기가 만들어낸 유쾌한 가족 상상」, 《독립 영화》 제26호, 2006

백문임, 「군인이 되세요 : 식민지 말기 선전 극영화의 조선 여성들」, 《동방학지》, 147호, 2009
白晃, 「映畵時評: 집 없는 天使」, 《人文評論》 1941년 4월호
변성찬, 「그들이 꿈꾸는 가족(3)－'좋지 아니한 가(家)': 영화 평론가 변성찬의 영화 속 가족」, 《서울시립대신문》 2008.11.24
邊仁植, 「林權澤 · 李斗鏞 영화의 主題比較分析試論」, 《映畵評論》, 1호, 1989
서영인, 「근대적 가족 제도와 일제 말기 여성담론」, 《현대소설연구》 제33권, 2007
송효정, 「1980년대 대중 멜로의 사회사」, 대중서사장르연구회, 『대중서사장르의 모든 것: 1. 멜로드라마』, 이론과실천, 2007
신하경, 「일제 말기 '조선 붐'과 식민지 영화인의 욕망」, 《아시아문화연구》 제23집, 2011
안태윤, 「일제 말기 전시체제와 모성의 식민화」, 《한국여성학》 제19권 3호, 2003
梁柱東, 「어머니 마음」, 《三千里》 1941년 9월호
오영숙, 「리얼한, 그러나 대중적인 : 한형모론」, 한국영상자료원 편, 『한형모 : 통속/장르의 연금술사』, 한국영상자료원, 2008
유두연, 「삼신년 문화계의 회고－영화, 난마상태의 일년, 무질서한 제작기업의 연속(하)」, 《경향신문》 1956
유지나, 「가족 탄생, 해체와 재구성 : 〈가족의 탄생〉과 〈쇼킹 패밀리〉」, 《대한토목학회지》 57호, 2006.
유지나, 「한국 멜로드라마, 원형과 의미 작용 연구－낡은 것과 새로운 것 사이의 틈새, 「미워도 다시 한 번」과 「아낌없이 주련다」」, 유지나 외, 『멜로드라마란 무엇인가－「자유부인」에서 「접속」까지』, 민음사, 1999
유진월, 「〈차이나타운〉의 여성 영화로서의 특성 연구」, 《정신문화연구》 제 39권 제2호, 2016
윤석진, 「1990년대 후반 한국 멜로드라마의 상상력－〈정사〉와 〈해피 엔드〉를 중심으로」, 《(사)한국 영화학회 2005년 추계 학술대회 : 한국 영화의 쟁점과 전망2》 자료집, 2005
이길성, 「1960년대 가족 드라마의 형성 과정과 제 양상 연구」, 중앙대 첨단영상대학원 영상예술학과 박사 논문, 2006
이봉래, 「근래의 쾌작 / 영화 「자유부인」」, 《한국일보》 1956.06.07
이상경, 「일제 말기의 여성 동원과 '군국軍國의 어머니'」, 《페미니즘 연구》 vol2, 2002

이성준, 「2000년대 한국 영화에 나타나는 모성상母性像 고찰 : 〈마더〉와 〈피에타〉를 중심으로」, 《대중서사연구》 제30호, 2013

이우석, 1960년대 청춘 영화 형성 과정에 대한 연구」, 중앙대학교 첨단영상대학원 석사 논문, 2003

이용관, 한미라, 「식민지 시기 영화의 탈식민적 경향(1930-1945년 영화를 중심으로)」, 《영상예술연구》, 13호, 2008

이윤경, 「한국 멜로드라마영화 장르관습의 반복과 변화 연구―2003년 영화를 중심으로」, 서강대 영상대학원 석사 논문, 2004

이종현, 「영화의 이미지텔링 : 〈바람난 가족〉이 말하는 성 담론―바르트의 논의를 중심으로」, 《글로컬창의문화연구》, 제8집, 201

이준식, 「문화 선전 정책과 전쟁 동원 이데올로기」, 방기중 편, 『일제 파시즘 지배정책과 민중생활』, 혜안, 2004

이충민, 「한국 영화에서 재현된 여성의 개인화와 가족 형태의 변화―〈바람난 가족〉과 〈아내가 결혼했다〉를 중심으로」, 《글로벌문화콘텐츠》, 제6호, 2011

이현경, 「1960년대의 축도, 〈미워도 다시 한 번〉」, 대중서사장르연구회, 『대중서사장르의 모든 것: 1. 멜로드라마』, 이론과실천, 2007

이현진, 「1980년대 성애 영화 재평가를 위한 소고(小考)」, 《현대영화연구》, 18권, 2014

장유정, 「일제 강점기 대중가요에 나타난 가족의 양상 고찰」, 《구비문학연구》 제30집, 2010

장현섭, 「한국 사회는 핵가족화하고 있는가: 가족 정책의 발전을 위한 기초 연구」, 《사회사연구회 논문집》 39호

전지니, 「배우 김소영론」, 《한국극예술연구》 제36집, 2012

전지니, 「전시동원 체제 프로파간다 영화의 가족 담론 연구」, 《이화어문논집》, 제27집. 2009

정민아, 「1930년대 조선 영화와 젠더 재구성」, 동국대 영화학과 박사 논문, 2010

정민아, 「에로틱 멜로드라마와 「애마 부인」 읽기」, 유지나 외, 『멜로드라마란 무엇인가―「자유부인」에서 「접속」까지』, 민음사, 1999

정병욱, 「죽음을 권하는 사회―영화 '사랑과 맹세'(1945) 분석」, 《경술국치 100년 학술회의 자료집―일제의 전쟁, 조선인의 삶》 민족문제연구소 편, 2010

정성일, 「[정성일의 영화세상] 친절한 금자씨가 '잘 팔린' 까닭」, 《월간 말》 제231호, 2005

년 9월호

정성호, 「한국전쟁과 인구사회학적 변화」, 한국정신문화연구원 편, 『한국전쟁과 사회 구
　　조의 변화』, 백산서당, 1999

정수완, 「1950~60년대 한일 청춘 영화 비교 연구: 청춘 영화에 나타난 근대/국가를 중심
　　으로」, 《영화연구》 26호, 한국 영화학회, 2005

정재형, 「가족의 해체와 재구성」, 《영화연구》 30호, 2006.

조준형, 「익숙한 것을 낯설게 하기 : 이만희의 영화세계」, 『이만희 컬렉션 자료집』, 2010

주유신, 「〈자유부인〉과 〈지옥화〉: 1950년대 근대성과 매혹의 기표로서의 여성 섹슈얼리
　　티」, 주유신 외, 『한국 영화와 근대성』, 소도, 2001

진환, 「영화 속 가족의 해체와 대안적 재구성 과정에서 나타나는 여성의 역할 : 2000년대
　　한국 영화를 중심으로」, 이화여대 대학원 석사 논문, 2009.

天城活蘭, 「女性의 武裝」, 《朝光》 1942년 2월호

최용성, 「한국 영화에 나타난 가족 · 모성 윤리의 변화에 관한 연구 한국어」, 《윤리교육
　　연구》, 제14집, 2007

최원식, 「여성주의와 아버지 부재의 문학적 의미」, 『여성 해방의 문학-또 하나의 문학
　　제3호』, 평민사, 1987

토론회, 「君と僕」를 말하는 座談會 (板垣將軍도 登場 日夏英太郎 監督)」, 《三千里》 1941
　　년 9월호

한미라, 「한국 영화에서의 가족 재현-1990년대 후반부터 현재까지의 영화를 중심으
　　로」, 중앙대학교 석사 논문, 2006

한미라, 「한국 영화에서의 가족 재현 : 1990년대 후반부터 현재까지의 영화를 중심으로」,
　　중앙대 첨단영상대학원 석사 논문, 2006.

한상언, 「일제 말기 통제영화사의 배우에 관한 연구」, 《현대영화연구》 vol7, 2009

함충범, 「1940년대 초반 식민지 조선에서의 영화 정책의 특징적 양상(1940~1942)」, 《서
　　강인문논총》 제35집, 2012

황영빈, 「"에누리 없다"는 평을 평함 / 이씨가 본 「자유부인」에 대하여」, 《한국일보》
　　1956.06.15

황인욱, 「영화텍스트 분석을 통해 본 섹슈얼리티와 가족 : 〈처녀들의 저녁 식사〉와 〈바

람난 가족〉을 중심으로」, 전북대학교 대학원 석사 논문, 2007.

황정산, 「산업화 시대 도시 남녀의 새로운 사랑−소설 및 영화 '별들의 고향'을 중심으로」,
　　대중서사장르연구회, 『대중서사장르의 모든 것: 1. 멜로드라마』, 이론과실천, 2007

황혜진, 「멜로드라마에 나타난 남녀/관계 재현의 변화 : 〈해피 엔드〉와 〈바람난 가족〉을
　　중심으로」, 《영화연구》 24호., 2004.

황혜진, 「근대의 모순을 감지한 남성 자의식의 행보」, 곽영진 외, 『배우 신성일』, 커뮤니
　　케이션북스, 2009.

잡지 및 신문

〈삼천리〉, 〈대동아〉, 〈인문평론〉, 〈조광〉, 〈경향신문〉, 〈동아일보〉, 〈한국일보〉,
〈국제영화〉, 〈독립 영화〉

찾아보기

총서 知의회랑 을 기획하며

arcade of knowledge

대학은 지식 생산의 보고입니다. 세상에 바로 쓰이지 않더라도 언젠가는 반드시 인류에 필요할 지식을 생산하고 축적하며 발전시키는 일을 끊임없이 해나갑니다. 오랫동안 대학에서 생산한 지식은 책이란 매체에 담겨 세상의 지성을 이끌어왔습니다. 그 책들은 콘텐츠를 저장하고 유통시키며 활용하게 만드는 매체의 차원을 넘어, 인간의 비판적 사유 능력과 풍부한 감수성을 자극하는 촉매의 역할을 충실히 해왔습니다.

이와 같은 '책을 읽는다'는 것은 단순히 지식과 정보를 습득하는 데 멈추지 않고, 시대와 현실을 응시하고 성찰하면서 다시 그 너머를 사유하고 상상함을 의미합니다. 그러므로 '세상의 밑그림'을 그리는 책무를 지닌 대학에서 책을 펴내는 것은 결코 가벼이 여겨선 안 될 일입니다.

이제 우리는 다양한 방식으로 존재하는 지식과 정보, 그리고 사유와 전망을 담은 책을 엮어 현존하는 삶의 질서와 가치를 새롭게 디자인하고자 합니다. 과거를 풍요롭게 재구성하고 미래를 창의적으로 기획하는 작업이 다채롭게 펼쳐질 것입니다.

대학university이란 우주universe와 말의 뿌리를 공유하는 곳이기에, 이곳에서 생산되어 쌓여갈 책들의 저장고 역시 '책의 우주'를 구상하게 될 것입니다. 대학의 최종 목적지인 '학문의 우주' 또한 여기서 멀지 않으리라 기대합니다.

앎을 쉽게 소비하는 시대를 살고 있지만, 다양한 앎을 되새김함으로써 학문의 회랑에서 거듭나는 지식의 필요성에 우리는 공감합니다. 정보의 홍수와 유행 속에서도 퇴색하지 않을 참된 지식이야말로 인간이 가야할 길에 불을 밝혀줄 수 있기 때문입니다. 앞으로 대학이란 무엇을 하는 곳이며, 왜 세상에 남아 있어야 하는 곳인지 끊임없이 되물으며, 새로운 지의 총화를 위한 백년 사업을 시작하겠습니다.

총서 '지의 회랑' 기획위원

안대회 · 김성돈 · 변태호 · 변혁 · 서민아 · 윤비 · 진재교 · 천정환

지은이 강성률

광운대학교 동북아문화산업학부 교수다. 서울시립대학교 국어국문학과를 졸업하고, 동국대학교 연극영화학과에서 영화학 석사와 박사 학위를 받았다. 영화 평론가로 활동하며 여러 매체에 글을 쓰고, 영화제 심사를 했다. 사회와 역사를 잘 담으면서 스타일적으로도 신선한 영화를 좋아하는데 그런 영화를 만나기가 쉽지 않아 고민이 많다. 영화를 둘러싼 다양한 이야기들을 나누고 싶은 욕망이 여전히 강하다.

지금까지 쓴 책으로, 『영화 색채 미학』(2017), 『영화 비평―이론과 실제』(2016), 『여행은 아빠의 방학 숙제다』(2015), 『한국의 영화감독 4인을 말하다』(2015), 『은막에 새겨진 삶, 영화』(2014), 『감독들 12』(2012), 『친일 영화의 해부학』(2012), 『영화는 역사다』(2010), 『한국 영화, 중독과 해독』(2008), 『친일 영화』(2006), 『하길종 혹은 행진했던 영화 바보』(2005) 등이 있다

🎓 知의회랑
arcade of knowledge
004

한국 영화에 재현된 가족 그리고 사회
〈미몽〉에서 〈고령화 가족〉까지

1판 1쇄 발행 2018년 2월 28일
1판 2쇄 발행 2019년 1월 30일

지 은 이   강성률
펴 낸 이   신동렬
책임편집   현상철
편   집   신철호·구남희
마 케 팅   박정수·김지현

펴 낸 곳   성균관대학교 출판부
등   록   1975년 5월 21일 제1975-9호
주   소   03063 서울특별시 종로구 성균관로 25-2
전   화   02)760-1252~4 팩스 02)762-7452
홈페이지   http://press.skku.edu

ISBN 979-11-5550-271-6 93680

ⓒ 2018, 강성률
값 23,000원

⊙ 이 저서는 2014년 정부(교육부)의 재원으로 한국연구재단의
   지원을 받아 수행된 연구임.
   (NRF-2014S1A6A4027318)